諸富 徹［編著］
Morotomi Toru

入門 地域付加価値創造分析
再生可能エネルギーが促す地域経済循環

日本評論社

はしがき

　日本は今後、本格的な人口減少時代に入る。経済が成長し、地価が上昇し、そして人口が増大し、それとともに税収も右肩上がりで伸びた成長時代は終わり、今後は経済規模が縮小し、地価が下落し、地域の担い手も減少するなかで、税収までもが減っていく時代に入る。こうした環境下で地域を持続的に発展させるためには、難しい舵取りを迫られるのは必至である。そのための指針をどこに見出せばよいのか。

　本書では、エネルギーという人間の生存にとって不可欠な要素を取り上げ、それを軸に地域の持続可能性を高め、人口減少下でも生活の質を高めていく地域発展経路を見出す試みに挑戦したい。そして、それを実現する地域経営のあり方を模索していくことにしたい。そのキーワードとなるのが、「地域経済循環」という考え方である。

　成長時代には、多くの自治体が工場を誘致したり、大規模開発事業を行ったり、新幹線や高速道路などの公共事業を誘致したりすることで、地域発展を促そうと試みた。だがその後、明らかになってきたのは、たしかにこうした試みで一時的に建設・土木工事が活発になり、地元に大きなお金が落ち、雇用も増えたように見えても、それは決して長続きしないという冷厳な事実である。

　たしかに道路ができたり、工場が建てられたり、大規模公共施設が聳え立つことで、地域は発展しているように見える。しかし、地域が豊かになるには、それらが継続的に所得と雇用を地域に生み出していく必要がある。ところが成長期の日本で往々にして起きたのは、これら開発事業が東京や大阪に本社を置く大企業によって成し遂げられ、結果、そこで上がった利潤は東京や大阪に吸い上げられるという現象であった。地元の企業が、建設工事に参加する限りにおいてたしかにある程度のお金が地元に落ちるが、工事が終わればそれも終了する。完成した構築物を活用して実施される事業が、東京や大阪に本社を置く企業によって経営される限り、そこで発生する利潤は、地元ではなく東京や大阪に帰属する。

　戦後、数々の地域活性化策が打ち出されてきたにもかかわらず、結果は「死屍

累々」であった。地域が一向に豊かにならず、東京一極集中が止まらないのは、こうした失敗パターンが繰り返されてきたからに他ならない。にもかかわらず我々は往々にして、巨大構築物ができればそれで地域が発展したように錯覚してしまう。逆に、お金の流れは目に見えないので、いくら地元から利潤が域外流出していても、それに気づかないままである。地域経済循環を促すということは、こうした失敗パターンに終止符を打つことを意味する。

　地域経済循環とは、その地域の住民や地元企業が支出したお金が、一方的に域外流出してしまうのではなく、それが域内の別の市民や地元企業に流れ込み、彼らの所得となるようなお金の循環が成立していることを意味している。地域経済を構成する要素は無数にあるが、私たちは地域経済循環を促す第一歩としてエネルギー、とくに再生可能エネルギーに注目している。これまで私たちが日々使っている電気・ガスは、私たちの住む地域の外の大企業から供給されてきた。これを、その地域の市民や地元企業が設立した地域エネルギー会社が、地元の再エネ資源で発電した電力に切り替えたらどうなるだろうか。私たちが払った電気代は、私たちの地域の事業者の所得・利潤となる。つまり、地域経済循環が促され、所得の域外流出が止まるのだ。こうして、地域の実質所得は上昇する。

　本書が取り組む「地域付加価値創造分析」は、こうした地域経済循環にともなうお金の流れを、誰にも分かりやすいように目に見えるようにする試みである。「地域付加価値」とは、ここでは企業が地域で生み出す利潤、雇用者報酬（賃金）、そして税収の合計を指す。私たちが研究し、その手法を開発してきた地域付加価値創造分析は、ある事業によってどれだけのお金が「地域付加価値」の形で地元に落ち、どれだけのお金が域外流出しているのかを、数量的に誰でも分かる形で示してくれる。つまり、ある事業が地域を真に豊かにすることに役立っているか否かは、地域付加価値分析を行ってみれば分かるということだ。

　地域活性化の切り札と喧伝されたある事業を、地域付加価値創造分析で分析してみれば、地域に落ちるお金は意外に少なく、その多くが域外流出すると見込まれることが判明するかもしれない。こうした場合、その事業は見直されるべきであろう。地域付加価値分析はさらに、その事業をどう手直しすれば、地域付加価値が増大するのか、といった政策シミュレーションに用いることもできる。

　本書を手にとった読者の方々が、地域付加価値の考え方とその手法をマスターすることによって、自分たちの地域の地域経済循環を定量的に把握し、地域経済

の実情についての理解を深めることを通じて、新しい地域発展のあり方を考える一助となれば幸いである。

　なお、本書は京都大学大学院経済学研究科に設置された第1期『再生可能エネルギー経済学講座』(2014〜2018年度)による研究成果の一部であり、さらに本書に結実した一連の研究活動にあたっては、2015年度および2016年度サントリー文化財団「人文科学、社会科学に関する学際的グループ研究助成」、そして、文部科学省科学研究費（基盤研究A：2015-2017年度、課題番号15H01756）の支援を受けることができた。この場をお借りして謝意を表したい。

2019年3月10日

諸富　徹

目　次

はしがき（諸富　徹）　iii

序　章　地域経済循環とエネルギー自治（諸富　徹） ─────── 1

1　日本における「自治体エネルギー政策」の誕生　1
2　自治体エネルギー政策に吹く追い風　2
3　「地域経済循環」をどう促すか　3
4　「地域付加価値創造分析」とは何か、その可能性　5
5　「エネルギー自治」の実践としての「日本版シュタットベルケ」の創設　8
6　「日本版シュタットベルケ」の可能性と展望　10

第1章　地域付加価値創造分析の理論 ──────────────── 13

1.1　地域経済効果の定量評価手法（中山琢夫）　13
　1.1.1　はじめに　13
　1.1.2　日本と海外の再生可能エネルギーの経済分析動向　14
　1.1.3　地域付加価値分析と産業連関分析　18
　1.1.4　まとめ　22
1.2　地域付加価値創造分析の方法（小川祐貴）　26
　1.2.1　再エネ事業　26
　1.2.2　電力小売事業　33
　1.2.3　他の事業への応用　35

第2章　地域付加価値創造分析のケーススタディ ────────── 37

2.1　風力発電（鳥取県北栄町）（小川祐貴）　38
　2.1.1　事業概要　38
　2.1.2　分析結果　40

2.2　小水力発電（岡山県西粟倉村）（小川祐貴）　43
　2.2.1　事業概要　43
　2.2.2　分析結果　44
2.3　木質バイオマス CHP と熱供給（北海道下川町）（小川祐貴）　44
　2.3.1　事業概要　44
　2.3.2　分析結果　46
2.4　地熱発電における地域経済付加価値分析（山東晃大）　52
　2.4.1　地熱発電の現状と研究の背景　53
　2.4.2　地熱発電とは　54
　2.4.3　地熱発電の特徴　54
　2.4.4　地熱発電の課題　55
　2.4.5　地熱発電における地域経済付加価値分析モデル　56
　2.4.6　地熱発電における地域経済付加価値分析の結果　57
　2.4.7　地熱発電における地域経済付加価値分析の実践　62
　まとめ　64
2.5　自治体新電力の地域経済付加価値と今後の可能性（稲垣憲治）　66
　2.5.1　自治体新電力とは　66
　2.5.2　自治体新電力の現状　67
　2.5.3　自治体新電力の地域経済付加価値分析　74
　2.5.4　自治体新電力による地域課題解決と低炭素化（シュタットベルケからの示唆）　78
　2.5.5　自治体新電力への期待　85
　コラム●役割が期待される自治体新電力支援団体　77
2.6　再生可能エネルギーの地域付加価値分析―長野県を対象としたケーススタディ（ラウパッハ＝スミヤ　ヨーク・小川祐貴）　86
　2.6.1　長野県の環境エネルギー戦略　86
　2.6.2　長野県におけるこれまでの再エネ導入による地域付加価値　87
　2.6.3　将来の再エネ導入を想定した地域付加価値の評価　91

第3章　再エネの地域付加価値創造分析を自治体レベルで活用する―日本でのケーススタディからの示唆（ラウパッハ＝スミヤ　ヨーク・小川祐貴）――99

3.1　日本における再エネの現状―地域レベルでのチャンスと課題　99
3.2　地域で地域付加価値創造を適用すべき4つの分野　101
　3.2.1　地域におけるエネルギー関連の包括的な現状評価　101
　3.2.2　地域における再エネ事業の長期的な経済影響評価　105
　3.2.3　地域における長期的な気候・エネルギー戦略のシナリオ策定　109
　3.2.4　地域主体との対話とステークホルダー指向のコミュニケーション戦略　110

3.3 結論　113
- 3.3.1 地域の境界　114
- 3.3.2 統合　115
- 3.3.3 影響力　116

第4章　エネルギーまちづくりのガバナンス――オレゴン州・ポートランド市における地域的実験の制度設計（佐無田光）　121

4.1 エネルギーまちづくりの論点　121
- 4.1.1 エネルギー効率化の課題　121
- 4.1.2 エネルギーまちづくりの地域的実験　124

4.2 オレゴン州・ポートランドの都市生態系　126
- 4.2.1 都市計画と交通政策　126
- 4.2.2 住民自治　127
- 4.2.3 クリエイティビティ　128
- 4.2.4 地域経済　129
- 4.2.5 エネルギー政策とクリーンテック　130
- 4.2.6 アメニティ・パラドックス　130
- 4.2.7 都市生態系のモデル　131

4.3 オレゴン州のエネルギー政策動向　132

4.4 エネルギーまちづくり政策のガバナンス　135
- 4.4.1 エネルギー投資のガバナンス　135
- 4.4.2 都市エネルギー政策のガバナンス　136
- 4.4.3 クリーンテック産業振興のガバナンス　137
- 4.4.4 グリーン建築のキープレーヤー　137
- 4.4.5 グリーン建築プロジェクトの展開　139
- 4.4.6 エネルギーまちづくりガバナンスの特徴　141

4.5 まとめ：オレゴン州・ポートランドから日本への教訓　142

第5章　再エネ条例施行後におけるエネルギー自治の展開――長野県飯田市を事例として（八木信一・荻野亮吾）　147

5.1 はじめに　147
5.2 飯田市再エネ条例の特徴　148
5.3 再生可能エネルギーをめぐる主体形成の特徴　150
5.4 条例制定前におけるエネルギー自治の捉え方　152
5.5 条例施行後におけるエネルギー自治の捉え方　154
5.6 条例施行後におけるエネルギー自治の展開①――山本地区の事例　158

5.6.1　山本地区の概況　159
        5.6.2　太陽光発電事業の展開過程　159
        5.6.3　展開過程における関係性の特徴　161
    5.7　条例施行後におけるエネルギー自治の展開②——上村地区の事例　163
        5.7.1　上村地区の概況　164
        5.7.2　小水力発電事業の展開過程　165
        5.7.3　展開過程における関係性の特徴　169
    5.8　おわりに　171

第6章　スノーリゾート地域の再生に向けた小水力発電の可能性——長野県白馬村を事例に（太田隆之）　175

    6.1　はじめに　175
    6.2　再エネと地域再生・活性化に関する先行研究のサーベイ　177
    6.3　白馬村の現状　181
        6.3.1　白馬村の現状　181
        6.3.2　白馬村の農業の現状　183
    6.4　白馬村の小水力発電と再エネをめぐる行政計画の現状　186
        6.4.1　小水力発電の導入と利用状況　186
        6.4.2　村行政における再エネの位置づけ　190
    6.5　白馬村で導入された小水力発電の検証と村への提案　193
    6.6　おわりに　197

第7章　再生可能エネルギーと地域金融——小水力発電の実践を通じて得られる示唆（井上博成）　201

    7.1　学生として小水力発電事業化への関わり　201
        7.1.1　岐阜県高山市における学生兼事業者としての取り組みのきっかけ　201
        7.1.2　小水力発電事業化における重要要因の定義　202
        7.1.3　岐阜県高山市における小水力発電事業について　202
    7.2　再生可能エネルギーと地域金融に関する先行研究　206
        7.2.1　地域金融機関に関する再生可能エネルギーに対する組織行動　206
        7.2.2　地域金融機関（間接金融）の特徴　210
    7.3　小水力発電事業における地域金融の果たすべき役割～先行研究と実践から見える課題と今後の展望～　218

目　次

第8章　日本山村における地域電化と地域社会、住民の対応──1909～1968──
　　　（西野寿章）──────────────────────────225

　8.1　はじめに　225
　8.2　戦前の山村における公営電気事業の設立と地域社会、住民　229
　　8.2.1　長野県旧上郷村営電気事業の設立過程と住民の対応　229
　　8.2.2　長野県旧中沢村営電気事業の設立過程と住民の対応　231
　　8.2.3　長野県旧三穂村営電気事業の設立と住民の対応　233
　　8.2.4　長野県旧龍丘村電気利用組合の設立と住民出資　235
　8.3　戦前の山村に設立された電灯会社における住民出資形態　236
　8.4　戦後における山村電化と地域社会、住民の対応　238
　　8.4.1　岩手県における山村電化の進展と住民負担　238
　　8.4.2　北海道雄武枝幸町電気組合の設立と顛末　242
　8.5　おわりに　245

第9章　地域分散型・地域主導型エネルギーシステムとその担い手──社会的企業
　　　（social enterprise）論からの考察　（宮永健太郎）────────251

　9.1　はじめに　251
　　9.1.1　問題意識と本章の目的　251
　　9.1.2　分析視角としての「社会的企業」　253
　　9.1.3　関連先行研究に見る研究状況と本章の特色　254
　9.2　社会的企業論について　256
　　9.2.1　社会的企業概念の基礎　256
　　9.2.2　社会的企業における多元的目標・多元的資源・多元的ステークホルダー　257
　　9.2.3　多元的目標・多元的資源・多元的ステークホルダーと社会関係資本　259
　9.3　考察　261
　　9.3.1　地域分散型・地域主導型エネルギーシステムと社会的企業　261
　　9.3.2　地域分散型・地域主導型エネルギーシステムの担い手とその法人格　262
　　9.3.3　地域分散型・地域主導型エネルギーシステムの担い手とその資源動員戦略　263
　　9.3.4　地域分散型・地域主導型エネルギーシステムの担い手とマルチ・ステークホルダー・ガバナンス　265
　9.4　残された課題：まとめにかえて　266

索　引　275
執筆者一覧　279

序章　地域経済循環とエネルギー自治

諸富　徹

1　日本における「自治体エネルギー政策」の誕生

「地域エネルギー政策」、あるいは「自治体エネルギー政策」という言葉は、2011年の東日本大震災までは、ほとんど「語義矛盾」と言ってよいほどの響きがあった。なぜなら自治体にとって、エネルギー事業は民間の電力会社やガス会社が担い、エネルギー政策は国が担うので、自治体にエネルギー政策の必要はないし、そもそも、そのような権限もノウハウもないと考えられてきたからである。県営ダムによる水力発電事業などを手掛けていた一部の都道府県を除き、東日本大震災前に独自のエネルギー事業／政策を展開していた自治体は、日本ではほとんど存在していなかったとみられる。

しかし古今東西に視野を広げてみれば、「自治体がエネルギーに関わる必要はないし、関わることもできない」という理解は、自治体政策に関する普遍的な理解とはいえないことが分かる。第1に、アメリカや欧州では、自治体が自らエネルギー事業を手掛けたり、あるいは国（中央政府）とは異なる独自のエネルギー政策を自治体が実行したりすることは、当たり前となっている。日本でも人口に膾炙するようになったドイツの「シュタットベルケ」（都市公社）は、その代表的事例である。だがドイツに限らず、その他の欧州諸国でも同様に自治体による公益的エネルギー事業体の事例を多数、見出すことができる。アメリカでも、市営電力公社の事例がある。

第2に、戦前に遡れば日本の多くの自治体が、明治時代から第2次世界大戦期にかけてエネルギー事業を手掛けていた。その嚆矢となったのは京都市である。京都市は電気局を設け、「琵琶湖疏水」を通じて琵琶湖から引いた流水を南禅寺

近くの蹴上（けあげ）の高低差を利用して落とし、タービンを回して1891年（明治24年）に水力発電事業を開始した。以後、大阪市、東京市、静岡市など、枚挙に暇がないほど多くの自治体が電力事業を営んだ。当時、「電灯事業」と呼ばれたこの公益事業は、きわめて多くの税外収入（料金収入）を生み出し、その税収規模においてほぼ法定税と並び、戦前の自治体の貴重な財源となった（拙著『人口減少時代の都市』中公新書、2018年、第2章第1節）。

　本書第8章「**日本の山村における地域電化と地域社会、住民の対応─1909～1968─**」（**西野寿章**）が明らかにしているように、戦前から戦後にかけての日本の山村でも、村が一体となって電化を進めるために、住民自らが出資して電灯会社を創設し、発電・配電事業を営んだ歴史がある。背景にはこうした村々が、その地域の電灯会社が収益性の高い区域に対してのみ配電事業を展開しようとして村が分断されることに強く反発し、まさに「エネルギー自治」を実践したという背景事情があったとの指摘は、現代にも多くの教訓を残している。

　以上のように、古今東西を広く見渡せば、自治体がエネルギー事業／政策を手掛けることに何ら不思議はない。にもかかわらず戦後日本では長らく、自治体にとってエネルギー政策は縁遠いものであった。

　こうした状況を一変させたのが、東日本大震災である。原発事故による被害、計画停電、原発全停止後の節電要請などが次々に起き、自治体は住民の安全を守る観点からエネルギー確保に動かざるをえなくなった。少なからぬ自治体が、震災直後にメガソーラーの建設、非常用電源の確保などに着手し、仮に電力会社の事故により停電に陥っても、最低限の電源を確保する方策をとった。

2　自治体エネルギー政策に吹く追い風

　東日本大震災はこうして、日本の自治体エネルギー政策の本格的な誕生のきっかけとなったわけだが、その後、事態はさらに2つの政策によって後押しを受ける。第1は、電力自由化（「電力システム改革」）の進展、第2は、再生可能エネルギー固定価格買取制度（以下、「買取制度」と略す）の導入である。

　第1の電力システム改革は、（1）電力会社による地域独占の撤廃と、発電部門における新規参入の自由化、（2）発送電分離、（3）小売自由化、という3要素からなっている（諸富徹編『電力システム改革と再生可能エネルギー』日本評

論社、2015年、序章「電力システム改革と分散型電力システム」)。このうち、自治体エネルギー政策にとって重要なのは、(1)と(3)である。まず、(1)によって自治体は、直営あるいは公社等の事業形態により、発電事業に参入することが容易になった。次に(3)により、自治体は電力小売事業に「新電力」として参入することができるようになった。もちろん(1)でも(3)でも、民間企業が大量に参入してくるので、参入するからには彼らとの競争の中で勝ち抜かねばならない。

第2の買取制度は、自治体が再エネによる発電を通じて発電事業に参入することを後押しした。再エネによる発電であれば、固定価格で20年間電力会社に買い取られるので、将来の事業計画見通しを立てやすい。また、この制度により全国各地で太陽光を中心とする民間再エネ発電事業が叢生し、その電力を買い取って顧客に販売する新電力ビジネスを立ち上げることも可能になった。とくに、再エネは地域に豊富に存在し、太陽光のほか、風力、地熱、小水力、バイオマスなど、様々な可能性が存在する。

だが、せっかくのこうしたビジネスチャンスを域外の大企業に任せてしまうと、どうなるだろうか。多くの自治体で、東京や大阪に本社を置く大企業に、再エネ事業を任せてしまう事例を筆者はみてきた。感想は、一言でいって「もったいない」である。なぜ、地域でしっかり収益を上げ、所得を獲得するチャンスが目の前にあるのに、それをみすみす見逃してしまうのか……。再エネ事業による収益は、東京や大阪にもって行かれ、地元には土木事業にともなう一時所得と、若干の固定資産税収および地代収入が入るぐらいである。

3 「地域経済循環」をどう促すか

もし自治体が新電力会社を立ち上げ、それを通じて地域の再エネ電力を買い取り、住民に販売する事業を軌道に乗せれば、再エネ電力の「地産地消」が成り立つ。地産地消とは、「地域で生産された電力が地域で消費される」ことを意味するが、それ以上に、「地域経済循環」が促される点に、より大きな意義を見出すことができる。

日本は、原子力(ウラン)、石油、石炭、天然ガス、どれをとっても大規模集中電源の場合、燃料は海外からの輸入に依存している。電力会社やガス会社から

地域住民が電気・ガスを購入するために年間支払う金額は、莫大なものである。これらはほぼすべて域外流出し、地域には戻ってこない。最終的には、燃料費として中東をはじめとして国外へ流出するだけである。もし、これらを地域の再エネによる発電に切り替えればどうなるであろうか。

例えば、地域の森林から出る木質バイオマスで化石燃料を置き換えれば、その地域から域外に流出していた燃料費に相当する支出を削減でき、地域の実質所得を上昇させることができる。代わりに、その支出は地域の木質バイオマスへの支出に置き換えられるので、その生産に携わる山林所有者、地元の製材事業者、木質バイオマス燃料の加工業者、流通業者などの利潤、雇用者報酬、自治体への税収の形で、地域の実質所得を上昇させることになる。

地元に所得を留めようとするならば、地域でエネルギー事業会社（地元出資であれば民間企業でもよい）を自ら立ち上げ、事業資金は可能な限り地域金融機関からファイナンスすべきである。例えば、長野県飯田市で、民間企業である「おひさま進歩エネルギー株式会社」が、地元信金の飯田信用金庫から融資を受けて太陽光発電事業に取り組むケースがこれに該当する（拙著『「エネルギー自治」で地域再生！ ―飯田モデルに学ぶ―』岩波ブックレット、2015年）。

飯田市が太陽光発電事業を中心に再エネ事業による地域経済循環を促すことに成功したその背景要因は、本書**第5章「再エネ条例施行後におけるエネルギー自治の展開―長野県飯田市を事例として」**（八木信一・荻野亮吾）により詳細に解明されている。結論を端的に述べれば、飯田にはボトムアップで再エネ事業を進める「自治力」が備わっており、それを涵養する仕組みもまた、飯田に備わっているということである。しかし著者らは、逆に再エネ事業を進めること自体が、飯田の自治力をさらに涵養することに寄与する可能性があり、その成否こそが、現在飯田市が制定した条例の下で進められている各地区の地域再エネ事業の試金石となる、と主張している。再エネ事業と自治力は、お互いにその原因であり、結果であるという相互作用の関係が、少なくとも飯田では見いだされることになるかもしれない。

地域再エネ事業を支える地域金融という面では、本書でも**第7章「再生可能エネルギーと地域金融―小水力発電の実践を通じて得られる示唆―」**（井上博成）が、地域再エネ発電事業者の観点から、それを支える地域金融と地域金融機関の役割を論じている。再エネは分散型エネルギーであり、地域にあるエネルギー賦

存を利用して地元事業者が事業展開する。成功し軌道に乗れば、地域に様々な経済メリットをもたらす。地域金融機関にとっては、十分に融資対象となる案件である。しかもその資金は地元で預金された資金なので、再エネ事業にそれを投じて成功裏に回収されれば、まさに所得が地域で循環することになる。地域の再エネ事業者にとっても、地域金融機関は地元経済に通暁し、地域の経済発展を促すために資金融通を図ってくれる、きわめて心強い存在である。地域金融と再エネ事業が強固に結びついてこそ、地域の持続可能な発展もまたより強固になるだろう。

　こうした地域発の内発的な取り組みの延長線上に所得を地域で循環させ、持続可能な地域発展を図っていく新しい地域発展モデルを私たちは探し求める必要がある。米国オレゴン州・ポートランド市の都市発展のあり方は、そうしたモデルの1つとして私たちに多くの示唆を与えてくれる。**第4章「エネルギーまちづくりのガバナンス―オレゴン州・ポートランド市における地域的実験の制度設計」（佐無田光）**によれば、ポーランドの「エネルギーまちづくり」は、都市レベルで環境と経済を好循環させながら地域発展を促すことに大きく寄与しているという。ポートランド市が属するオレゴン州は1979年に原発製造を禁止、他方で最近、2035年までに石炭火力を停止する方針を打ち出している。原発にも石炭にも頼らないための打開策が、RPS（再生可能エネルギー割当基準）による再エネの飛躍的拡大（2040年までに再エネ比率を50％へ）である。

　こうした州政策の下でポートランド市議会は、1990年比で2040年までにCO_2排出を40％、2050年までに80％削減するという大胆な目標を可決した。これを実現するため、市内の建築物で使用するエネルギーの再エネ比率を50％に高めるとともに、大幅な省エネを可能にする「グリーン建築」への転換を積極的に進めている。こうした高い環境目標は通常、「経済を破壊する」として忌避される。だがポートランドでは、こうした転換こそがグリーン建築へ向けての建て替え・改修需要を生み出し、不動産、建築、設計、コンサルティングなど幅広い関連産業の成長を促し、雇用の増加につながっているという。

4　「地域付加価値創造分析」とは何か、その可能性

　こうした先導的な地域エネルギー政策は実際、地域にどれほどプラスの経済効

果をもたらすのだろうか。これを定量的に把握する有力な分析手法が、「地域付加価値創造分析」である。ドイツの事例分析では、地元出資の地元企業で事業を行う場合と外部資本による出資の場合とを比較すると、前者では後者の数倍もの付加価値（利潤＋雇用者報酬＋当該自治体への税収）が地元に落ちることが分かっている。

　本書の特徴は、そのタイトルが『入門　地域付加価値創造分析』となっているように、第1章〜第3章で、（1）地域付加価値（分析）とは何か、（2）それを具体的にどのように計算し、（3）得られた結果を政策論議にどう活用すべきかを、前提知識のない読者であっても理解可能なように、丁寧な解説を試みている点にある。

　第1章「地域付加価値創造分析の理論」の第1節「地域経済効果の定量評価手法」（中山琢夫）ではまず、地域付加価値創造分析という手法が、ドイツを中心に海外でどのように発展させられ、現実の政策を定量的に評価する手法としてどう受け入れられてきたのかを、日本国内外の研究動向を踏まえて整理する。そのうえで、経済プロジェクトの経済波及効果を定量的に把握する際によく用いられる産業連関分析と比較することで、地域付加価値創造分析がどのような特性をもつのかを明らかにする。これによって読者は、地域付加価値創造分析とは何か、それはどういう強みをもっているのか、という点について見通しのよい展望を得られるであろう。

　次に、同第2節「地域付加価値創造分析の方法」（小川祐貴）は、改めて地域付加価値の考え方を説明するとともに、再エネ事業と電力小売事業を例にとって、地域付加価値創造分析を進めるうえでの具体的な手順について解説する。地域付加価値とは、生産プロセスの中で、その地域において新たに付け加えられた価値部分を指している。これは利潤、賃金、そして税収の形でそれぞれ、地元企業、地域の労働者、そして市町村に帰属する。これらの合計である地域付加価値が大きければ大きいほど、その事業が地域にもたらす経済効果は大きいと判断することができる。事業規模としてはきわめて大きくても、実際に地域に帰属する付加価値部分が意外に小さい、という結果が出る可能性もある。こうして地域付加価値創造分析は、その事業が地域の豊かさを真に増すことに貢献するか否かを判定する基準を提供してくれる。本節では、自らも地域付加価値創造分析を手掛けてみたいと思っている読者のために、地域付加価値の推計方法とデータ出所を丁寧

にみていく。これらをマスターして頂ければ、基本的にだれでも地域付加価値創造分析を始めることが可能である。

第2章は、「**地域付加価値創造分析のケーススタディ**」であり、本研究成果の具体的な提示となる。まず第1～4節は、異なる電源種の発電事業への地域付加価値創造分析の適用である。**第1節**では鳥取県北栄町（**風力発電**）、**第2節**では岡山県西粟倉村（**小水力発電**）、**第3節**では北海道下川町（**木質バイオマスCHPと熱供給**）を例にとって、地域付加価値創造分析の手法をどのようにエネルギー事業に適用すべきかをみていく（以上、**小川祐貴**）。これに対して**第4節**は、地熱発電事業の実データを用いて、地域付加価値創造分析の適用法をみていく。本節の分析からは、地元出資比率が高いほど、地域付加価値率が大きくなることが分かった（以上、**山東晃大**）。

次に**第5節**「**自治体新電力の地域経済付加価値と今後の可能性**」は、電力小売事業への地域付加価値創造分析の適用である。分析結果から、地域新電力事業への地元出資比率が高いほど、そして需給管理業務を地元で担う場合の方が、地域付加価値率が高いことが判明した。とはいえ、地域電力事業はまだ黎明期にあるとして、他の地域活性化事業と相乗効果を働かせることによって、総体として地域付加価値を拡大する努力が必要だと著者は強調している（以上、**稲垣憲治**）。

最後に**第6節**「**再生可能エネルギーの地域付加価値分析—長野県を対象としたケーススタディ**」では、長野県の環境・エネルギー政策に地域付加価値創造分析を適用することで、過去の事業についてだけでなく、将来に向けた様々な政策オプションを評価できることが示されている。つまり、様々な政策オプションが地域付加価値に与える影響を定量的に把握することで、政策シミュレーションが可能になる。これによって政策の選択肢を複数提示し、政策担当者や有権者に判断材料を提示することができる。地域付加価値創造分析はこうした目的のためにも有用である（以上、**ラウパッハ＝スミヤ　ヨーク・小川祐貴**）。

第3章「**再エネの地域付加価値創造分析を自治体レベルで活用する—日本でのケーススタディからの示唆**」（**ラウパッハ＝スミヤ　ヨーク・小川祐貴**）は、第2章の事例研究に基づいて得られた知見を総括する形で、地域付加価値創造分析の豊かな可能性を示すことを主眼としている。それは、過去に実施された事業の事後的な定量評価だけでなく、上述のように、将来に向けて政策シミュレーションとして活用することも可能であり、そこで得られた結果から政策立案への指針を

引き出すことができる。何よりも重要なのは、地域付加価値創造分析を、地域のコミュニケーション・ツールとして活用できる点にある。

　再エネによる地域再生が、経済的にも、そして環境的にも望ましいと言葉を尽くして説明しても、住民の理解を得るのはなかなか難しいものである。しかし、こうした効果が数字で定量的に示されれば、それがどれくらいの経済規模になるのか、自分たちの生活にとって何を意味するのか、イメージしやすくなる。地域再生に向けた再エネ事業で地域合意形成を図るうえでこうした分析結果は、住民が事業の妥当性を判断するための情報的基盤となり、彼らによる議論を促進することになるだろう。

　以上までをまとめると、エネルギー事業で地域付加価値を創出するためには地域住民や地元企業がお互い協力して事業体を創出し、地域資源をエネルギーに変換して電力供給事業を始めることが推奨される。住民や地元企業が、地域金融機関の融資を受けて再エネ事業を興し、地域経済循環を促すことによって持続可能な地域発展を目指す試みを、私たちは「エネルギー自治」と呼んできた。地域付加価値創造分析は、それ自体が研究対象であるだけでなく、政策に直ちに応用可能な、きわめて有用な分析手法である。それは、エネルギー自治の実践を支える情報基盤として機能し、再エネ事業へ向けての地域合意形成ツールだと位置づけることができる。

5　「エネルギー自治」の実践としての「日本版シュタットベルケ」の創設

　第3節では、どのようにして地域経済循環の促進を図るべきかを説明した。そこでは、地元出資／融資によるエネルギー事業体の創出が決定的に重要であることを強調した。この点で農村部と都市部に違いはない。だが、とくに都市部における地域内所得循環促進の手法としていま、「日本版シュタットベルケ」が注目されている。

　シュタットベルケ（Stadtwerke）とは、ドイツ語で自治体が出資する公益的事業体を指す。シュタットベルケは、都市化にともなって19世紀後半頃からドイツ各都市で創設され始めた。当初は自治体が運営する水道・ガス事業から出発し、やがて20世紀初頭に電気事業と市電事業がこれらに加わった。いまや、ドイツ全土に約900ものシュタットベルケが拡がり、電力、ガス、熱供給といったエネル

ギー事業に加え、上下水道、公共交通、廃棄物処理、公共施設の維持管理など、市民生活に密着したあらゆるインフラ・サービスを提供している。彼らは、日本の地方公営企業と異なって独立採算で事業を営み、電力事業では配電網を所有して配電事業、電力小売事業、そして発電事業を手がけている。

彼らの営むエネルギー事業の収益はたいてい黒字であり、その経営状況は良好である。エネルギー事業で大きく稼ぎ、その収益を元手に、公共交通その他の赤字の公益的事業に再投資する構図が鮮明となっている（前掲『人口減少時代の都市』第3章第6節）。つまり、シュタットベルケの事業性は、高収益のエネルギー事業によって担保されている。ドイツでももちろん、電力自由化は完了済みなので、シュタットベルケも競合する民間企業と市場での競争を強いられる。中小規模にもかかわらず、予想に反して彼らが大電力会社に対抗しつつ生き残っているのは、地域密着型のサービスによって顧客としての住民の信頼を勝ち得たからだといわれている。

日本でも同様に、シュタットベルケを創設し、エネルギー事業で稼いで他の公益事業に再投資するビジネスモデルを構築できないものだろうか。税収以外の事業収入を自治体が獲得する道を切り拓くというアイディアは、人口減少と地価下落で住民税、固定資産税ともに大きな増収を見込めない中、老朽化社会資本の維持更新投資や高齢化にともなう社会保障支出をどう賄うのかを考える際に、今後ますます重要になるだろう。

本書第6章「スノーリゾート地域の再生に向けた小水力発電の可能性―長野県白馬村の事例検討―」（太田隆之）は、この点できわめて示唆的である。日本を代表するスノーリゾート地域の1つである長野県白馬村は小水力発電を導入し、大きな売電収入を得ることに成功している。著者はこれをソフト、ハードの両面から農業振興を支援する財源として活用することを提案している。さらに、村の行政計画における再エネの位置づけをいっそう高め、観光振興や農業振興と深く結びつける形でそれを展開していくべきこと、そして再エネ発電で得られる資金を、村の各種課題の改善のための投資に振り向けていくことを提案している。これは、農村版のシュタットベルケ構想だといえよう。村の人口減少に加えて、スキー客減少による村経済の縮小という構造転換期に、再エネ事業による収入を村の持続可能な発展を切り開くための投資財源として積極的に活用すべきだとの提案は、傾聴に値する。

これまで日本では、自治体がエネルギー事業を通じて持続可能な都市発展の財源を調達するのは「非現実的」と考えられてきたが、東日本大震災後、状況は大きく転換している。すでに30余りの「日本版シュタットベルケ」が設立済みであり、さらにその数は今後も増えていく見込みである。もっとも、「日本版シュタットベルケ」が「日本版」と呼ばれる所以は、本家のシュタットベルケと次の点で異なるからだ。

　第1に、ドイツのシュタットベルケが19世紀半ばごろから設立されはじめ、すでに100～150年ほどの歴史をもち、地域でしっかりした顧客基盤を築いているのに対し、「日本版シュタットベルケ」は設立間もない小規模ビジネスであり、これから電力小売事業への新規参入により、顧客を電力会社から「奪って」こなければならない。

　第2に、ドイツのシュタットベルケは配電網を所有している。したがって安定的な託送料収入が入ってくる。これが、ドイツのシュタットベルケの財政基盤が安定している最大の要因である。日本で「発送電分離」が議論になることはあっても、「送配電分離」が政策アジェンダに上ってこないのは、なぜだろうか。日本では、送配電網を電力会社が所有しているために当面、日本の地域新電力は発電事業と電力小売事業に限定したビジネスを展開せざるをえない。

　第3に、ドイツのシュタットベルケはほぼ100％、自治体（もしくは自治体連合）による公的出資で事業を運営している。日本の場合は、みやま市、生駒市、湖南市などで、自治体が過半出資しているケースがあるが、それ以外のほとんどのケースでは、自治体が過半を取らず、少数出資にとどめている。これには、かつて第3セクターの破綻が相次いだことから、自治体が後景に退いて民間主導で事業運営を行おうとしているためだと考えられる。

6 「日本版シュタットベルケ」の可能性と展望

　日本版シュタットベルケには、様々な可能性がある。将来的に、電力だけでなく上下水道、廃棄物、地域公共交通などの社会インフラを維持管理する総合インフラ産業として日本版シュタットベルケを育成できれば、顧客管理・料金徴収業務など、そこに様々な地域インフラの管理業務を一括受託させて業務運営の効率化を図るとともに、インフラ管理に関する専門ノウハウを地域で蓄積できるとい

うメリットが生まれる（拙稿「人口減少下の『成熟型都市経営』とは何か」『地方財政』2018年10月号（第57巻10号・通巻第682号）、4-18頁）。

またシュタットベルケを、地域の産業発展と雇用拡大の拠点として育成し、活用していくことも考えられる。ドイツのシュタットベルケがほぼ100％自治体出資の「公社」なのに対し、日本版シュタットベルケの多くは、自治体出資を25％未満に留め、地元の民間企業を主体としているところが多い。これは、上述のように第3セクター失敗の教訓が生かされているからだが、他方で、それが地元企業の可能性を引き出し、彼らとの結びつきを強めることで、将来的に地域産業発展への波及効果を期待されているからであろう。

本書第9章「**地域分散型・地域主導型エネルギーシステムとその担い手―社会的企業（social enterprise）論からの考察―**」（宮永健太郎）は、シュタットベルケを含め、エネルギー事業を担う公益事業体を、社会的企業論の観点から分析しようとした、おそらく日本で初めてのきわめて意欲的な試みである。人口減少時代の日本の都市にとって、エネルギー事業を担いつつ、地域インフラの維持更新を将来的に担う日本版シュタットベルケへの期待はきわめて大きなものがある。それはしかし公的部門ではないために、あくまでも収益性基準で運営される。他方、それは株主価値最大化を目的とせず、あくまでも地域福祉の最大化を図ることを目的としている点で、「社会的」だといえる。こうした企業目的をより効果的かつ効率的に達成しうるには、どういう企業形態や経営手法が望ましいのか、明らかにされるべき点は多い。本章はそうした一連の研究の嚆矢となるだろう。

今後、再エネの順調な普及によって電力システムは、着実に「分散型」へ向かうだろう。地域は、電力会社からの電力供給を待つだけの受け身の時代は終わり、自らエネルギーを創り出し、地域でそれらを相互融通して需給バランスを調整したり、域外に販売して「外貨」を獲得したりする、能動的な主体に変わっていくだろう。人々のエネルギーへの嗜好はますます、原発や火力から離れ、再エネに向かっていく。現時点では、再エネには様々な課題があるが、だからこそ、それらを克服していく面白さがある。例えば地域では、配電網のスマートグリッド化・IoT（モノのインターネット）化、固定価格買取期間を終えた太陽光パネルで発電された電気の買取／融通ビジネスの創設、蓄電・蓄熱による電力貯蔵システムの開発、さらには、ガス／熱供給企業やケーブルテレビ企業との連携など、

様々な可能性が拡がってくる。こうした地元民間企業とも協力しながら、地域の分散型エネルギーシステムの構築を推進できる公共的な主体こそ、自治体をおいて他にない。

　これは、これまで電力会社まかせ、ガス会社まかせであった地域エネルギー政策を自治体が取り戻し、地域住民の安全保障、地域産業の発展の観点から、地域固有のエネルギーシステムの構築を図っていく遠大な構想でもある。自治体にとって、これは税収以外の収益源を獲得する方途であり、人口減少時代に備えてインフラを効率管理する途でもあり、さらにまた、地域産業を育成し、成長と雇用増大を図るための政策手段でもある。自治体にとって、将来に向けていまから戦略的にエネルギー政策を構想することの重要性を改めて強調して、本章のまとめとしたい。

第1章 地域付加価値創造分析の理論

1.1 地域経済効果の定量評価手法 　　　中山琢夫

1.1.1 はじめに

　持続可能な地域の発展を展望するためには、環境的に持続可能であるだけでなく、その地域の経済基盤を構築し、新たな付加価値を生む産業の創出が必要である。従来型の企業誘致とは異なり、地域内発的に出資し、新たに事業が行えるという点で、再生可能エネルギー事業は環境的にも地域経済的にも、大きなポテンシャルを持っている。

　日本でも、地域主導の分散型再生可能エネルギー発電事業が、本格的に検討されるようになってきた。こうした事業がもたらす環境効果だけでなく、新たな地域経済効果がどの程度のものか、という課題は、推進自治体にとって、重要な関心事となっている。

　再生可能エネルギーの普及・導入の先進国であるドイツでは、分散型という構造的な特性に支えられており、すでに、ローカルなレベルで一連のバリュー・チェーンが構築されようとしている。とりわけ、地方自治体の果たす役割は大きい。なぜならば、自治体はその推進力であるとともに、新しい経済効果を得ることができるからである。

　また、エネルギー大転換を推進しようしている多くの自治体では、連邦政府を上回るレベルで気候変動対策目標を掲げ、この目標を達成すると同時に、地域経済効果を狙う動きが見られるようになってきた（Stablo and Ruppert-Winkel, 2012）。

ここで重要となるのは、地域の経済効果をいかに計るか、という課題である。再生可能エネルギーの普及導入先進国ドイツでは、再生可能エネルギーの拡大と、その結果としての経済効果に関する分析に多くの蓄積がある。ただし、その多くは国家レベルや州レベルのものであり、自治体レベルでの経済効果を緻密に計ったものは、近年までほとんどなかった。

こうした課題を解決するために、ベルリンにあるエコロジー経済研究所（Institut für ökologische Wirtschaftsforschung: IÖW）をはじめ、いくつかの研究機関では、Porter（1985）がいうところの「バリュー・チェーン」を用いることで、精密に地域経済付加価値を計るモデルを開発した（Hirschl et al., 2010等）。これは、生産面からみた域内総生産と同義であると定義される。

近年、再生可能エネルギー発電のコストが低下しており、その事業による経済効果は、世界的な関心事となっている。それは、世界的、国家的レベルだけではなく、より小さな自治体レベルにおいても同様である。本章では、とりわけ産業連関分析との比較を通して、地域付加価値分析の特性を明らかにすることを目的とする。

1.1.2　日本と海外の再生可能エネルギーの経済分析動向

日本でも、再生可能エネルギーによる地域経済効果を分析した研究が蓄積されようとしている、これらはほとんど、産業連関分析を用いたものである。

例えば、霜浦ら（2013）では、環境産業分析用地域産業連関表を用いて、高知県における太陽光発電の事業形態による地域経済効果の比較分析を行っている。石川ら（2012）では、東北地域における再生可能エネルギー導入、とりわけ太陽光発電・風力発電に焦点をあてた、関東地方および全国レベルの地域間産業連関表による分析を行っている。

また、稗貫・本藤（2012）では、地熱発電に注目し、地熱発電に関連する部門を新設した拡張産業連関表を作成することで、地熱発電ライフサイクル全体で発生する雇用量を推計した。一方、中村ら（2012）では、木質チップ・ペレット利用による国内版のCDM（Clean Development Mechanism）を想定し、排出権オフセット・クレジットとして大都市圏に販売することとして、環境産業部門を地域産業連関表に組み込むことで、高知県檮原町における経済波及効果を試算している。

松本・本藤（2011、2010）では、拡張産業連関表を利用して、太陽光・風力発電導入による雇用効果を分析している。このほか、太陽光・風力・水力（既存施設の有効利用・中小水力）、地熱（フラッシュサイクル・小型バイナリーサイクル）、バイオマス（廃棄物処理施設・メタン発酵バイオガス・木質バイオマス）を対象にした、科学技術動向研究センター（2013）による拡張産業連関表による再生可能エネルギー発電施設建設の経済・環境への波及効果分析もある。

　また、野村総研（2012）では、太陽光・風力を中心とした、エネルギー経済・雇用への影響に関する包括的な分析を実施しており、従来型発電と再生可能エネルギー発電（太陽光・風力）の市場規模・雇用創出効果の比較、および、当時の各電源シナリオ案における、経済・雇用効果の分析も行っている。

　欧米においても、産業連関分析が先行している傾向は同様である。

　Breitschopf et al.（2011）では、さまざまな方法論に基づく再生可能エネルギー」による雇用効果や経済効果に関する分析を、グローバルなレベル、国家レベル、地域レベルで体系的にまとめられている。

　このレビューは、2003年から2011年にかけて、世界の30以上の分析をカバーしており、直接効果・間接効果・生産誘発効果といったインパクト、投資・交換・家庭内消費といったタイプ別分類、グロスモデルとネットモデル[1]の分類がなされている。

　ネットモデルでは、主として計量経済モデル、一般均衡モデル、システムダイナミクスモデルのような、マクロ経済学的アプローチを包括的に用いて、再生可能エネルギー産業が経済全体に与える正と負の影響を評価する。

　一方、グロスモデルでは、再生可能エネルギー関連産業による正の経済影響のみを捉えている。これらは、雇用効果分析や個別の再生可能エネルギー技術、および、単一の地域や国を対象にしたような、比較的単純な分析に対して適用される。

　産業連関分析モデルや関連する手法、例えば、社会会計行列や統合計量経済的手法は、国家や地域レベルにおける、外生的な政策誘導による多部門の経済効果を分析する手法としては確立している（Miller and Blair, 2009; Loveridge, 2004）。

1）グロスモデルでは、新たな再生可能エネルギー発電によって押し出される既存の発電事業の減少量が考慮されないが、ネットモデルでは既存の発電事業の減少量が差し引かれる。

産業連関モデルは、詳細にブレークダウンされた異なる産業セクターごとに、そのインパクトを見積もることができる、統一的に統合された方法論的フレームワークを構築しているから、産出の直接効果、間接効果を包括的に計測することができる。この優位性のために、産業連関分析は、再生可能エネルギーの事業展開によるグロス、ネットの経済効果を評価する手法として、幅広く用いられてきた。

　ドイツ国家レベルでの雇用効果の研究として、Lehr et al.（2011）や、O'Sullivan et al.（2013）が、スペイン国家レベルでの研究としては、APPA（2009）があげられる。地域レベルでは、ノースダコタ州における Coon et al.（2012）、スコットランドのシェトランド諸島における Allan et al.（2011）の研究があげられる。

　しかしながら、地域レベルでの再生可能エネルギー事業について、産業連関分析を適用しようとすると、さまざまな問題に直面する。つまり、その結果の信頼性を損なう恐れがある（Heinbach et al., 2014）。

　とりわけ、自治体やその広域連合のようなローカルなレベルでは、産業連関表への投入データと、技術特有のデータの質が十分ではない。国内全体を対象とした産業連関表をもとに作成された地域産業連関表から、さらに乗数効果や部門数を削減することは、データの質を損ないかねない。地域産業連関表は、基本データが古くなりがちになる問題もある（Flegg et al., 2010）。

　さらに、再生可能エネルギー産業は、産業連関表において、独立した特定の部門として反映されていないのが通常である。ここでは、投入、移輸入、雇用係数等が一般的な産業の平均的な数値から推計されるため、再生可能エネルギー部門の特徴的な構造は、正確には反映されているとは言いにくい（Breitshopf et al., 2011）。

　より正確な産業連関分析のためには、再生可能エネルギー関連企業の特定のコスト・収益構造に基づいて、独立した部門として、再生可能エネルギー産業を統合することが必要である（Raupach-Sumiya et al., 2015）。

　こうした限界に対応するために、ドイツのいくつかの研究機関は、技術特有のバリュー・チェーン分析と連携した付加価値モデルを適用することで、再生可能エネルギー技術特有のグロスの地域経済の直接効果を計測し評価する、代替的なアプローチを開発した。

これらの研究機関は、エコロジー経済研究所（IÖW）、カッセル大学経済研究所、トリーア大学応用物質フロー管理研究所（IfaS）、分散型エネルギー技術研究所（IdE）に代表される（Hirschl et al., 2010; Kosfeld und Gückelhorm, 2012; IfaS und DUH, 2013; Hoppenbrock und Albrecht, 2009; BMVBS, 2011）。

それぞれの研究機関によって、カバーする技術やバリュー・チェーンの対象に違いはあるものの、これらのモデルは再生可能エネルギー産業の特定技術毎の多段階に渡る複雑なバリュー・チェーンを捉えている。このバリュー・チェーンは、広範囲にわたる再生可能エネルギー関連企業やプロジェクトの調査から得られた、技術特有の費用・収益・投資データをもとに包括的に設定されている。

再生可能エネルギーの特定技術のバリュー・チェーンに関する地域特性は、地域特有に発生した付加価値と雇用の分析によって統合される。このように、精密なボトムアップアプローチによって、高いレベルで信頼できる結果が得られる。さらに、このアプローチでは、様々な段階における従業員の可処分所得、事業者の税引き後利潤、地方税収の詳細な付加価値の配分を分析することができる（Heinbach et al., 2014）。

このような研究結果の包括的な分析は、高いレベルで一貫性と適合性を示すことができる。その分析結果は、自治体や広域自治体のレベルで地域の付加価値として適用され、地域経済における経済発展のための再生可能エネルギーの正のインパクトを示すことが可能である（Raupach-Sumiya, 2014）。

ここで、ドイツにおける産業連関分析と付加価値分析の国家レベルでの雇用効果の結果を比較してみたい。限定的ではあるが、地域付加価値分析アプローチの一貫性と信頼性を垣間見ることができる。

再生可能エネルギー特有の指標を産業連関表に組み込んだ、O'Sillivan et al. (2013) による産業連関分析では、再生可能エネルギーによって、2012年にドイツで378,000人の雇用が生まれたと推計している。一方で、IÖWによる地域付加価値分析では、再生可能エネルギー関連の雇用を344,000人と推計している。

地域付加価値分析手法のさらなる緻密性、体系性に関する比較検証の余地は残っているものの、上記の分析結果は、産業連関分析が国家レベルでの再生可能エネルギーを分析する手法としては、適切かつ普遍的なアプローチであるという結論に至る。

一方で、バリュー・チェーン分析に基づく地域付加価値分析アプローチは、再

生可能エネルギーが、国レベルよりもより小さな地域経済発展に及ぼす影響に対してより信頼できる結果をもたらすものだといえる。なぜならば、このアプローチでは、実際のプロジェクトで得られたデータを積み上げることで検証できるからである。

しかしながら、ドイツとイギリスを除いて、この再生可能エネルギーの地域付加価値分析は広く国際的には適用されてこなかった。しかしながら、移転先の国特有のデータ、とりわけ企業の収益性、市場生産性、賃金レベルや税制度が入手可能であれば、その他の国にも移転可能である。

日本でも、こうしたデータは一定の範囲において入手可能であるから、日本における適用も可能である。そこで、筆者らは、日本版の再生可能エネルギーの地域付加価値分析モデルの構築とその応用に取り組んできた（Raupach-Sumiya, 2014; Raupach-Sumiya et al., 2015; ラウパッハら、2015; 中山ら、2016a; b; 山東、2017; 小川・ラウパッハ、2018など）。

1.1.3 地域付加価値分析と産業連関分析

地域付加価値分析と産業連関分析を同時に実施し、比較した研究はほとんど見当たらない。本節では、中山ら（2016a）をもとに、長野県における地域付加価値分析と産業連関分析の結果を比較することで、その特質を明らかにする。

図1-1は、長野県における1MW太陽光発電によってもたらされる経済効果について、長野県が実施した産業連関分析と、日本における標準的な太陽光1MWのモデルセットによる地域付加価値創造分析、そして、実際の事業に基づいた長野県事例の太陽光1MWのモデルセットによる地域付加価値創造分析を比較したものである。

地域付加価値創造分析は、産業連関分析と比べて控えめな値が出ることが分かる。その大きな理由は、波及効果、具体的には間接一次効果、間接二次減価償却費が含まれていない点にある。

一方で、長野県における地域付加価値創造分析結果では、県内に実際に太陽光パネル製造業が立地しているから、産業連関分析と同様に、システム製造段階の直接効果も地域付加価値として計上している。具体的には、法人企業統計をもとに、従業員の可処分所得と事業者の税引き後利潤を含めている。

一方、実際に立地している地域のプロジェクトをもとにキャッシュフローを作

(単位：100万)

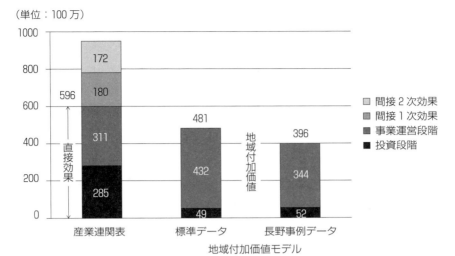

(出所) 中山ら (2016a)、7頁、図1。

図1-1　産業連関分析と地域付加価値分析 ——長野県における1MWの太陽光発電所—

成し、精密にそのバリュー・チェーンを分析すると、地域付加価値の創造額は、さらに控えめに表現される傾向が示されている。

図1-2は、投資段階（システム製造段階、計画導入段階）について、日本の標準的なデータを使った場合と、長野県における実際のプロジェクトデータを比較したものである。こうしてみると、FITの根拠となっている算出データよりも、長野県における実際のプロジェクトのほうが、設備投資額が2割ほど高い、ということが分かる。なぜならば、長野県におけるシステムコストが、全国の標準ケースと比べて高いからである。また、地域の付加価値となり得るのは、設備投資額に対して、日本の標準ケースで16％、長野県の実際のプロジェクトでは14％程度である。

一方、**図1-3**は、事業運営段階（運営維持（O&M）段階、システムオペレーター段階）における、20年間の累計値を示している。日本の標準ケースと比べると、長野県の実際のプロジェクトでは多くの売電売上額が望まれる。それにも関わらず、地域付加価値創造額は、長野県の実際のプロジェクトの方が低い。

ただし、投資段階と事業運営段階を比較すると、売電益をもとにした事業運営段階の累計値の方が、一回限りの投資段階よりもはるかに大きいことがわかる。

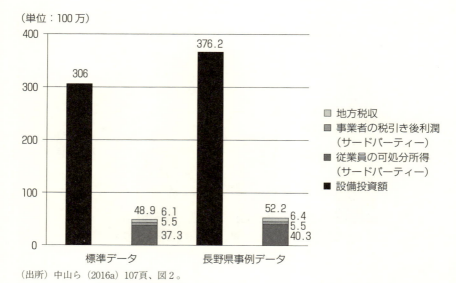

(出所) 中山ら (2016a) 107頁、図2。

図1-2　長野県の事例ケースと標準モデルの比較分析　―投資段階

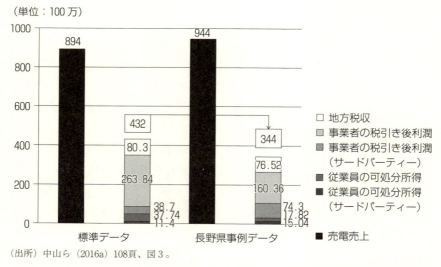

(出所) 中山ら (2016a) 108頁、図3。

図1-3　長野県の事例ケースと標準モデルの比較分析　―事業運営段階（20年間累計）

第1章　地域付加価値創造分析の理論

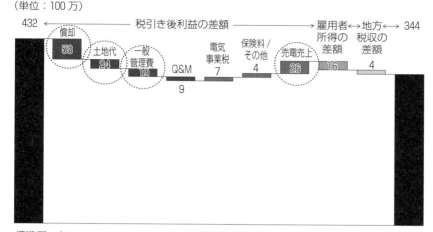

（出所）中山ら（2016a）109頁、図4。

図1-4　日本版地域付加価値モデルの検証 ──長野県における1MWの太陽光発電所──

　長野県の実例でみても、売電益の3割以上は、地域付加価値として新たに創造されていることがわかる。
　さて、日本における標準ケースと長野県における実際のプロジェクトにおける、20年間累計の事業運営段階での地域付加価値創造額の差は、いったいどこにあるのだろうか。図1-4は、その内訳を具体的に示している。とりわけ、日本における標準ケースと比べて、長野県の実際のプロジェクトでは、減価償却費、土地貸借代、一般管理費と売電収入が少ないことが顕著である。
　これらのコストは、日本おける標準ケースよりも相対的に高い。そのことで、長野県の実際のプロジェクトにおける地域付加価値創造額が低くなっている。一方で、売電売上額は長野県の実際のプロジェクトの方が高い。これは、日照時間が日本における標準ケースよりも長いからである。しかしながら、これらは高いコストを埋め合わせるものではない。
　本項における、長野県の実際のプロジェクトと日本の標準ケースの比較分析によって、その偏差を見ることができる。その要因は、高いシステム費用の減価償却費負担や一般管理費といった地域固有の状況である。さらなるケーススタディによって、再エネ特定技術毎の本モデルの信頼性を、さらに向上させてゆくこと

も必要である。

1.1.4 まとめ

本章では、再生可能エネルギー事業によってもたらされる経済効果分析について、海外や日本での動向について紹介し、産業連関分析と地域付加価値分析の特性を明らかにすることを試みた。

産業連関表は、多大な予算と時間を用いて、国民経済計算体系に合致するように、まずは国単位で作成される基本表がもとになる。レオンティエフの逆行列によって、その確からしさが世界的に認められている信頼できる手法である。

ところが、現在のところ再生可能エネルギーに関する部分は、独立した部門として作成されていないから、まずはこの部門の作成が課題になる。また、都道府県レベルや政令指定都市レベルでは、公的に認められた産業連関表を容易に入手することができるが、それより小さな自治体レベルでは独自に自治体表を作成しなければならない。

自治体レベルのように、地域が主導になるような、比較的小規模な再生可能エネルギー事業によって新たにもたらされる経済効果を計測するためには、ドイツにおけるその生い立ちや展開、およびその結果の比較から検討すると、地域付加価値分析に強みがあるといえよう。

一方で、地域付加価値分析は、都道府県レベルにおいても有用である。このレベルにおいて、都道府県産業連関表における独立した部門として再生可能エネルギー部門を拡張するとき、地域付加価値分析の手法は体系的・理論的に貢献し、より精密な波及効果の計測が可能になるだろう。

【謝辞】

本研究は、JSPS科研費15K21096、15H01756の助成を受けたものです。記して謝意を表します。

参考文献

石川良文・中村亮平・松本明（2012）「東北地域における再生可能エネルギー導入の経済効果：地域間産業連関上による太陽光発電・風力発電導入の分析」RIETI Policy Discussion Series 12-P-014。

小川祐貴・ラウパッハ=スミヤ ヨーク (2018)「再生可能エネルギーが地域にもたらす経済効果―バリュー・チェーン分析を適用したケーススタディ―」『環境科学会誌』31(1)、34-42頁。

科学技術動向研究センター (2013)『拡張産業連関表による再生可能エネルギー発電施設建設の経済・環境への波及効果分析』。

山東晃大 (2017)「地熱発電における地域付加価値創造分析」『財政と公共政策』(財政学研究会) 第39巻第2号、121-130頁。

霜浦森平・中澤純治・松本明 (2013)「環境産業分析用地域産業連関表を用いた太陽光発電の地域経済効果―高知県における事業形態による効果の比較分析」『日本地域学会第50回年次大会報告論文』

中村良平・中澤純治・松本明 (2012)「木質バイオマスを活用したCO_2削減と地域経済効果:地域産業連関モデルの構築と新たな適用」『地域学研究』42巻4号、799-817頁。

中山琢夫・ラウパッハ スミヤ ヨーク・諸富徹 (2016b)「分散型再生可能エネルギーによる地域付加価値創造分析―日本における比較分析―」『環境と公害』(岩波書店) Vol.45、No.4、20-26頁。

中山琢夫・ラウパッハ スミヤ ヨーク・諸富徹 (2016a)「日本における再生可能エネルギーの地域付加価値創造―日本版地域付加価値創造分析モデルの紹介、検証、その適用―」『サステイナビリティ研究』(法政大学) Vol.6、101-115頁。

野村総研 (2012)「エネルギーの経済・雇用への影響」『平成23年度エネルギー環境総合戦略調査成果報告書』http://www.meti.go.jp/meti_lib/report/2012fy/E002585.pdf

稗貫俊一・本藤祐樹 (2012)「拡張産業連関表を利用した地熱発電のライフサイクル雇用分析」『第28回エネルギーシステム・経済・環境コンファレンスプログラム講演論文集』209-212頁。

松本直也・本藤祐樹 (2011)「拡張産業連関表を利用した再生可能エネルギー導入の雇用効果分析」『日本エネルギー学会誌』Vol.90、No.3、258-267頁。

松本直也・本藤祐樹 (2010)「拡張産業連関表を利用した再生可能エネルギー導入の雇用効果分析」『第26回エネルギーシステム・経済・環境コンファレンス講演論文集』

ラウパッハ スミヤ ヨーク・中山琢夫・諸富徹 (2015)「再生可能エネルギーが日本の地域にもたらす経済効果―電源毎の産業連鎖分析を用いた試算モデル―」諸富徹編著『再生可能エネルギーと地域再生』125-146頁。

Allan G., McGregor P., Swales K. (2011) The Importance of Revenue Sharing for the

Local Impacts of a Renewable Energy Project - a Social Accounting Matrix Approach, *Regional Studies*, vol. 45/9. Routledge, London, pp. 1171-1186

APPA (Spanish Renewable Energy Association) (2009) *Study of the Macroeconomic Impact of Renewable Energies in Spain*. http://www.appa.es/descargas/Informe_APPA_ENGLISH.pdf.

Breitschopf B., Nathani C., Resch G. (2011) Review of Approaches for Employment Impact Assessment of Renewable Energy Deployment, *IEA-Renewable Energy Technology Deployment*: http://publica.fraunhofer.de/eprints/urn:nbn:de:0011-n-1988024.pdf.

BMVBS (Bundesministerium für Verkehr, Bau und Stadtentwicklung (2011) *Strategische Einbindung regenerativer Energien in regionale Energiekonzepte - Wertschöpfung auf regionaler Ebene*. https://www.bbsr.bund.de/BBSR/DE/Veroeffentlichungen/BMVBS/Online/2011/DL_ON182011.pdf?__blob=publicationFile&v=2

Coon R., Hodur N., Bangsund D. (2012) Renewable Energy Industries' Contribution to the North Dakota Economy, *Agribusiness and Applied Economics*, 702. http://ageconsearch.umn.edu/bitstream/ 140122/2/AAE702.pdf.

Flegg A., Thomo T. (2010) Regional input-output tables and the FLQ formula: A case study of Finland. *Regional Studies Association Annual International Conference 2010: Regional Responses and Global Shifts: Actors, Institutions and Organisations*, Pecs, Southern Hungary, 24-26 May 2010. http://eprints.uwe.ac.uk/12338/.

Heinbach K., Aretz A., Hirschl B., Prahl A., Salecki S. (2014) Renewable energies and their impact on local value-added and employment, *Energy, Sustainability and Society* 4(1): 1-10.

Hirschl B., Aretz. A., Prahl A., Böther T., Heinbach K., Pick. D., Funcke S., (2010) *Kommunale Wertschöpfung durch Erneuerbare Energien*, Schriftenreihe des IÖW 196/10, Institut für Ökologische Wirtschaftsforschung

Hoppenbrook C, Albrecht AK (2009) Diskussionspapier zur Erfassung der regionaler Wertschöpfung in 100% -EE-Regionen, *DEENET (Hrsg.), Arbeitsmaterialien 100EE*, Nr. 2, http://www.100-ee.de/downloads/schriftenreihe/?eID=dam_frontend_push&docID=1140

IfaS (Institut für angewandtes Stoffmanagement), DUH (Deutsche Umwelthilfe e.V.) (2013) *Kommunale Investitionen in Erneuerbare Energien - Wirkungen und Perspektiven*. http://www.stoffstrom.org/fileadmin/userdaten/dokumente/Veroeff

entlichungen/2013-04-04_Endbericht.pdf

Kosfeld R, Gückelhorn F (2012) Ökonomische Effekte Erneuerbarer Energien auf regionaler Ebene. *Raumforsch Raumordn* 70：437-449. https://link.springer.com/article/10.1007%2Fs13147-012-0167-x

Miller R., Blair P. (2009) *Input-Output Analysis, Foundations and Extensions*, Cambridge University Press, Cambridge.

Lehr U., Breitschopf B., Lutz C., Edler D., O'Sullivan M., Nienhaus K., Nitsch J., Bickel P., Ottmüller M. (2011) Kurz- und Langfristige Arbeitsplatzwirkungen des Ausbaus der Erneuerbaren Energien auf den deutschen Arbeitsmarkt. Fraunhofer-Institut für Innovation- und Systemforschung, Osnabrück.

Loveridge S. (2004) A Typology and Assessment of Multi-sector Regional Economic Impact Models, *Regional Studies*, Vol. 38/3. Routledge, London, pp. 305-317.

O'Sullivan M., Edler D., Bickel P., Lehr U., Frank P., Sakowski F. (2013) Bruttobeschäftigung durch erneuerbare Energien in Deutschland im Jahr 2012 - eine erste Abschätzung, Gesellschaft für Wirtschaftliche Strukturforschung mbH, Osnabrück.

Porter M. E. (1985) *Competitive Advantage: Creating and Sustaining Superior Performance*, Free Press, NY.

Raupach-Sumiya J., Matsubara H., Prahl A., Aretz A., Salecki S. (2015) Regional economic effect renewable energies - comparing German and Japan, *Energy, Sustainability and Society* 5：10, a Springer Open Journal, DOI 10.1186/s13705-015-0036-x

Raupach-Sumiya J. (2014) Measuring regional economic value-added of renewable energy - the case of Germany. *Shakai Shisutemu Kenkyu (Social System Study)*, Vol. 29. Ritsumeikan University BKC Research Organization of Social Sciences Kyoto pp 1-31; http://www.rit- sumei.ac.jp/acd/re/ssrc/result/memoirs/kiyou29/29-01.pdf.

Stablo J., Ruppert-Winkel C. (2012) "The Integration of Energy Conservation into the Political Goal of Renewable Energy Self-Sufficiency - A German Case Study Based on a Longitudinal Reconstruction. *Sustainability* 2012, *4*(5), 888-916; https://doi.org/10.3390/su4050888

1.2　地域付加価値創造分析の方法　　　　　　　　　　小川祐貴

　本節では本書で扱う再エネ事業と電力小売事業の地域付加価値創造分析の、具体的な手順について記述する。しかしその前に、地域付加価値とは何か、なぜ地域付加価値に焦点を当てる必要があるか、という2点について、筆者らの認識を読者と共有する必要がある。

　地域付加価値と、テレビ・新聞等の報道で使われる「経済効果」とは異なるものである。一般に見聞きするこの「経済効果」は、経済学の分野で経済波及効果と呼ばれるものである。経済波及効果は前節で解説した産業連関分析を通じて推計されるもので、新たな需要が生じた場合に、その需要を満たすために関連する産業でさらに需要が誘発されていく（波及する）ことをいう。具体的な指標（金額）としては生産誘発額が用いられる。生産誘発額は企業の活動でいうところの売上にあたる指標である。そのため、関係する主体が得る経済的な便益を直接示しているとは限らない。

　では付加価値とは何だろうか。付加価値は、ある主体（企業や個人）が生産した財やサービスの価値と、その原材料（生産に必要な中間投入）の価値の差分として捉えられる。つまり、その主体が行った生産活動によって原材料に新たに「付加」された「価値」を指す。経済活動によって生み出された付加価値は、経営者・労働者（被雇用者）・政府（徴税者）の3者に分配される。こうして分配された付加価値は各主体が新たに獲得した購買力とも言える。

　この付加価値のうち、分析対象になる特定の地域に帰属するものがどれほどになるかを示すものが、地域付加価値である。地域付加価値は経済波及効果と比較して、実際に地域が得る経済的な便益により近い指標があることが、我々がこの指標に着目する理由である。地域付加価値創造分析では分析対象地域の範囲を基礎自治体から、複数の基礎自治体から構成される地域、都道府県単位まで、分析の目的に併せて柔軟に設定することが可能である点も特長的である。

1.2.1　再エネ事業

　再エネ事業の地域付加価値創造分析は、再エネ事業そのものの事業フローと損益計算に従って進めていく。事業は、自己資本と金融機関からの借入れによる事

業資金の調達、事業に必要な発電・熱供給設備の取得と設置、事業運営による売上の獲得と維持管理費用等の支払い、という順で展開していく。地域付加価値創造分析では事業資金の調達と設備の取得、設置までを投資段階、以降の事業運営を事業運営段階と呼んで区別し、分析を進める。このように2つの段階に区別するのは、それぞれで再エネ事業に関わるお金の流れが大きく異なるためである。各段階の内容については、以下でそれぞれ解説する。

投資段階ではまず事業に必要な発電・熱供給設備の取得と設置にかかる費用の規模を定める。次章以降で取り上げるケーススタディでは、具体的な事業を対象とするものは事業者等へのヒアリングにより初期投資にかかった費用を取得している。また、地域における将来のシナリオを分析するものについては国や研究機関が公表している将来の再エネの費用に基づいて設備容量（kW）あたりの費用を設定し、見込まれる設備容量に乗じることで必要な初期投資額を算出している。

初期投資額が定まると、次にどのように資金調達するかを定める。資金調達の方法には「自己資金」によるものと「借入」によるものがある。まず自己資金と借入との比率を決定する必要がある。これらの比率については、ケーススタディで具体的なデータを得られた場合を除き、自己資金が初期投資の30％、借入が70％と想定している。この比率は再エネ事業の実施において地方銀行から融資を受ける場合に求められる自己資本比率とも整合している（7章参照）。

自己資金とは、事業に投資を行う主体が自らの資産を事業に投じるもので、事業の所有権とリンクしている。再エネ事業に投資を行う主体としては「市民」「企業」「自治体」の3者が想定され、市民・企業には地域内と地域外の区別がある。つまり、地域内の市民・地域外の市民・地域内の企業・地域外の企業・自治体のそれぞれが自己資金のうちどれだけの割合を拠出するかをここで定めることとなる。そしてこの割合が各主体による所有権（オーナーシップ）の割合となり、事業運営段階における利潤の配分を決定することとなる。

借入とは、事業開始にあたって金融機関から受ける融資である。本書で実施した地域付加価値創造分析の初期投資段階ではこの借入について、地域内の金融機関からの借入と地域外の金融機関からの借入との比率を設定することになる。またそれぞれの金融機関について借入年数と利子率（年率）を定める。これらを基として事業運営段階における借入金の返済計画を策定することとなる。各年の返済額は元利均等方式により算出している。

資金調達が完了すると設備の取得、設置に移る。初期投資にかかる費用は、設備そのものの費用と、設置にかかる費用とに分けられる。どれだけの費用がどの項目にかかるか、という費用構造については前述したデータ出所を基に設定している。

　設備そのもの（太陽光パネル、風車、木質バイオマスボイラー、発電用水車、発電用タービン等）については、地域の中で生産ができることは極めて稀である。そのためこうした設備の取得にかかる費用は地域外に流出し、地域付加価値の創出には繋がらないと考える。ただしどのような設備の取得にどれだけの費用が必要となったかは、事業運営段階における固定資産税や減価償却費を算出するために記録しておく。

　減価償却費は、再エネ事業に関わる設備を減価償却資産の耐用年数等に関する省令（財務省、2017）に従って分類し、原則として法定耐用年数で償却するものとして、定額法で毎年の償却額を算出した。例えば太陽光発電に用いるパネルは電気業用設備のうちその他の設備の主として金属製のものにあたり、法定耐用年数は17年と定められている。取得価額が1億円であれば毎年の償却額は1億円÷17年≒588万円となる。

　設備の設置に関わる業務については、地域内の企業にも担える可能性がある。ここでは設備の設置に先立つ土地の取得（不動産業）や造成、設備の設置（建設業）、系統接続（機械等修理業）といった業務と業種が関係することとなる。こうした業務のそれぞれに対して、実績や将来に関する想定から、どれだけの割合を地域内の企業が担うかを設定する。再エネ事業で支払われた設置にかかる費用は、各業種の売上として捉えられることとなる。例えば土地の造成と設備の設置に1千万円かかったとすれば、この1千万円はそのまま建設業の売上とされる。この業務を全て地域内の企業が請け負うと想定した場合、地域内で1千万円のキャッシュフローが生じることとなる。ただしこの全てが地域付加価値となるわけではない。一般的に、売上の一部は業務を実施するために必要な調達に充てられる原価として支払われ、残ったものが経営者に分配される利潤、労働者に分配される所得、政府に分配される税となる。再エネの周辺業務でも同様であるが、そのキャッシュフローを再エネ事業と同様に全て積み上げることは現実的ではない。そこで本書における地域付加価値創造分析では、法人企業統計から各業種の売上に占める標準的な付加価値比率を取得し、推計に用いている。

続いて事業運営段階に移る。事業運営段階では再エネ設備による発電や熱供給によって売上が生じる。売上のベースとなる発電量ないし熱供給量は、設備容量と再エネ種別の標準的な設備利用率から推計する。ただし既存事業の評価を行う場合は実績値を用いる。発電事業についてはFIT制度によって再エネ種別に売電価格が定められており、これを発電量に乗じることで売上が得られる。一方で熱供給事業については現時点において公的な支援制度が存在しないため、分析対象地域ごとに化石燃料による熱供給の熱量あたりの価格等を参照しながら個別に単価を設定することになる。通常は売電や熱供給による売上のみが推計の対象となるが、グリーン電力証書の販売など、エネルギーそのものの販売以外に売上を得る手段がある場合にはそれらについても売上として計上する。

　事業運営段階でも、設備のメンテナンスやバイオマスエネルギー事業における燃料の購入など、毎年発生する費用が存在する。こうした費用についても、設備の設置に関わる業務にかかった費用と同様、地域内の企業が担う割合を設定し、費用の規模とその割合に応じて地域付加価値を推計する。

　さらに事業運営段階において、再エネ事業の費用として捉えられるものに固定資産税と電気事業税がある。固定資産税は事業用の資産である再エネ設備の課税標準額に固定資産税率（1.4％）を乗じて求められる。課税標準額は資産の取得価額（設備の購入に要した費用）に、耐用年数に応じた減価率を乗じて算出する（定率法）。ただし算出した課税標準額が取得価額の5％未満となった場合は、取得価額の5％を課税標準額とする。電気事業税は再エネによる発電を含む電気供給業を営む法人に課せられる税で、課税対象は電気供給業による収入（売上）となる。税額はこの収入に税率（0.965％[2]）を乗じたものとなる。

　さらに、事業運営段階においては再エネ事業者が直接、従業員を雇用して事業を進めることも想定される。このとき、再エネ事業者が支払った人件費から社会保険料と所得税・住民税等を除いたものが従業員の手取り収入となり、従業員が分析対象地域内に居住していれば、これも地域付加価値に算入される。また所得税は国税であるため地域には帰属しえないが、都道府県住民税・市町村住民税については分析対象地域内に従業員が居住している場合、地域付加価値と見なされ

2）資本金や売上の規模が小さな事業者に対しては0.9％の税率が適用されるが、本分析では簡単化のため全て0.965％で推計した。

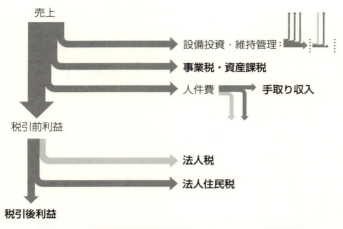

図1-5　地域付加価値創造分析における単年の推計手順

る。

　再エネ事業者の人件費のうち、従業員の手取り収入から除かれる社会保険料や所得税・住民税等については以下のように推計した。まず、社会保険料については従業員個々人の標準報酬月額によって料率が異なるため、個別に推計することは難しい。そこで法人企業統計の福利厚生費を参照し、その半額を従業員が支払うものと想定して給与・賞与の合計との比率から社会保険料の従業員負担分を推計した。法人企業統計で公表される福利厚生費は「法定福利費、厚生費、福利施設負担額、退職給与支払額（退職給付費用を含む）等、給与以外で人件費とみなされるものの総額」であり、社会保険料（法定福利費）のみを含むものではないが、他に参照すべきデータが存在しないためこれを参照している。所得税・住民税等についても年収によって税率が異なるが、個々人の年収を地域単位の推計に反映させることは現実的でない。そのため本研究では一律で、所得税率を所得額に対して20％、都道府県住民税率（所得割）を4％、市町村住民税率（所得割）を6％として推計している。

　ここまでで事業運営段階における再エネ事業の地域付加価値を推計するための要素は全て出揃った。改めて整理すると、売上から、設備のメンテナンスや燃料費等の費用・固定資産税および電気事業税・人件費と、投資段階であらかじめ算出した借入金の利子・減価償却費を除いたものが、再エネ事業者の税引前利益と

第1章 地域付加価値創造分析の理論

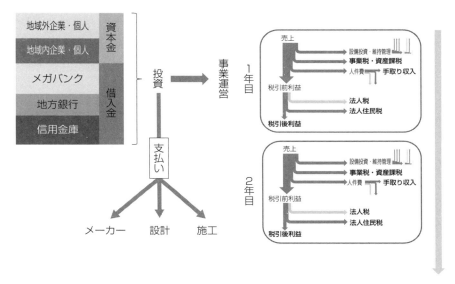

図1-6 地域付加価値創造分析における推計手順の全体像

なる（**図1-5**）。なお、図では借入金の利子と減価償却費の合計を「設備投資」として表現している。

　再エネ事業者の税引前利益が算出され、それが正（黒字）であれば、これを課税標準として法人税や法人住民税等の推計を行う。法人税や法人住民税の税率は、実際の課税においては資本金や課税標準の額（税引前利益）によって異なるが、地域全体を対象とした分析を行う場合は個々の事業に関わる法人の資本金や税引前利益を把握することは難しい。また法人住民税については資本金の額と従業員数に応じた均等割課税も存在するため、地域全体を分析対象とする場合にこれらを精確に把握することをさらに難しくしている。また法人住民税については都道府県や市町村によっても税率や軽減の基準などで異なる点がある。本研究では基本的なケースとして国に納付される法人税・地方法人税・地方法人特別税を併せた税率を18％、法人税割の都道府県民税率を5％、法人税割の市町村税率を12.3％とし、均等割分の税額については総務省による「地方税の税目別収入額及びその割合の推移」から法人住民税の法人税割と均等割との比率を算出し、これを用いて推計した。

　法人税は国税であり、地域には帰属しえないが、法人住民税は都道府県・市町

村への帰属分があり、事業者が分析対象地域内に立地していれば地域付加価値に算入される。

　以上が、事業運営段階における地域付加価値の推計手順である。推計は通常、年単位で実施する。また推計の対象とする事業期間は一般にFIT制度の買取期間である20年としているが、必要に応じて任意に設定することができる。推計手順の全体像は**図1-6**のようになる。

　ではこれらの分析を行うために、どのようなデータが必要となるだろうか。ベースとなるのは再エネ事業の損益計算書である。再エネ事業を実施するにあたっての、設備投資にかかる費目別の費用や、事業運営にかかる費目別の費用といった費用構造のデータがまず必要となる。分析対象として具体的な事業を想定する場合は、その事業の事業計画を利用することが望ましい。しかし自治体での政策立案や将来シナリオの検討を実施する場合には、個別事業の費用構造を積み上げることはできない。そこで本分析では標準的な事業モデルとその費用構造の推計を行っている。

　現在、または過去の再エネ事業に関する標準的な事業モデルの費用構造を推計するにあたり、ベースとなっているのはFIT制度における再エネの買取価格を検討する調達価格等算定委員会が毎年公表している『調達価格及び調達期間に関する意見』である。この意見から次年度以降の調達価格の根拠となっている、既存の再エネ事業の費用構造に関する情報を抽出している。また太陽光発電、風力発電についてはそれぞれ個別に費用構造の分析に関する蓄積があり、太陽光発電競争力強化研究会（2016）、風力発電競争力強化研究会（2016）、自然エネルギー財団（2017）といった文献を参照している。これらに加え、ケーススタディ等で個別に再エネ事業者や関連団体にもヒアリングを実施しており、そこで得られたデータも活用して、標準的な事業モデルを設定している。

　一方で将来の再エネ事業に関する費用構造を想定するにあたっては、費用項目別に異なる根拠を用いている。再エネ事業にかかる費用は、太陽光パネルや風車などの設備本体にかかる費用と、それ以外の設置・施工やメンテナンスにかかる費用とに大別される。設備そのものについては、国際的に再エネの普及が進む中でコモディティ化しつつあり、その価格も国際的に収斂していくものと考えられることから、Fraunhofer ISE（2015）などを参照し、中長期的な費用の低減を織り込んでいる。一方で、設備の設置・施工やメンテナンスにかかる費用について

は、国内産業の生産性や人件費が大きく影響するため、国際的な傾向をそのまま日本に適用することが望ましくない。日本ではFIT制度開始後も、設備以外の要素にかかる費用は大きく低減しておらず、事業の収益を保守的に見積もる観点から、こうした費用については一定のまま推移すると想定している。ただし太陽光発電についてはNEDO（2014）が、設備以外の要素にかかる費用も含めた将来の発電費用に関する目標を示しており、本研究でもこれを参照している。

1.2.2　電力小売事業

電力小売事業でも地域付加価値創造分析の手順は再エネ事業と同様である。ただし電力小売事業と再エネ事業とではビジネスモデルが大きく異なる。本節ではまず分析の前提となる電力小売事業のビジネスモデルについて記述する。

電力小売事業は、端的に描写すると、市場（日本電力卸市場＝JEPX）や発電事業者から電力を調達し、送配電網を通じて需要家に供給する事業である。ただし電力の物理的な供給については送配電事業者が責任を持つ[3]。電力小売事業者は、需要家と発電事業者との間での金銭的なやりとりを仲介する役割を担っていると言える。

電力小売事業の地域付加価値創造分析においても、投資段階と事業運営段階に分けて推計を行う点は再エネ事業と共通している。ただし電力小売事業の場合は再エネ事業と異なり、投資段階において多額の費用がかかる設備を導入する必要はない。電力市場や発電事業者、電力広域的運営推進機関（OCCTO）とのやり取りは全て電子化されており、これに対応する機能を備えたパソコンが数台あれば事業を開始することができる。電力小売事業では日々30分単位で需要と供給の計画値を一致させる必要があり、この需給計画を作成するために専門のソフトウェアを購入したり、システムを構築したりすることが一般的である。しかし地域主体による事業（地域新電力）では事業開始当初から大規模なシステムを必要とするケースは少なく、数千万円程度の資本金で事業を開始することが多い。また需給計画に使用するソフトウェアも、地域にIT関連の専門業者が存在する場合は、地域内で供給できる可能性もある。よって投資段階でも全ての費目について

3）そのため電力小売事業者が事業を継続できなくなっても、需要家に対する電力供給が滞ることはない。

地域内供給比率を設定することになる。

　事業運営段階では、電力の調達にかかる費用と、送配電網の利用にかかる託送料が地域付加価値に繋がらないものとして把握される。託送料については、地域で電力小売事業を実施するかどうかに関わらず、同量の電力を地域で需要していれば送配電事業者に対し小売事業者を通じて支払いが行われている。また送配電事業者は今のところ、全て旧一般電気事業者であり、本社は全て大都市にあって本研究で想定する地域には存在しない。そのため託送料から新たな地域付加価値が生じることはない。

　電力の調達にかかる費用については注意が必要である。地域新電力の多くは電力の地産地消を掲げ、地域内の電源を調達している。しかし地域新電力が地域内の電源を調達することそのものが、新たな地域付加価値の創出に繋がるわけではない。なぜならば、FIT認定を受けている再エネ電源を中心とする地域内の電源は、地域新電力の有無に関わらず発電した電力を全量売電しており、地域新電力による調達はその売り先が変わるだけにすぎないからである。ただし今後、地域新電力によるデマンド・サイド・マネジメントなどを通じ、これまで出力抑制の対象となっていた再エネによる電力を、送配電網を通じて需要家に供給することができるようになれば、この部分については地域新電力による付加価値の創出に繋がるものとして評価しうる。

　ただし地域付加価値の創出に繋がらないからといって、電力の地産地消に意義がないわけではない。2018年3月末現在、未だ発送電分離が貫徹されていない日本ではJEPXにおける電力の調達に不確実性がつきまとう。不自然な価格の高騰も指摘されている（日経BP、2017）他、旧一般電気事業者による市場操作も明らかになるなど[4]、短期的には市場での調達を信頼できる状態にない。こうした状況下では、調達価格が市場に連動するFIT電源（再エネ）であっても、供給量を確保する観点から意義がある。

4）東京電力エナジーパートナーは「同社の限界費用からは大きく乖離した「閾値」（しきいち）と称する高い価格で、卸電力取引所の一日前市場において売り入札を行っていた」として「『市場相場を変動させることを目的として市場相場に重大な影響をもたらす取引を実行すること』（適正な電力取引についての指針（平成28年3月7日）第二部II2(3)イ(3)相場操縦参照）に該当すると判断」され、2016年に電力・ガス取引監視等委員会から業務改善勧告を受けている（経済産業省、2016）。

また2019年には、2009年に開始された余剰電力買取制度を利用して太陽光発電の余剰電力を売電してきた世帯の売電契約が終了する。これ以降も FIT 制度を利用して余剰電力を売電してきた世帯の契約が順次終了していくこととなる。こうした家庭が発電した電力については、各家庭が売電先となる事業者を見つけて契約しなければ、送配電事業者が無償で引き受けることが想定されている（資源エネルギー庁、2017）。このような「卒 FIT 電源」は市場価格よりも安価に調達できる可能性があり、地域新電力は卒 FIT 電源を活用した、地域新電力・家庭双方にメリットをもたらす新たなビジネスモデルを構築することが期待される。

1.2.3 他の事業への応用

　地域付加価値創造分析モデルの手法は、再エネ事業や電力小売事業だけでなく、地域で実施される様々な事業に応用することができる。本手法の要点は付加価値が事業のどの部分で生じ、それが事業に関わるどの主体に帰属するかを丁寧に積み上げていくことにある。特に付加価値の帰属先を評価する際には、事業のオーナーシップや事業者・被雇用者の所在地が重要となる。これらの要素が分析対象とする地域に存在するか否かが、その地域に帰属する付加価値を大きく左右する。事業の検討を進める上でもこうした要素を十分に考慮し、何が地域で出来るか、どうすれば今は地域で出来ないことが出来るようになるか、地域外の主体を活用した方がよいものは何か、それはなぜか、といった内容について検討を重ねることが、事業そのものを地域の活性化に繋げていくために必要であろう。

参考文献
経済産業省『調達価格等算定委員会』〈http://www.meti.go.jp/committee/gizi_0000015.html〉
経済産業省（2016）『東京電力エナジーパートナー株式会社に対する業務改善勧告を行いました』〈http://www.meti.go.jp/press/2016/11/20161117006/20161117006.html〉
財務省（2017）『減価償却資産の耐用年数等に関する省令　平成二十九年三月三十一日公布（平成二十九年財務省令第二十九号）改正』〈http://elaws.e-gov.go.jp/search/elawsSearch/elaws_search/lsg0500/detail?lawId=340M50000040015#205〉
資源エネルギー庁（2017）『総合資源エネルギー調査会 省エネルギー・新エネルギー分

科会／電力・ガス事業分科会 再生可能エネルギー大量導入・次世代電力ネットワーク小委員会（第1回）―配布資料4　住宅用太陽光発電に係る2019年以降のFIT買取期間終了を契機とした対応について』〈http://www.meti.go.jp/committee/sougouenergy/denryoku_gas/saiseikanou_jisedai/001_haifu.html〉

自然エネルギー財団（2017）『日本の風力発電コストに関する研究』〈https://www.renewable-ei.org/activities/reports/20170614.html〉

太陽光発電競争力強化研究会（2016）太陽光発電競争力強化研究会報告書。〈http://www.meti.go.jp/committee/kenkyukai/energy_environment/taiyoukou/pdf/report_01_01.pdf〉

財務省『法人企業統計』〈https://www.mof.go.jp/pri/reference/ssc/index.htm〉

日経BP（2017）『西日本の異常な電力市場価格に大手電力の影　新ルール通りに予備力は投入されているのか？』〈http://tech.nikkeibp.co.jp/dm/atcl/feature/15/031400073/121200014/〉

風力発電競争力強化研究会（2016）風力発電競争力強化研究会報告書〈http://www.meti.go.jp/committee/kenkyukai/energy_environment/furyoku/pdf/report_01_01.pdf〉

Fraunhofer ISE（2015）Current and Future Cost of Photovoltaics. Long-term Scenarios for Market Development, System Prices and LCOE of Utility-Scale PV Systems. Study on behalf of Agora Energiewende.〈https://www.ise.fraunhofer.de/content/dam/ise/de/documents/publications/studies/AgoraEnergiewende_Current_and_Future_Cost_of_PV_Feb2015_web.pdf〉

NEDO（2014）『太陽光発電開発戦略（NEDO PV Challenges）』〈http://www.nedo.go.jp/activities/ZZJP2_100060.html〉

第2章　地域付加価値創造分析のケーススタディ

　本章では、第1章で示した地域付加価値創造分析の手法を、具体的な再エネ事業に適用し、その結果を提示する。また、推計結果だけでなく、結果に影響を与えた重要な要因や、各事業でさらに地域付加価値を高めるための手段等についても検討を加えていく。

　第1章で論じた方法論を具体的な再生可能エネルギー（以下、再エネ）事業に適用し、妥当性のある分析結果を導くためには、特に次の2点について留意する必要がある。第1に、分析対象とする地域の範囲をどのように定めるかがポイントとなる。経済的、定量的な分析においてはデータの利用可能性などの制約から、単一の自治体の境界を分析範囲とすることが一般的である。しかし、実際の経済活動や人の交流は自治体の境界を越え、近隣の自治体に及ぶことも多い。地域付加価値創造分析では自治体の境界を越えて、社会的に結びつきの強い地域を分析の対象とすることも可能であり、より実態に即した分析を行うためにどのような地域を分析範囲として捉えるかについて、慎重に検討する必要がある。

　第2に、再エネ事業のオーナーシップ（出資者と出資割合）や、再エネ事業の運営にあたって必要な業務・資材の発注先、事業によって直接雇用する従業員の居住地を明確にすることが重要である。特に、バイオマス以外の再エネは事業に必要な費用の大部分を資本費（初期投資）が占めており、運転時に他者に発注する業務・資材が少ない。そのため、事業を通じて生じる付加価値の大部分は事業者の利潤として実現することとなり、これが地域主体に配分されるかどうかが地域付加価値を評価する上で決定的に重要となるのである。一方、バイオマスのように運転時に他者から一定の資材を購入する必要がある場合は、その資材を地域内で調達できるか、地域外からの調達に頼らざるをえないかによっても、地域付加価値が大きく変わりうる。従業員の居住地についても、従業員の所得が地域に

帰属するかそうでないかによって地域付加価値が左右されるため、重要なポイントとなる。

本章ではこうした課題も踏まえ、風力発電（2.1節）、小水力発電（2.2節）、バイオマスエネルギー事業（2.3節）、地熱発電（2.4節）、太陽光発電（2.5節、長野県全体のケーススタディだが太陽光発電が導入容量の90％以上を占める）という代表的な再エネ技術について網羅的にケーススタディを提示する。ここで取り上げる再エネ事業は多様な再エネ技術を網羅しているだけでなく、特に地域付加価値の帰属先に大きく影響するオーナーシップの形態についても多様であり、地域に経済的な便益をもたらす再エネ事業の構築を検討する上で示唆に富んでいる。

2.1　風力発電（鳥取県北栄町）　　　　　　　　　　小川祐貴

2.1.1　事業概要

　鳥取県北栄町は県の中央部に位置し、日本海に面した人口1.5万人余りの地方自治体である。ここに設置された、1.5MWの風車9基から成る北条砂丘風力発電所がケーススタディの対象である。本節では、北栄町だけでなく隣接する倉吉市、三朝町、湯梨浜町、琴浦町も含む鳥取県中部地域を分析対象地域とする。これら1市4町は経済・社会的に繋がりが深く、一体的に分析することで、地域が得る付加価値をより実態に即した形で評価することが可能である。

　北条砂丘風力発電所は固定価格買取制度（FIT）以前の2005年11月より稼働している。最大の特徴は、町が直接投資を実施し、運営も自ら実施している点にある。初期投資として必要となった約28億円のうち、約30％を国や県からの補助金で賄い、残りを地方債によって賄っている。本節では、町から2005～2015年度までの各年度の事業報告書の提供を受け、この期間については実績に基づく評価を実施するとともに、2016～2024年度（稼働開始20年まで）については実績をベースとした推計を実施した。

　風車設備そのものや設計等の専門性の高い財やサービスについては地域外の企業が担うこととなったが、設備の運搬や基礎工事、電線の施工等については地域内の企業も参画しており、建設業や機会等修理業への支払いのうち30％以上が地域内企業への支払いとなっている。また、町の直営であることから、固定資産税

や電気事業税、法人税の支払いは不要である。

　計画段階では、風車の設備利用率を18.2～20.2％と見込み、11.2円/kWhの売電単価で中部電力に売電することとしていた。事業計画が進められていた2000年代前半の再エネに対する補助制度は、一般電気事業者に対して販売電力量の一定割合を再エネで賄うことを義務付ける、RPS制度であった。RPS制度では、再エネによる電力の売電単価が各電力会社との交渉によって決まったが、再エネの導入義務量が小さく電力会社はそれほど多くの再エネを調達する必要がなかったこともあり、現在のFIT制度と比較して売電単価は非常に安価であった。それでもなお、2005年の段階で十分に採算が見込める事業計画が策定されている[1]。

　このように収益性の高い事業を設計できたのはなぜか。町の直営であり、各種税金の支払いが不要である点は採算性を高める要因として機能している。しかし、それだけではなく、事業開始までの町の丁寧な検討と住民を巻き込んだ意志決定が、本事業の成功要因であると考えられる。なお、北栄町は2005年に北条町と大栄町とが合併して成立しており、風力発電所の事業計画については北条町が中心となって検討を進めていた。

　北条町における本格的な風力発電事業の検討は、事業開始の5年前にあたる2000年からスタートしている。同年12月に鳥取大学が北条砂丘に高さ70mのタワーを設置して、風況調査を開始した。翌2001年を通しての調査で、平均風速5.68m/sとの結果が得られ、事業化の可能性があると判断されたことから、北条町でも本格的な検討が開始される。2002年5月に町の主導のもと、北条町地域エネルギー研究会が設置され、行政職員や風況調査を行った鳥取大学の他、民間の有識者や町民も巻き込んで事業化に向けての検討が進められた。

　2003年2月に研究会が「事業化は可能」との結論を出したことから、発電所設置に関する見積もりと機種選定、環境調査に移る。見積もりについては、7社から見積もりを取り寄せており、多様な機種が検討されている。最終的にはその時点で最も事業採算性が高いと判断された、ドイツREpower社（現在のSenvion社）が製造する1.5MWの風車が選定された。設置する設備容量については、計

1）北条町風力発電のページ　シミュレーション2〈http://www2.e-hokuei.net/huuryoku/saisan/simu2.htm〉によれば、設備利用率が約16.4％であっても稼働開始から17年間に亘り、1年を除いて常に単年度の収支は黒字となる見込みであった。

画当初から13.5MW以上の規模が想定されていた。これは、高圧送電線に接続するための費用が5億円以上必要であり、この初期投資を回収するために一定程度の規模を持つ事業に仕立てることが必要だったためである。

機種選定と並行して、中部電力との売電価格交渉や用地取得などの手続きも進められている。特に、環境影響のうち風力発電事業が鳥類に与える影響については、町が独自に予算を確保し、1年間かけて影響調査や影響を抑制するための事業設計について検討している。

上記の手続きや利害関係者との調整を経て、風力発電所が着工したのは2005年2月のことであった。そして同年11月から、北条砂丘風力発電所は本格的な商用運転を開始した。

2.1.2 分析結果

本節では、2005～2015年度までの各年度については実績に基づく評価を実施するとともに、2016～2024年度（稼働開始20年まで）については実績をベースとした推計を実施した。推計の結果を図2-1に示す。

当初、事業運営に必要な支出は事業計画段階で想定していたものとほぼ同規模であった。稼働開始から5年を過ぎた頃から、運営や維持管理にかかる人件費やメンテナンス費用が上昇し、当初想定していたよりも支出が増大している。年間の発電電力量も、事業計画段階での最も厳しい想定をやや下回り、2011年までは1年間を除いて赤字の年が続いた。しかし、2012年にFIT制度が導入され、北条砂丘風力発電所もFIT制度へと移行したことで年間の売電収入が倍増し、以降は安定した黒字経営を続けている。推計による分析を行った2016年以降についても同様である。

初期投資額のうち補助金を除く部分は地方債によってまかなっている。当初の返済計画では15年で完済することとなっているが、FIT制度の適用を受けたこともあってやや前倒しされ、2018年度には完済する計画となっている。この他、事業の利益を大きく左右する要素として減価償却費がある。風力発電設備の償却期間は17年であり、本事業でも17年目にあたる2021年度までは減価償却費が経営上の負担となっている。減価償却が終了する2022年度以降は、それまで費用となっていた減価償却費が消滅することで利益幅がさらに大きくなる。

売上に対する稼働期間中の地域付加価値比率は、全期間で約32％となっている。

第 2 章　地域付加価値創造分析のケーススタディ

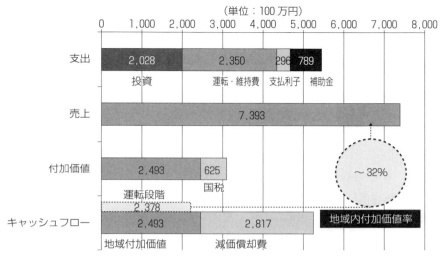

※2005～2024年までの累積

図 2-1　北条砂丘風力発電所による地域付加価値概要

　その主な源泉は事業そのものの利益であり、次いで事業で雇用している従業員に対する人件費、地方債を引き受けている地元金融機関において実現する利益等の付加価値が続く。事業の利益以外のうちで最大の付加価値が生じるのは設備のメンテナンスだが、専門的な作業も数多く発生するメンテナンスについては全額を地域外に発注しており、地域付加価値には算入されない。

　事業によって生じる付加価値のうち、国税として算入されているものは主に消費税である。売電により、電力の買取先は消費税を支払うことになる。消費税のうち一部は都道府県や市町村に納税される地方税であり、一部は国に納税される国税となる。他には、運転維持に関わる人件費のうち、所得税として国に納税されるものや、関連する産業で生じる利益に対して課税される法人税などが国税の構成要素である。

　設備のメンテナンスまで地域内で実施できれば、さらに地域付加価値を高めることができるが、メンテナンスを外注することによる付加価値の流出規模は事業利益の20％未満であり、相対的に小さい。風力発電事業は燃料等の継続的な投入を必要とせず、運転期間中に生じる付加価値の多くが事業者の利益によって占められている。町が自ら事業を実施することで、事業によって生じる付加価値を最

大限に地域で獲得しているのが、北条砂丘風力発電所の特長である。

　日本における風力発電事業は、FIT 制度導入後の現在も依然として事例が少なく、地域が主体となって実施するにはハードルが高いと思われがちである。北条砂丘風力発電所で、そのハードルを FIT 制度以前に乗り越えていることは特筆に値する。その背景には、町の行政職員をはじめとする関係者の並々ならぬ熱意と努力があったことは想像に難くない。しかし、ここでは事業による付加価値の大部分が地域に帰属するような事業が実現した要因として、次の2点を指摘しておきたい。

　まず、事業の検討段階から大学の研究者や民間の有識者など、外部の知見やノウハウを積極的に取り入れていることが挙げられる。地域が主体となって再エネ事業を進めるとしても、事業に必要な知見やノウハウがすべて最初から地域にあることはほとんどありえないだろう。本事業では、検討にあたって大学による風況調査を活用すると共に、多方面の専門家を集めた研究会を実施することで、実効性の高い事業計画の策定が可能になった。

　第2に、町自らが事業に必要な資金を調達し、事業の所有権を保有していることが挙げられる。燃料等の投入が不要で、立地地域の太陽光、風力、水力といった資源を活用してエネルギーを生み出す再エネ設備は、立地しているだけで立地地域に経済的な便益をもたらすわけではない。自ら出資し、その事業を保有しなければ、事業が上げる利益を自らのものにすることができない。

　小さな地域で、風力発電事業のような大規模な事業を立ち上げるだけの資金を調達することは、決して簡単ではない。北条砂丘風力発電所のケースでは、自治体という信用力のある主体が事業者となり、採算が見込める堅実な事業計画が策定できたことで資金調達が可能となった。事業主体として自治体がふさわしいとは必ずしも言えないが、地域主体が再エネ事業を行おうとする場合には自治体も何らかのバックアップを実施することは有効と考えられる。また、事業者そのものの信用力で融資を実施する（コーポレートファイナンス）のではなく、事業そのものの採算性で融資の可否を判断するプロジェクトファイナンスの手法を取り入れることも、有効な資金調達手段となりうる。日本では依然として太陽光発電以外の再エネに対するプロジェクトファイナンスは広がっているとは言えないが、事業計画を作り上げる段階から金融機関を巻き込むなど、事業者と金融機関が情報を共有しながら進めていくことで、事業に対する理解を得ると共に信頼関係を

構築していく、といった手段も考えうる。どのようなプロセスを辿るにせよ、地域主体が自ら事業を保有することが、再エネによる経済的な便益を享受するために最も重要である。

2.2 小水力発電（岡山県西粟倉村） 小川祐貴

2.2.1 事業概要

　岡山県西粟倉村は岡山県西部にあり、兵庫県と隣接する人口約1,500人の地方自治体である。林業や木質バイオマスエネルギーに関する先進的な取組の数々でも知られている。本節のケーススタディでは、ここに設置されている290kWの出力を有する小水力発電所、通称「めぐみ」を対象とする。分析対象とする地域は、西粟倉村のみである。

　西粟倉村では、村が1966年より280kWの出力を有する小水力発電設備を設置、運営してきた。運営開始から48年を経て、設備の老朽化が進展し設備更新の必要性が生じたことから、2013年5月より改修工事を実施し、2014年6月から新たに出力290kWの発電所として運転を開始した。設備更新に伴い、FIT制度の認定を受けて29円/kWhで発電した電力を売電している。初期投資には設計・工事で併せて約3億円（約104万円/kW）を、村の独自予算で投じている。年間を通じての設備利用率は95％以上と、非常に安定して発電している点が特長的である。また、北条砂丘風力発電所と同様に自治体が保有する事業であるため、固定資産税や電気事業税、法人税の支払いは不要である。

　発電に利用する水は、発電所から2kmほど上流にある吉井川の支流や大海里川から取水している。これをヘッドタンクに貯水した後、69mの落差を有する水圧管を通して発電機へと導水し、発電している。取水用の水路やヘッドタンク、水圧管についても1966年に整備したものを改修、ないし設備を交換して利用しており、初期投資額を抑制することができた。また、発電機そのものについても海外製の安価な設備を調達し、費用を抑えている。また、設備の維持管理が地域内の事業者で引き続き実施できるよう配慮している。

2.2.2 分析結果

本項では、小水力発電所「めぐみ」による地域付加価値について、村へのヒアリングによって得た初期投資や維持管理にかかる費用の実績値に基づき、設置から稼働20年目までの地域付加価値を推計した。推計結果の概要を図2-2に示す。

小水力発電所「めぐみ」による収支を分析すると、売上に対して支出が相対的に小さく、売上の3分の1以下の費用で事業が実施できていることが分かる。その要因としては、各種税金の支払いが不要であることと、設備利用率がFIT制度で想定されているよりも大幅に高いことが挙げられる。なお、支出の一部に補助金が含まれているが、これは事業への投資以前に実施した検討に要した費用の一部に充てたものであり、事業そのものに要した費用ではない。

売上に対する稼働期間中の地域付加価値比率は、全期間で約83％と非常に高い。その要因は、北条砂丘風力発電所の事例と同じく、村が事業に全額出資し、所有権を有していることである。水力発電事業も風力発電事業と同様に、燃料等の投入が必要でなく、運転期間中に生じる付加価値の多くが事業者の利益によって占められる。そのため、事業の所有権（オーナーシップ）を有しているかどうかが、地域主体が付加価値を獲得できるかどうかを左右する決定的な要因となるのである。

2.3 木質バイオマスCHPと熱供給（北海道下川町）[2]　　小川祐貴

2.3.1 事業概要

北海道下川町は道北に位置する、人口3,000人余りの地方自治体である。内陸の自治体であり、海に面しておらず、山林が町の面積の90％近くを占めている。

北海道下川町で計画されている木質バイオマスCHP事業（Combined Heat and Power：熱電併給）は、域外企業（三井物産：80％、北海道電力：20％）が

---

[2] 本節は小川祐貴（2018）「再生可能エネルギーへのエネルギー転換の経済効果〜日本における多面的定量評価」京都大学大学院地球環境学舎博士学位論文のうち4.4節を基に一部加筆修正したものである。

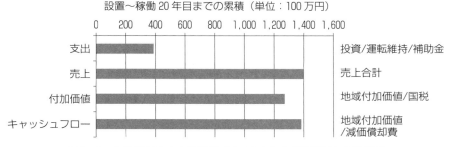

図 2-2　西粟倉村小水力発電所「めぐみ」による地域付加価値概要

出資して実施するエネルギー事業である。設備は11基の木質ペレットガス化熱電併給ユニットから成り、設置に必要な土地は自治体側が用意し、借地料は生じない。ユニットの発電能力合計は1,815kWで所内電力を除く1,727kWを電力系統に供給する。熱供給能力の合計は2,860kWである。稼働に必要な木質ペレットの生産もCHP事業者が行う計画であり、そのために必要な年間15,000m^{3}の木材のうち5,000m^{3}を域内の事業者が供給し、残りの10,000m^{3}はCHP事業者が域外から調達する計画となっている。またペレット製造にあたって必要な木材乾燥については、CHPユニットから1,100kWの熱供給を受けて行う。残り1,760kWの熱については後述する地域熱供給事業に供給される。設備利用率としては90%が予定されており、FIT制度の認定を受けた買取価格は40円/kWhである。

　CHP事業に必要な投資総額は事業者により約25億円と見積もられている。分析に必要な費目ごとの内訳については、町を経由して事業者側から可能な範囲でデータの提供を受けた。不明な箇所についてはこれまでにラウパッハ他（2015）が収集したデータを利用して補完している。ただし計画・導入段階では町内の企業への発注はなく、地域での付加価値は発生しない見込みとなった。

　地域熱供給事業は町が主体となり、国の補助金等を活用してインフラ整備を行い、事業を実施する。現在の計画では3カ年に渡り、公共施設を対象として熱導管の整備を行い、既存の木質ボイラーやその他の熱供給手段と同等の価格で熱供給を行う計画であった。対象施設としては自治体役所や小・中学校の他、自治体が運営する住宅や高齢者複合施設などが含まれる。さらに将来的には希望する一般家庭に対しても熱導管を接続し、熱供給を行うことを目指している。また既に上記の公共施設に設置している熱供給用の木質ボイラーも地域熱供給事業で併せ

て利用し、特に熱供給が不足する冬期の需要をまかなうために利用することが想定されている。よって地域熱供給事業に対しても、自治体内からの木質燃料の供給が発生し、林業や陸運業に対して経済波及効果が生じる。

地域熱供給事業について、熱導管の設置など必要な投資総額は町により約8.2億円と見積もられた。その費目ごとの内訳や、CHP事業からの熱供給価格と販売量、公共施設への熱販売価格と販売量、毎年のキャッシュフローについては自治体からデータの提供を受けた。なお投資については環境省等による補助が想定されており、自治体の実質的な負担は0.9億円程度となる見込みである。

2.3.2　分析結果

本項では上記の2事業についてバリュー・チェーン理論に基づく地域付加価値創造分析の手法を適用し、それぞれの事業を通じて自治体にもたらされる経済的な付加価値を定量的に示す。なお分析期間についてはCHP事業を基準とし、投資段階として1年と、FIT制度が適用される事業運営段階として20年間の合計21年間と設定した。熱供給事業についてもバイオガスCHP事業と同年に計画・導入を開始し、その後の21年間を分析対象としている。

図2-3は分析によって明らかになった付加価値の推移である。CHP事業では事業そのものの利益が最も大きい。その理由としては、第1に40円/kWhとFIT制度の中でも最も高い買取価格が設定された技術で、企業努力により比較的安価なユニットが手配可能と見込まれることが挙げられる。第2に、ユニットが90％と高い設備利用率で20年間稼働が可能と見込まれていることが挙げられる。実際に、同型のユニットはすでに他国で多数稼働しており、ホワイトペレットを使用する場合には目立ったトラブルは起こっていないとのことである（地方自治体によるメーカーへのヒアリング）。事業者の利益は主に固定資産税の課税額減少に応じて少しずつ増加し、設備の法定耐用年数である15年を境に更に大きくなり、その後は安定して推移すると推計された。

地域への帰属分としては、CHP事業や木材供給を行う林業の被雇用者所得が最大と見込まれる。特にCHP事業者に直接雇用される従業員の所得が最大であり、7名の雇用と2300万円以上の可処分所得が毎年発生する。林業や、木材の運搬を行う陸運業は売上に占める人件費率が高く、1000万円程度の可処分所得が毎年生じる見込みとなっていて、2名程度の新規雇用の可能性がある。また林業と

第 2 章 地域付加価値創造分析のケーススタディ

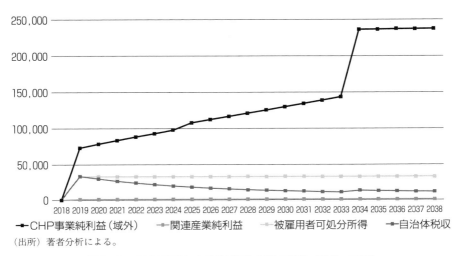

(出所) 著者分析による。

図 2-3 CHP 事業による地域付加価値の推移（単位：千円）

陸運業の事業者が取得する利益も地域に帰属する付加価値として把握されるが、こちらは年間で80万円程度と小さい。

　自治体税収入も一定程度見込まれるが、年々減少していく固定資産税が大きな割合を占めている点に注意が必要である。固定資産税は、設備の法定耐用年数である15年目まで減少し、その後は取得価額の5％を課税標準額として、標準税率の1.4％を乗じた額が課税される。固定資産税に次いで税額が大きくなるのは法人住民税であり、こちらは事業者の利益が大きくなるのに比例して税額も大きくなる。すなわち固定資産税とは逆の推移を示す。ただしその税額規模については固定資産税ほど大きくないため、固定資産税の減少分を完全に補完するまでには至らない。

　図 2-4 は分析によって明らかになった、地域熱供給事業に関する地域付加価値の推移である。自治体が主体となって行う熱供給事業は、熱導管の整備を行って規模の拡張を図る2年目のみ赤字となるが、それ以降は安定した黒字経営が見込まれる。ただしこれは投資総額8.2億円のうち90％余りを国からの補助金によってまかなうことを前提としており、現在の熱導管敷設コストを前提とすると事業単体で採算をとることは極めて難しい。

　地域への帰属分で最大となるのは、被雇用者の可処分所得である。特に計画・

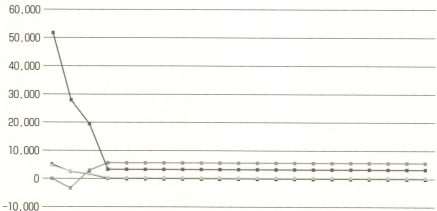

図2-4　地域熱供給事業による地域付加価値の推移（単位：千円）

導入段階における建設業への帰属分が大きくなっている。ただしこれは最初の3年間のみ生じる「特需」であることに留意が必要である。一方でそれ以降については、熱供給事業に専属する職員と、既存の木質ボイラーに燃料を供給する林業や陸運業に従事する従業員の可処分所得であり、熱供給事業が維持される限り安定した付加価値の配分が行われる。

関連産業として建設業、林業、陸運業が関わっているが、これらの事業者が得る純利益は合計しても年平均で50万円程度と小さい。また自治体税収も年平均で70万円程度とこちらも小さい。ただし今回の分析では自治体を事業主体として想定しており、先述した熱供給事業そのものの利益も自治体に帰属することとなる。

表2-1にバイオガスCHP事業と熱供給事業それぞれについての、21年間累積での地域付加価値総額を示す。自治体に帰属する付加価値はCHP事業により約12億円と、熱供給事業により約4億円と推計された。一方で域外の事業者が取得する純利益は累積で約28億円であり、両事業から生じる付加価値の半分以上が域外に帰属することとなる。

域外CHP事業者の純利益が最大であるのに対し、最も大きなリスクを背負っているのもCHP事業者である。FIT制度により、発電した電力を全量販売できることは保証されているが、バイオマスエネルギーは太陽光発電や風力発電と異

第2章 地域付加価値創造分析のケーススタディ

表2-1 バイオガスCHP事業・熱供給事業の地域付加価値総額

(累積・単位:千円)

付加価値項目		バイオガスCHP事業	熱供給事業
事業者純利益		*2,830,696	101,107
被雇用者可処分所得		469,779	50,225
自治体税収	合計	327,620	14,146
	法人住民税	89,452	-
	被雇用者所得税	16,000	4,425
	固定資産税	222,167	-
	関連産業由来分 (法人住民税+所得税)	17,997	9,721
関連産業	関連産業帰属分合計	214,062	117,909
	純利益	16,047	10,673
	被雇用者可処分所得	198,014	107,236
	法人住民税+所得税(再掲)	17,997	9,721
地域付加価値合計		1,225,522	401,296

(注) *バイオガスCHP事業の事業者純利益のみ地域外に帰属、地域付加価値合計から除外。
(出所) 著者分析による。

なり、エネルギーを生産するために燃料の供給が必要である。FIT制度開始後、2,000kW以上のバイオマス発電所は移行認定分も含めて2,800MW以上が導入されており、北海道でも81MW余りが導入されている(経済産業省、2017)。未利用木材に対する需要が非常に大きくなっている現状で、15,000m^{3}の未利用木材を20年間に渡って確保することは容易ではない。その上、投資や維持管理に必要な費用はFIT制度の適用を受ける事業である限り、他の補助制度などを利用して低減することはできず、売上が十分でなければ自己資本または金融機関からの借入によって調達しなくてはならない。

一方でCHP事業について地域が負うリスクは相対的に小さい。設備の設置に必要な土地は自治体側が用意するため、その費用がわずかに生じるが、これは1度切りの費用で維持管理については自治体や地域の費用負担はない。それに対して地域に帰属する付加価値は累積で12億円余りと推計され、費用負担と比較するとリターンは大きい。ただし事業の実施、継続、撤退に関する判断について地域側に権限はなく、事業に伴って地域に配分されていた付加価値が想定される20年間の事業期間終了を待たずに消失してしまう可能性もある。また、今後の行政手

続等の進み方によっては事業そのものが実施されないというリスクもある。

　熱供給事業が生み出す付加価値はCHP事業と比較すると小さいが、自治体が事業主体となるため国税や都道府県税を除くほぼ全ての付加価値は地域に帰属する。熱供給事業について最大のリスクはCHP事業が実施されない、ないし想定していた事業期間中に撤退するということである。地域内に熱導管を敷設して行う熱供給事業はCHP事業が供給する熱を見込んでおり、その供給が途絶すれば事業として成立しない。仮にCHP事業者が撤退を決めた場合、残存する設備を購入して事業を継続できるだけの資金力ないし信用力のある主体を新たに探し出すことは難しい。限られた予算の中で自治体が事業を引き取ることも難しいと考えられる。CHP事業の受け皿が決まったとしても、稼働に必要な燃料供給の道筋をつけることは容易ではない。

　CHP事業が安定して継続されれば、熱供給事業も安定して継続していくことが可能である。地域で必要な熱需要の多くを化石燃料に依存せず供給できるため、経済面だけでなく質的な面でも地域に対して便益をもたらすことが期待される。ここで想定される便益としては熱供給によって生じる温室効果ガスの排出削減の他に、燃料を燃焼する設備が限定されることによる火災リスクの削減などが挙げられる。特に一般家庭が接続する場合には、各戸に燃焼が必要なストーブやボイラーを設置する必要がなくなるため、設備の故障や事故による火災等のリスクを大幅に減じることが期待される。

　下川町におけるCHP事業と地域熱供給事業について、これらの事業を新たに実施することにより地域に一定の経済付加価値がもたらされることが示された。地域に配分される付加価値としては被雇用者の所得が最も大きく、次いで自治体税収となっている。しかし両事業によって生じる付加価値の大部分はCHP事業を所有する域外企業に帰属する利潤であると推計された。CHP事業は特に燃料となる木材の確保にリスクがあり、事業者の利潤はこのリスクに見合ったものと捉えうる。一方で熱供給事業は自治体が主体となって取り組んでいることから付加価値もほとんどが地域に帰属する。ただし事業の継続はCHP事業の継続に依存しており、かつCHP事業の継続、撤退の判断について地域が権限を有していないことが最大のリスクとなっている。

　当初、バイオマス発電事業は三井物産が100％出資し、町が提供する町有地で実施する計画であった。しかし、当初予定していた形態で事業を実施するための

町の予算措置は町議会で否決され[3]、事業は一時中断を余儀なくされた。このときの町議会での採決は特殊な経緯を辿っている。

　町議会は8名で構成されており、バイオマス発電事業に関わる補正予算案の審議は総務産業委員会において議長を除く7名で実施された。ここでは7名のうち4名が賛成を表明しており、本会議でも賛成多数で可決される見込みであった。しかし、本会議での採決に際して、議長が討論のため地方自治法に基づいて仮議長の委任を申し出た。このとき賛成を表明していた議員が仮議長として選出され、採決において票を投じることができなくなる。一方、もとの議長は採決において反対の票を投じ、その結果、賛成票3、反対票4となって予算案は否決されたのである。

　このような異例ともいえる採決によって予算案が否決された背景には、分析で示したように、バイオマス発電事業によって生じる付加価値の大部分が地域外の事業者に帰属してしまうことに対する不満があったと推測される。実際に、北海道新聞（2017b）によると、反対票を投じた町議の反対理由として「エネルギー・資金の域内循環を拡大する『環境未来構想』に沿っていない」ことや、「現行の熱供給体制の方が財政面、域内経済循環の点で有益と判断」されたことが挙げられている。

　では、どのようなスキームであれば町内からの不満を和らげ、予定通りに事業を展開することができただろうか。計画されていた事業スキームに対する不満の原因が、主に、地域に帰属する付加価値が相対的に小さく、地域経済循環への貢献が限定的となることにあったとすれば、バイオマス発電事業の所有権（オーナーシップ）の一部を地域の主体が持つような体制とすることが有効であっただろう。

　総事業費25億円の全て、あるいは大部分を地域主体が拠出することはもちろん現実的ではない。人口3,000人余りの下川町で、それだけの経済力のある主体は存在しない。また、事業計画の構築やそのための様々な手続き、調整にコストをかけてきた三井物産の側からしても、事業開始までに投じたコストも含めて投資を回収し、リターンを得たいと考えるであろうから、事業費の大部分について地元からの出資を受け入れるとは考えにくい。従って、地域主体からの出資を一部

3）北海道新聞（2017a, b）。

受け入れつつ、事業の主要な所有者はあくまで三井物産であるような体制が望ましかったのではないか。また、地元出資を受け入れる場合にも単独の企業や法人からの出資によるのではなく、町民出資など多数の主体から少額ずつ資金を募る方法をとり、町全体を巻き込むような体制を構築できれば、経済的な便益が広く行き渡り、反対意見も出にくくなった可能性が高い。

多数の主体から資金調達することも簡単ではなく、追加的な調整、手続費用が生じる。しかし、域外の主体単独での事業としてしまったことで、町民から「今後の町政に禍根を残すことになるのではないか」（北海道新聞、2017b）と懸念されるような事態が生じてしまった。人口が少なく、住民同士で顔の見える関係にある小規模な自治体では、特に、失った信頼を取り戻すことは簡単ではない。再エネ事業はFIT制度の適用を受けている間だけでも20年間の長期に渡って事業を継続することとなる。その事業継続においては立地地域との信頼関係が重要であり、企業や行政といった事業を推進する側の主体が地域の住民をうまく巻き込み、住民も事業を支える側となるよう工夫することが必要ではないか。

参考文献

北海道新聞（2017a）「下川町議会 議長が異例の採血参加　森林バイオ事業費否決　大型プロジェクト　白紙に」2017年7月6日。

北海道新聞（2017b）「下川・森林バイオ事業費　町議会が否決　異例の採決に当惑　町民『町政に禍根残す』」2017年7月7日。

2.4　地熱発電における地域経済付加価値分析　　　山東晃大

地域の未利用資源を有効活用する再エネの導入を促進するにあたって、再エネ導入に対する地方自治体や地域住民の理解は重要な課題となっている。特に、地熱資源を活用する地熱発電は、同じく地熱資源の恩恵を受ける温泉地が隣接している場合が多く、地元温泉事業者と共存していく必要がある。そのなかで、再エネ導入による地域への経済効果の測定に期待される役割はとても大きい。本節では、このような地熱発電事業における地域経済付加価値分析の方法と実際の発電所のデータを活用した分析の実装について紹介する。

2.4.1 地熱発電の現状と研究の背景

　東日本大震災以降、固定価格買取制度（FIT）など再エネの導入を後押しする政策もあり、日本においても太陽光発電を中心に再エネの導入は大幅に増えている。また、未利用の地域資源を有効活用する再エネは、CO_2排出削減などの環境保全効果だけでなく、地域経済の活性化も期待できる。そのため、自治体の規模に関わらず、地域に資する再エネを推進しようとする地方自治体や地域住民の期待も大きい。

　日本における地熱発電は、世界3位の大きな資源ポテンシャルを抱えている（村岡、2009）。地熱発電のポテンシャルを見込んで、日本では地熱発電導入量を2030年までに現在の約3倍増やす目標を立てている（環境省、2014）。しかし、環境省（2014）で示すように、他の再エネ電源に比べて、地熱発電の導入は遅れている。

　その背景には、地元温泉事業者との合意形成がうまく進んでいない点が挙げられる。地熱発電が活用する地熱資源は、地元温泉事業者が利用する温泉資源と近接していることが多い。そのため、地方自治体も地熱発電の導入に理解を示す一方、影響を懸念する地域住民との関係も考慮する必要があるため、なかなか導入に踏み込めない状況にある。

　そのなか地方自治体をはじめ、地域で地熱資源の活用を検討する判断材料の一つとして、地熱発電導入による地域経済効果がどの程度のものになるか、非常に関心の高いテーマとなっている。

　そこで、前節と同様、地方自治体レベルの経済効果を測定する手段の一つとして、ベルリンにあるエコロジー経済研究所（Institut für ökologische Wirtschaftsforschung: IÖW）が開発した地域経済付加価値モデル（以下、IÖW モデル）を参考に、日本における地域経済付加価値分析を作成した。しかし、ドイツでは地熱資源をほとんど有していないため、IÖW モデルに地熱発電は含まれていなかったが、今回新たに地熱発電事業における地域経済付加価値分析を作成した。本節では、地熱発電における地域経済付加価値分析の具体的な手法とその活用について記述する。

2.4.2 地熱発電とは

地熱発電とは、地下から高圧高温の蒸気や熱水を用いて電気をつくるシステムである。地熱発電には、主に2つの方式がある。大規模発電に多いフラッシュ式地熱発電は、深さ数kmまで地熱井戸を掘削して、地熱貯留層と呼ばれるマグマの熱によって温められた地下の蒸気と熱水を取り出す。この地熱貯留層が地表まで達成しているのが、私たちがよく見る温泉である。

地熱探査によって地熱貯留層の存在が確認されれば、これに向かって地下3kmぐらいまで地熱井戸を掘削し、200℃から350℃程度の高圧熱水を取り出す。この高圧熱水は、掘削によって自然に上昇しながら減圧すること（減圧沸騰）で蒸気となり、その蒸気圧の噴き出す勢いを使ってタービンを回すことで電気を作る。

地熱発電にはもう一つ、小規模発電に多く見られるバイナリー式発電がある。バイナリー発電とは、アンモニア水など水より沸点の低い媒体を使うことで、比較的圧力や温度の低い蒸気や熱水であっても発電することができるシステムである。地表に湧き出す100℃程度の温泉水や既存の地熱発電所からの温排水を利用した発電も可能であるため、新しく地熱井戸を掘削せずに未利用の温泉資源を活用できる発電方式として認知されている。

2.4.3 地熱発電の特徴

地熱発電の特徴は、火力発電と同様に蒸気圧を利用してタービンで発電するが、自然に存在する蒸気と熱水を利用するため、火力発電等のように外部から燃料を調達する必要はない。また、発電時には化石燃料を使わないため、火力発電のように多量のCO_2を排出することはない。

もう一つの特徴としては、太陽光発電や風力発電のように、天候の変化に影響されず、比較的安定した発電が可能である。各電源の発電設備容量と実際の発電量を比較しているのが図2-5である。太陽光と風力の設備利用率は、それぞれ14％程度及び20％程度である一方、地熱発電の設備利用率は平均70％程度と高い。

このように、地熱発電は導入量の多い太陽光発電と風力発電には見られない特性を持っており、地熱発電はベストミックスでお互いを補完し合う安定したベースロード電源として期待されている。

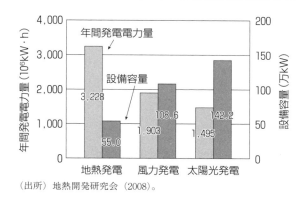

（出所）地熱開発研究会（2008）。

図2-5　電源別の設備利用率の違い

2.4.4　地熱発電の課題

　東日本大震災以来、地熱発電導入の機運が高まっている。しかし、地熱発電にはいくつかの課題が残っている。

　一つ目は、発電コストの問題である。発電開始のための地熱調査や掘削工事など初期投資が大きく、これまで投資に見合う収益を見込むことができなかった。また、地熱調査は100％地熱資源が得られるわけではない上に、総事業費のうち初期段階の投資に偏っているため、リスクとリターンの関係から、投資に二の足を踏むケースが多い。

　しかしこれらは、FIT（地熱発電15,000kW以上は26円/kWh、15,000kW未満は40円/kWhで買取期間は15年）の導入で事業性は大幅に改善しつつある。事業性が改善されることにより、地熱調査等のリスクも軽減された。今後、地熱発電の導入が増えることで、設備の低価格化と採算性の向上が待たれる。

　二つ目の課題は、国立公園の問題である。日本における地熱資源の80％は国立公園地域内に存在し、これらの地域内でこれまで地熱開発に着手することができなかった。しかし、近年の規制緩和で、環境に調和した優良事例であれば、国立公園内での地熱発電も認められるようになった（環境省、2015）。今後、規制緩和を利用して環境に調和した地熱発電の導入増加が見込まれる。

　三つ目の課題は、前章で述べた通り、温泉地に住む住民との合意形成の問題である。特に温泉を利用する観光関連産業が大きい日本では、温泉地の周辺に地熱

発電ができることで温泉が枯渇することを懸念し、地元温泉事業者の反対することが多い。

本節で作成した地熱発電における地域経済付加価値分析は、持続可能な環境を保全しつつ、地域経済にも貢献する発電事業を実現するために、このような合意形成の際のコミュニケーションツールの一つとして利用されることを想定している。

2.4.5 地熱発電における地域経済付加価値分析モデル

地熱発電の課題である地域住民との合意形成を促進するコミュニケーションツールの一つとして、地域にどれくらいお金が落ちる見込みがあるのか地域住民や行政にとって関心が高い。そのため、地域経済への影響の可視化はとても重要である。これまでも産業連関表を活用した経済波及効果の研究は多数あったが、これらの分析は都道府県単位で調査されている産業連関表をもとに作成されているため、都道府県レベルの経済効果測定が対象であった。本項で紹介する地域経済付加価値分析は、市町村レベルの測定を可能とし、地域住民により身近な効果を提示することができる。

（1）モデルの前提条件

本節では、先行研究をもとに、既存の地熱発電における複数発電所の建設時と事業運営時のコストデータを活用して、小規模（100kW）・中規模（2,000kW）・大規模（30,000kW）地熱発電の地域経済付加価値分析モデル（以下、RVAモデル）を作成した。

100kW 地熱発電（以下、小規模地熱）は、未利用の地熱源泉を利用するバイナリー式発電を想定している。2,000kW 地熱発電（以下、中規模地熱）と 30,000kW 地熱発電（以下、大規模地熱）については、新たに地熱井戸を掘削するフラッシュ式発電を想定する。3つの発電規模の設定は、それぞれ小規模・中規模・大規模モデルになるように設定した。本節では、小規模地熱において平成26年度「小規模地熱発電プラント設計ガイドライン」のコストデータを基礎データとして用いた。中規模地熱と大規模地熱においては、平成24年度第3回調達価格等算定委員会にて提示された日本地熱開発企業協議会作成のコストデータを基礎データとして用いた。地熱発電に関するコストデータは、他の電源に比べて公

表されたデータが少なく、本節ではFITで参考にしているデータを活用するに至った。

なお、試算する地域付加価値額は、FITの買取期間である15年間の運用を前提としている。そのため本節では、15年間の地熱発電事業で新たに発生する工事や事業収入などで得られる地域経済付加価値額の試算を対象とする。

（２）費用項目

本節で活用する基礎データをもとに、地域経済付加価値分析で用いるkWあたりのコスト内訳表を作成した（**表2-2**）。

地熱発電事業は、調査・開発、建設、運営の3段階に工程が分かれている。さらに、各工程に含まれる電気工事や環境調査費などの費用項目を細分化する。

費用項目の細分化は、入手したデータが詳細であるほど細分化が可能になり、細分化された費用項目があるほど精度の高い地域付加価値額を試算することができる。本節では、入手した基礎データをもとに項目を細分化した。

続いて、地域経済付加価値分析では、地域に寄与する可能性のある費用項目のみ必要とする。そのため、発電設備費用を含むシステム製造段階や、資源調査のための掘削工事など、地域内企業では賄うことが難しい工程に関してはコスト内訳表の費用項目から除いた。

その結果、本節で取り扱う費用項目は**表2-3**の通りである。

初期投資段階においては、主に敷地造成費や道路建設費などの土木工事や、発電所の建設工事を地域経済付加価値分析に利用する費用項目として抽出した。

事業運営段階においても、地元雇用を想定した人件費や発電所用地の土地賃料費などを抽出した。

なお、実際の発電所工事では地域内企業と地域外企業が合同で取り組む事例が多い。しかし本節では、抽出した各費用項目が100％地元雇用や地域内企業による建設工事であることを想定している。そのため、本節のRVAモデルでは、地熱発電における地域付加価値額の最大値を試算することを前提とする。

2.4.6　地熱発電における地域経済付加価値分析の結果

こうして得られた小規模（100kW）、中規模（2,000kW）、大規模（30,000kW）地熱発電のデータは**図2-6**と**図2-7**の通りである。

表2-2 地熱発電（30,000kW）のコスト内訳表（イメージ）

30000 地熱発電RVA (kW)		データ：METI			データソース		個人所得				付加価値額
円/kW (15年間平均)	内訳	kWあたりの費用	割合	地元調達率	業種分類	業種コード	所得	社会保険	税引後(後利潤)	税金	
設備投資		¥1,082,625	100.0%								
1.直接投資（設備費）	発電設備費＋蒸気生産設備	¥295,833	27.3%	0%							¥0
2.間接投資		¥786,792	72.7%								
企画／プロジェクト管理	設備投資の15%	¥0	0.0%	100%	学術研究、専門・技術サービス業	83	¥0	¥0	¥0	¥0	¥0
調査・開発		¥313,192	39.8%								
敷地造成費	敷地造成費	¥10,300	1.3%	100%	建設業	15	¥1,457	¥777	¥383	¥428	¥3,046
道路建設費	道路敷設費	¥37,333	4.7%	100%	建設業	15	¥5,283	¥2,818	¥1,389	¥1,551	¥11,040
掘削工事費	調査井掘削工事費×(1-掘削成功率)	¥296,867	37.7%	20%	建設業	15	¥8,401	¥4,482	¥2,208	¥2,466	¥17,558
調査費補助	(調査・開発費-掘削費)×調査費補助	¥48,975	6.2%								
その他調査費	地表調査費＋設計費＋貯留層評価費＋経済性評価費＋環境調査費＋環境アセス委託費	¥17,667	2.2%	0%	学術研究、専門・技術サービス業	83	¥0	¥0	¥0	¥0	¥0
設備		¥473,600	60.2%								
敷地造成費	敷地造成費	¥23,133	2.9%	100%	建設業	15	¥3,273	¥1,746	¥860	¥961	¥6,841
掘削工事費	生産井掘削工事費×(1-掘削成功率)	¥250,533	31.8%	20%	建設業	15	¥7,090	¥3,782	¥1,864	¥2,081	¥14,817
基礎工事費	発電所基礎工事費	¥40,567	5.2%	50%	建設業	15	¥2,870	¥1,531	¥754	¥843	¥5,998
設備工事費	構築物建築費	¥51,967	6.6%	50%	建設業	15	¥3,677	¥1,961	¥966	¥1,079	¥7,684
電気工事費	送電線建設費	¥50,000	6.4%	0%	建設業	15	¥0	¥0	¥0	¥0	¥0
配管工事費	配管工事費	¥56,233	7.1%	20%	建設業	15	¥1,591	¥849	¥418	¥467	¥3,326
土地補償費	環境調査費	¥1,167	0.1%	100%	土主				¥1,167	¥1,167	¥2,333
事業運営コスト						合計（初期投資）	¥33,643	¥17,947	¥10,010	¥11,043	¥72,643
3.事業運営コスト											6.7%
運営											
O&M費用	その他営業費	¥1,500	1.6%	50%	機械等修理業	89	¥202	¥108	¥40	¥18	¥284
修繕費	修繕費（平年時と定検時の平均）	¥4,350	4.6%	20%	機械等修理業	89	¥234	¥125	¥46	¥21	¥329
直接人件費	所長、電気主任技師、事務員	¥3,000	3.2%	80%	事業者		¥2,160	¥240			¥2,400
土地賃用料	土地賃料	¥0	0.0%	100%	土主		¥0	¥0	¥0	¥0	¥0
温泉使用料		¥0	0.0%	100%	土主		¥0	¥0	¥0	¥0	¥0
一般管理費		¥267	0.3%	0%	電気業	70	¥0	¥0	¥0	¥0	¥0
保険費		¥6,496	6.9%	0%	損害保険業	96	¥0	¥0	¥0	¥0	¥0
支払利息	設備投資＊自己資本率20%/15年＊利率3%	¥72,175	76.6%	0%	銀行	91	¥0	¥0	¥0	¥0	¥0
減価償却費	設備投資/15年間										
固定資産税		¥6,391	6.8%	100%	税金					¥6,391	¥6,391
電気事業税	事業者税引後利潤＊0.007			100%	税金						
					合計（事業運営）		¥2,596	¥293	¥78,523	¥12,317	¥90,840
支出合計		¥94,178	54.5%								
売上		¥172,701									
経常利益		¥78,523	45.5%				¥78,609			¥18,746	¥100,244
IRR(%)											58.0%
消費税対象		¥153,964									

送電端率＊設備利用率＝26円/kW

58

第 2 章　地域付加価値創造分析のケーススタディ

表 2-3　地熱発電における抽出した費用項目

30000 地熱発電RVA(kW)	
円/kW（15年間平均）	内訳
設備投資	
1. 直接投資（設備費）	発電設備費＋蒸気生産設備
2. 間接投資	
企画／プロジェクト管理	設備費の15%
調査・開発	
敷地造成費	敷地造成
道路建設費	道路敷設費
掘削工事費	調査井掘削工事費×（1－掘削成功率）
調査費補助	（調査・開発費－掘削費）*調査費補助
その他調査費	地表調査費＋設計費＋貯留槽評価費＋経済性評価費＋環境調査費＋環境アセス費
設備	
敷地造成費	敷地造成費
掘削工事費	生産井掘削工事費×（1－掘削成功率）
基礎工事費	発電所基礎工事費
設備工事費	構築物建築費
電気工事費	送電線建設費
配管工事費	配管工事費
土地補償費	
3. 事業運営コスト	
運営	
O&M費用	その他操業費
修繕費	修繕費（平年時と定検時の平均）
直接人件費	所長、電気主任技師、事務員
土地賃料	土地賃料
温泉使用料	
一般管理費	
保険費	
支払利息	設備投資*自己資本率20%/15年*利率3%
減価償却費	設備投資/15年間
固定資産税	
電気事業税	事業者税引後利潤*0.007
支出合計	
売上	送電端率*設備利用率*26円/kW

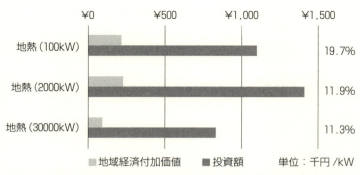

図2-6　初期投資段階における地熱発電の地域経済付加価値（千円/kW）

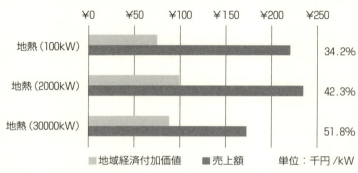

図2-7　事業運営段階における地熱発電の地域経済付加価値（千円/kW）

　図2-6と図2-7は、初期投資段階と事業運営段階における各発電規模の地域経済付加価値額と地域経済付加価値率を示している。地域経済付加価値分析から得られるkWあたりの付加価値額とは、15年間毎年創出される付加価値額の平均をkWあたりで出したものである。

　図2-6の下棒は、発電事業におけるkWあたりの総投資額である。上棒は、総投資額の中から地域で賄えるものを足し合わせた初期投資段階における地域経済付加価値額である。

　図2-7の下棒は、発電事業におけるkWあたりの15年間の売上総額である。上棒は、総売上高の中から地域で賄えるものを足し合わせた事業運営段階における地域経済付加価値額である。

　図2-6と図2-7における右部の数値は、各発電規模における総投資額と売上に占める地域付加価値額の割合を示す地域経済付加価値率である。

第2章　地域付加価値創造分析のケーススタディ

表2-4　地元出資率の変化が地域経済付加価値に与える影響

地元出資率	地域付加価値 （kWあたり）	売上 （kWあたり）	地域付加価値率
0%	¥13,070	¥234,680	5.6%
20%	¥28,318	¥234,680	13.9%
50%	¥51,191	¥234,680	24.9%
100%	¥89,311	¥234,680	38.1%

　図2-6の初期投資段階において、小規模地熱ほど地域付加価値率が高い傾向にあるのは、小規模地熱では地域内企業で賄える小規模な工事が多いためである。一方、大規模地熱は地域内企業では扱うことができない工程が増えるため、付加価値率が低下傾向にある。また、kWあたりの投資額で中規模発電が最も高くなっている背景には、地熱井の掘削費用が総投資額に占める割合が高いことがある。

　これまで地熱発電における地域経済付加価値について述べてきたが、これらの試算はすべて地元出資・地元雇用・地元工事であることを想定している。しかし、地熱発電事業の多くは域外企業による出資や工事であり、このままの試算では実際の地域付加価値を反映できていない。

　例えば、発電事業における地元出資率が0％の場合、地元出資率100％の場合に比べて、事業全体の地域付加価値率は38.1％から5.6％に低下する（**表2-4**）。また、地元出資率が20％の場合は13.9％になるなど、地域経済への波及を考える場合、地熱発電事業における地元出資率が与える影響はとても大きい。そのため、工事などをできるだけ地元企業に任せるだけでなく、地元出資率を向上させることが地域経済付加価値を向上させることにつながる。

　しかし実際には、疲弊している地域にとって、リスクのある事業に対して地元出資を行うのは厳しい状況にある。特に、地熱発電の事業リスクは調査段階から運開時の初期段階に集中している。そこで、リスクの高い発電事業開始から地元出資率を向上させることが難しい場合、キャピタルリサイクリングモデルの応用が考えられる。キャピタルリサイクリングモデルとは、米国の風力発電等で利用されている金融手法の一つで、ある程度安定稼働が見込める事業開始数年後から発電事業の出資者を入れ替えることも考えられる。リスクの高い時期にはハイリターンを求める企業が出資し、安定稼働が見込めるようになれば安定した投資先

を求める出資者に入れ替える。地熱発電においても、運開後3年以降は事業リスクが大幅に低減することが見込まれるため、キャピタルリサイクリングモデルを使って、地元出資率を向上させることは可能である。このように様々な方法によって地元出資率を引き上げることで、地域経済付加価値率の向上を検討する必要がある。

ここまでの地域経済付加価値分析の試算では、平成24年度第3回調達価格等算定委員会にて提示された日本地熱開発企業協議会作成のコストデータを用いた。そこで、次には現在稼働している実際の発電所の実績データを用いて地域経済付加価値を測定した。

2.4.7 地熱発電における地域経済付加価値分析の実装

これまで地熱発電における地域経済付加価値分析モデルの紹介とその活用方法について記述してきた。本節では、実際に稼働する地熱発電所の実データを活用し、実際の発電所の地域経済付加価値を測定する。

本節では、実際に稼働する中規模クラスの地熱発電所（以下、A地熱発電所）の発電事業者の方に協力頂いた。発電事業者には、初期投資段階と事業運営段階の各コスト項目の内訳と、各コストにおける地元企業関連の事業の割合を示す地元調達率の数値データをお借りした。そこから、A地熱発電所における初期投資段階と事業運営段階の地域経済付加価値分析を測定した（**図2-8と図2-9**）。

今回協力頂いたA地熱発電所は、地熱資源が豊富にあるが、人口減少に悩む中山間地域にあり、発電所でなんとか地域を活性化させたいと考えた地域住民の人たちが中心となって建設された。その結果、A地熱発電所において、建設を中心とする初期投資段階（図2-8）で2.8％、稼働後の運営を中心とする事業運営段階（図2-9）で25.7％の地域経済付加価値率を測定した。

初期投資段階において地域付加価値率が11.9％だった前述の2,000kWモデルと比較すると、A地熱発電所の地域付加価値率2.8％は想定よりも低かった。これは、A地熱発電所が立地する地域の人口はとても少なく、発電所の建設を担うことができる企業が少なかったため、RVAモデルで想定していた割合に比べて低い数値が出たと考えられる。地方自治体が政令指定都市のように発電所を扱うことができる企業が多い大きな自治体である場合と、企業数の少ない小規模な地方自治体では、地域に落ちる付加価値に大きな差が生まれることを示している。

第 2 章　地域付加価値創造分析のケーススタディ

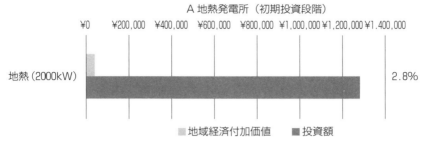

図2−8　初期投資段階における A 地熱発電所の地域経済付加価値（千円/kW）

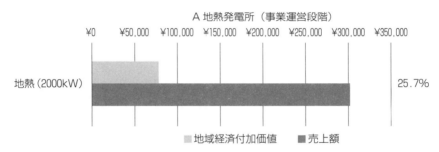

図2−9　事業運営段階における A 地熱発電所の地域経済付加価値（千円/kW）

一方で事業運営段階において、A 地熱発電所は25.7%という大きな地域付加価値率を測定した。これは、地域住民主導で出資した会社によって運営されており、発電事業の収益の一部が配当金のような形で地域の会社に分配されているため、高い地域付加価値率を記録していると考えられる。A 地熱発電所の実際の地域付加価値率である25.7%という値は、表2−4で示した RVA モデルにおける地元出資率50%の場合の24.9%と近い。

仮に、A 地熱発電所の地元出資率を 0 %とした場合、事業運営段階で25.7%あった地域付加価値率が7.8%まで減少した。地元出資率 0 %の場合の RVA モデルで5.6%と比較すると、7.8%である A 地熱発電所が高いのは、RVA モデルで想定した以上に実際の発電所の維持管理を地元企業や人で賄っていることがわかる。

このように、地域住民主導で進めた A 地熱発電所の地域付加価値率は、想定よりもとても高い数値を測定した。実際の数値と RVA モデルを比較することで、

A 地熱発電所の特徴も把握することができる。地域の大小を問わず、地域の実情に合わせた地域経済の効果を測定することができることを示している。

まとめ

本節では、地熱発電事業における地域経済付加価値分析の紹介とその実装について検討してきた。地熱発電の課題である地域住民との合意形成を促進するコミュニケーションツールの一つとして、地域経済への影響の可視化はとても重要である。特に、これまでのように産業連関表を活用した経済波及効果では都道府県単位の測定のみ可能であったが、地域経済付加価値分析が可能な市町村レベルの測定は、地域住民により身近な効果を提示することができる。

また、地熱発電事業においてできるだけ地域付加価値を向上させるためには、キャピタルリサイクリングモデルのような工夫をして地元出資率を向上させることが必要とされる。

現在地熱発電事業を実施するためには、地域住民の合意形成が必要不可欠である。発電事業者と地域住民がどのような関係を構築し、どのような事業を展開するのかは地域によって違うと考えられる。しかし、実際に地域経済付加価値分析によって、それぞれの選択肢の効果を可視化することで、地域住民が地熱発電について検討と選択ができる環境を整えることが、地熱発電導入の増加を促進することにつながる。

そして今回、実際の発電所の実データを利用して地域付加価値を測定した。そこでわかったことは、地域住民主導で取り組む A 地熱発電所は、高い地元出資率の影響で非常に恵まれた地域付加価値率を有していることがわかった。実データがあれば、その地域の実情に合わせて各事業の測定を高い精度で測定が可能になる。また、RVA モデルと比較することで、各事業の様々な特徴を見つけることができた。

今回は一つの発電所の測定のみで終わっているが、今後さらに実データを活用した分析を増やす必要がある。そうすることで、今よりも精度の高い RVA モデルに改善すると同時に、各発電所と比較することができることによって、今後地熱発電事業を検討している地域にとって多くの選択肢を提供することができる。それが結果的に地熱発電導入の増加を促進することを期待する。

参考文献

江原幸雄（2009）「経済的・社会的観点から見たわが国の地熱発電の課題と新しい展開の方向」『九大地熱・火山研究報告』第18号、2-8頁。

小長谷一之・前川知史編（2012）『経済効果入門』日本評論社。

山東晃大（2018）「地熱発電における地域経済付加価値創造分析」『財政と公共政策』No.62、122-130頁。

霜浦森平・中澤純治・松本明（2013）「環境産業分析用地域産業連関表を用いた太陽光発電の地域経済効果—高知県における事業形態による効果の比較分析—」『日本地域学会第50回年次大会報告論文』

中村良平（2014）『まちづくり構造改革』日本加除出版。

中山琢夫・ラウパッハ スミヤ ヨーク・諸富徹（2016a）「日本における再生可能エネルギーの地域付加価値創造—日本版地域付加価値創造分析モデルの紹介、検証、その適用—」『サステイナビリティ研究』（法政大学）第6号（3月）、101-115頁。

中山琢夫・ラウパッハ スミヤ ヨーク・諸富徹（2016b）「分散型再生可能エネルギーによる地域付加価値創造分析—日本における電源毎の比較分析」『環境と公害』（岩波書店）Vol.45、No.4（4月）、20-26頁。

稗貫峻一・本藤祐樹（2012）「拡張産業連関表を用いた地熱発電のライフサイクル雇用分析」『第28回エネルギーシステム・経済・環境コンファレンスプログラム講演論文集』

稗貫峻一・本藤祐樹（2013）「拡張産業連関モデルを用いた地熱発電のライフサイクル雇用分析」『日本エネルギー学会誌』No.92、164-173頁。

村岡洋文（2009）「３．資源量評価」、61-69、地熱発電、（社）火力原子力発電技術協会。

環境省（2014）「平成26年度2050年再生可能エネルギー等分散型エネルギー普及可能性検証検討委託業務報告書」第4章、再生可能エネルギーの導入見込量（http://www.env.go.jp/earth/report/h27-01/）

諸富徹（2013）「再生可能エネルギーで地域を再生する」『世界』（岩波書店）2013年、164-173頁。

Heinbach K., Aretz A., Hirshl B., Prahl A., Salecki S.（2014）Renewable energies and their impact on local value added and employment, *Energy, Sustainability and Society*, Springer Open Journal, http://www.energsustainsoc.com/content/4/1/1

Hirschl B., Aretz. A., Prahl A., Böther T., Heinbach K., Pick. D, Funcke S. et al.（2010）*Kommunale Wertschöpfung durch Erneuerbare Energien*, Schriftenreihe des IÖW

196/10, Institut für Ökologische Wirtschaftsforschung.

Lehr U., Lutz C., Edler D., O'Sullivan M., Nienhaus K., Nitsch J., Breitschopf B., Bickel P., Ottmüller M. (2011) *Kurz-und langfristige Auswirkungen des Ausbaus der erneuerbaren Energien auf den deutschen Arbeitsmarkt.*

Nakano S., Washizu A. (2013) Development of a Japanese Input-Output Table for Renewable Energy and Smart Grid Systems, 早稲田大学社会科学総合学術院ワーキングペーパー No.2013-7, p.1-162013/10.

Porter M. E. (1985) *Competitive Advantage: Creating and Sustaining Superior Performance*, Free Press, NY.

2.5 自治体新電力の地域経済付加価値と今後の可能性　　稲垣憲治

前節までは再エネ電源種別ごとの地域経済付加価値分析について議論してきたが、本節では話題を転じて「自治体新電力」が生み出す地域経済付加価値を議論することとしたい。

2.5.1 自治体新電力とは

自治体新電力とは、自治体が出資等で関与し、限定された地域を対象に電気供給(小売電気事業)を行う事業体である。地域の再エネ電源などから電気を調達し、公共施設を中心とした地域の需要家に電気販売を行っている。全国で設立が相次いでおり、一橋大学・朝日新聞等が実施した全国自治体への再生可能エネルギーに関する調査(2017年7月末時点回答分)によると、31自治体が設立済み、86自治体が検討中とされており、将来100を超える自治体新電力が設立される可能性がある。

自治体新電力に期待されている効果は主に2つある。1つ目は、「地産地消」という価値の創出である。通常、再エネ電気はFIT制度のもと一般送配電事業者に買い取られ、他の電気と混じり合って通常の電気となって消費されていく。一方、自治体新電力は、地域の再エネ電源からの電気を調達し、地域の公共施設や事業所等に電源を明示して電気供給を行うことで、「地産地消」という価値を生み出す。2つ目は、自治体新電力による地域内経済循環である。多くの自治体新電力では、事業収益の地域還元が打ち出され、地域でお金を回すことが目的と

して掲げられている。

　東日本大震災とそれに伴う計画停電を経験し、これまで国の専管のように扱われてきたエネルギー政策は自治体でも大きな課題となった。多くの自治体でエネルギービジョンなどが策定され、再エネの導入が行われた。現在の自治体新電力設立の動きを見ると、これまで再エネ導入に力を入れてきた自治体が、次のステップとして、地域内経済循環を目的に再エネ電源を活用した自治体新電力に取り組むという傾向が見て取れる。なお、一連の電力システム改革によって、小売電気事業に必要なノウハウの絶対量が低下したこと（例：FIT特例によりFIT電源の発電量予測を一般送配電事業者に行わせることで自ら予測をしなくてよくなった等）や、電力販売に必要な需給管理システム等の価格が低下したことなども、小規模になりがちな自治体新電力の設立を後押ししている。

2.5.2　自治体新電力の現状

　現状の自治体新電力を把握するため、まずは、「自治体出資」、「電源」、「供給先」及び「需給管理」の4つの観点から現状を整理する。

（1）出資

　自治体新電力の一覧を表2-5に示す。まず、「出資」を軸に見てみると、自治体の出資額は数百万円から一千万円がボリュームゾーンであり、出資割合は1割〜9割までばらつきがある。自治体新電力の主事業である小売電気事業は、発電事業者から電力を調達し需要家に販売する事業形態であり、発電設備を必ずしも開発・所有する必要がないため、出資総額はあまり大きくなっていない。

　また、自治体以外の出資者については、資金の地域内循環が考慮され地元企業の出資によるものが多い傾向にあるが、地元ではない事業者が出資しているケースも一定数見受けられる。

　なお、設立にあたっては、自治体が共同出資や技術協力などを行う協力民間事業者を公募・選定する場合や、民間が提案した自治体新電力事業案を議会が承認する場合がある。

　自治体は出資せず、地域に密着した小売電気事業者との協定や登録等を行う自治体もある。山梨県は、東京電力エナジーパートナー（株）と協定を締結し、電力供給ブランド「やまなしパワー」を共同運営すると発表している。これは、山

表2-5 自治体新電力一覧

名称	出資等	再エネ電源	供給先	需給管理
久慈地域エネルギー株式会社	岩手県久慈市 50万円 地元企業 950万円	市内太陽光発電	公共施設、民間施設	NA
一般社団法人東松島みらいとし機構	社員、宮城県東松島市等 (市は東松島みらいとし機構と協定を締結)	市内太陽光発電	公共施設 漁協、事業所、工場	自社
株式会社かみでん里山公社	宮城県加美町 600万円 パシフィックパワー 300万円	町内太陽光発電	公共施設	他社
山形新電力株式会社	山形県 2340万円 NTTファシリティーズ及び地元民間企業など18社計4660万円	バイオマス(民間) 太陽光発電(県有) 風力発電	公共施設 民間高圧、業務用低圧	他社
そうまIグリッド合同会社	福島県相馬市 100万円 IHI 840万円 パシフィックパワー 50万円	市内太陽光発電	公共施設 民間高圧	他社
ふかやeパワー株式会社	埼玉県深谷市 1100万円、みやまパワーHD 600万円、深谷商工会議所 100万円、ふかや市商工会 100万円、埼玉りそな銀行 100万円	NA	公共施設 民間高圧 ※H30年10月供給開始予定	NA
秩父新電力株式会社	埼玉県秩父市 1800万円、みやまパワーHD 100万円、地元金融機関 100万円	廃棄物発電(検討中)	公共施設(平成31年4月供給開始予定)	NA
	埼玉県所沢市			

株式会社ところざわ未来電力	510万円、JFEエンジニアリング 290万円、飯能信用金庫 100万円、所沢商工会議所 100万円	太陽光発電 廃棄物発電	公共施設（平成30年10月予定）事業所、一般家庭（平成31年以降予定）	NA
一般社団法人中之条電力（平成27年11月より株式会社中之条パワー）	群馬県中之条町 180万円 V-Power 120万円※株式会社中之条パワーは中之条電力100%出資	メガソーラー（町所有） メガソーラー（民間：町が土地を貸与）	公共施設 一般家庭	他社
株式会社成田香取エネルギー	千葉県成田市 380万円 千葉県香取市 380万円 洸陽電機 190万円	成田市の清掃工場の廃棄物発電、香取市のメガソーラー（市所有）	公共施設	他社
株式会社CHIBAむつざわエナジー	千葉県睦沢町 500万円 パシフィックパワー等民間6社計 400万円	メガソーラー（民間）	公共施設 民間高圧	他社
株式会社浜松新電力	静岡県浜松市 500万円 NTTファシリティーズ 1500万円 NECキャピタルソリューション 1500万円 鉄道・銀行等地元企業6社 2500万円	市内メガソーラー（民間） 清掃工場の廃棄物発電	公共施設 市内高圧	他社
スマートエナジー磐田株式会社	資本金 1億円（静岡県磐田市5%、JFEエンジニアリング94%、磐田信用金庫1%）	風力発電、太陽光発電	公共施設 民間法人施設	NA
	資本金 880万円			

松阪新電力株式会社	（三重県松阪市51.1％、東邦ガス39.8％、銀行・信金９％）	市廃棄物発電	公共施設	他社
こなんウルトラパワー 株式会社	滋賀県湖南市330万円パシフィックパワー等民間７社計570万円	屋根貸しによる市民太陽光発電	公共施設民間高圧	他社
亀岡ふるさとエナジー株式会社	資本金 800万円（京都府亀岡市50％、パシフィックパワー等民間・地元金融機関50％）	市内太陽光発電	公共施設	他社
一般財団法人泉佐野電力	大阪府泉佐野市200万円パワーシェアリング 100万円	市内メガソーラー（民間）	公共施設	他社
いこま市民パワー株式会社	奈良県生駒市765万円大阪ガス 510万円その他３社合計225万円	太陽光発電、小水力（市所有）、市民共同太陽光発電	公共施設民間施設	他社
株式会社とっとり市民電力	鳥取県鳥取市200万円鳥取ガス 1800万円	太陽光発電（市営、民間）	公共施設民間高圧、家庭	他社
ローカルエナジー株式会社	鳥取県米子市900万円中海テレビ等民間５社計 8100万円	清掃工場の廃棄物発電市内太陽光（民間）	公共施設	自社
南部だんだんエナジー株式会社	鳥取県南部町400万円パシフィックパワー等民間４社計570万円	メガソーラー（町所有）小水力発電（町所有）	公共施設民間高圧	他社
	島根県奥出雲町			

第 2 章　地域付加価値創造分析のケーススタディ

奥出雲電力株式会社	2000万円 パシフィックパワー 300万円	小水力発電（町所有）	公共施設 民間高圧	他社
株式会社北九州パワー	福岡県北九州市 1450万円 安川電機等民間8社 計4550万円	廃棄物発電	公共施設 民間高圧	他社
CoCoテラスたがわ株式会社	福岡県田川市 250万円 パシフィックパワー 250万円、NECキャピタルソリューション 250万円、金融機関計120万円	NA	公共施設 民間高圧	他社
ネイチャーエナジー小国株式会社	熊本県小国町 340万円 パシフィックパワー等民間7社 計560万円	町内バイオマス発電 町内温泉熱バイナリー発電	公共施設 民間高圧	他社
みやまスマートエネルギー株式会社	福岡県みやま市 1100万円 九州スマートコミュニティ 800万円 筑邦銀行 100万円	住宅用太陽光発電余剰電力 メガソーラー（市所有） 自治体間連携でバイオマスなどを調達	公共施設 一般家庭、事業所等	自社
株式会社ぶんごおおのエナジー	資本金 2000万円（大分県豊後大野市55%、デンケン30%、金融機関等15%）	太陽光発電（市営） みやまスマートエネルギーと電力融通	公共施設	みやまスマートエネルギーと連携
新電力おおいた株式会社	資本金 2000万円（大分県由布市、デンケン、金融機関・地元関連企業等）	市内太陽光発電等	公共施設 民間高圧、家庭	NA
株式会社いちき串木野電力	資本金 1000万円（鹿児島県いちき串木野市51%、地元企業・地元	みやまスマートエネルギーと電力融通	公共施設 一般家庭等	みやまスマートエネルギーと連携

	金融機関等49%)			
おおすみ半島スマートエネルギー株式会社	資本金 500万円（鹿児島県肝付町67％、九州スマートコミュニティ33％）	町内の水力、風力、太陽光（すべて民間）、みやまスマートエネルギーと電力融通	公共施設一般家庭等	みやまスマートエネルギーと連携
ひおき地域エネルギー株式会社	鹿児島県日置市100万円、地元関連企業14社・個人2名771万円、日立パワーソリューションズ149万円、かごしま再生可能エネルギー投資事業有限責任組合 2000万円	市内太陽光発電市内小水力発電（予定）コジェネ（予定）	公共施設一般家庭・事業所等	他社

(注) 公表資料等を基に筆者作成（2018年8月末）。自治体新電力を全て網羅したものではない。また、必ずしも最新の状況を反映しているとは限らない。

梨県所有の水力発電所で発電された電力を活用して、東京電力エナジーパートナーが県内企業に安価に電気供給する事業である。また、富士市では、地域内で発電・電気供給を行うなどエネルギーの地産地消に取り組む小売電気事業者を募集し、「富士市地域PPS」として登録・公表する取組を行っている。第一号として静岡ガス＆パワー（株）が登録されている。

（2）電源

次に、自治体新電力の「電源」を軸に見てみると、メガソーラーや廃棄物発電など自治体所有の電源を活用するケースが多くみられる。地域の再エネ電源の活用により、「地産地消」をアピールしていることが多い。一方、メガソーラーや廃棄物発電などのFIT電源を活用する場合、調達原価は卸電力市場価格＋税となり、他電源に比して著しく高額になることはないが、価格の変動リスクは抱えることになる。

なお、自治体所有の電源として他にも戦後の河川総合開発の一環で設置された

ダム付帯の水力発電（公営水力）がある。平成30年4月1日現在で25都道府県1市が公営水力を所有し、これらの合計設備容量は2315MWとなっており、相当の規模になる。しかしながら、公営水力の多くは過去に一般電気事業者（大手電力会社）と長期の売電契約を締結していることや、当該契約が切れて入札に回される場合にも発電能力が自治体新電力が抱える顧客の需要を大きく上回ってしまうことなど、自治体新電力の公営水力の活用には課題がある。複数の自治体新電力による共同買取や、自治体が地域振興に資する自治体新電力用に発電能力を小分けして入札にかけるなどの対応が期待される。

（3）供給先

続いて、自治体新電力の「供給先」を軸に見てみると、ほぼ全てが公共施設を対象としている。小売電気事業を行う際、需要（顧客）の確保は最重要事項のため、自治体の公共施設という一定規模の需要を確保できることは自治体新電力のとても大きい強みとなる。採算ラインと言われる契約電力5MW程度を公共施設だけで確保できる場合も多いことから、多くの自治体新電力はまず公共施設のみを対象に電気供給を行うことが一般的となっている。

供給対象を公共施設のみとして自ら需給管理をしない場合、自治体新電力立ち上げ後には、あまり実務は発生しない。そのため、固有職員無しで運営される自治体新電力もある。一方、これでは地域の雇用が生まれないので、雇用創出等が設立目的とされている場合には、公共施設で一定の経験を積んだ後、収支状況を見極めたうえで、民間施設・家庭への供給や他の行政サービスの提供が行われることもある。

（4）需給管理

最後に「需給管理」を自社で行うか他社に委託するかで分類することができる。「需給管理」は、電力の需要と供給を一致させる作業で、電気事業の要となるものである。一定のノウハウが必要で手間もかかるため、自社で行わず民間事業者に委託し、委託先事業者のバランシンググループ[4]に入るケースが多くみられる（委託先事業者が自治体新電力に出資しているケースが多い）。

一方、需給管理を行うことで、電気事業の要のノウハウ蓄積、他自治体との連携の可能性拡大、（場合によって）収益性向上などのメリットがあるため、自社

で実施する気概あふれる自治体新電力もある。2018年8月末現在、需給管理を自社で実施する自治体新電力は、みやまスマートエネルギー（株）（福岡県みやま市）、ローカルエナジー（株）（鳥取県米子市）、一般社団法人東松島みらいとし機構（宮城県東松島市）の3社となっている。

2.5.3 自治体新電力の地域経済付加価値分析

（1）分析手法と対象

自治体新電力を設立する自治体の多くは、エネルギーの地産地消により、電気代が地域外へ出ることを防ぎ、地域でお金を回すこと（地域の稼ぎ）を目的に掲げている。そこで、自治体新電力によってどの程度「地域の稼ぎ」が生まれるのかを定量的に評価するため、実際に小売電気事業を行っている自治体新電力「みやまスマートエネルギー（株）」及び「ひおき地域エネルギー（株）」を事例として、地域経済付加価値の分析を行った（**表2-6**）。

（2）分析結果

①みやまスマートエネルギー（株）の地域経済付加価値

みやまスマートエネルギー（株）の地域経済付加価値分析においては、2017年度事業計画をもとに、(1)売上（約14億円）における経常利益（約2100万円）・純利益（約1400万円）、(2)支出項目ごとに支出先をヒアリングし、支払先が地域内事業者の場合にはその支出分に応じた支払先事業者の純利益と従業員可処分所得増加（法人企業統計を活用して推計）（約200万円）、(3)住宅用太陽光発電の余剰電力を通常より高く買い取っていることによる市民の利益（約500万円）、(4)推定される地元従業員可処分所得（約7500万円）、(5)推定される市税（約700万円）などを推計した。

分析の結果、みやまスマートエネルギー（株）の地域経済付加価値は、約1億円となった。また、事業形態による地域経済付加価値の影響を比較するため、仮

4）複数の小売電気事業者がグループを組成した上で代表者を設け、代表者が一括で需給管理等を行う仕組み。代表以外の小売電気事業者の業務量低減や、グループの需要を合わせることによる平準化効果でインバランス料金（計画と実績のかい離に応じ、一般送配電事業者に支払う料金）の低減が期待できる。

第2章 地域付加価値創造分析のケーススタディ

表2-6 事例分析の対象とした自治体新電力の概要

名称	概要
みやまスマートエネルギー（株）	福岡県みやま市と地域企業の出資により設立され、市内の家庭用太陽光発電の余剰電力や市内のメガソーラーを電源として、みやま市を中心に電気を販売。契約電力は約36MW（平成29年7月時点）と自治体が出資する自治体新電力では日本最大級。また、HEMSを活用した高齢者の見守りや、水道料金とのセット割引、街の商店街活性化のための通販事業など地域の課題解決のための取組を多角的に実施。地域主体の出資構成で約50名の従業員はほぼ全員が市内在住。
ひおき地域エネルギー（株）	鹿児島県日置市及び地元企業・個人による出資で設立。契約電力約7MW（平成29年3月時点）。3名の地域在住職員を雇用し、収益の一部を地域に寄付する取組を実施。現在、需給管理・料金請求は外部委託だが、今後、地域企業での実施を検討。地域の小水力発電事業を実施中であり、太陽光発電由来等の電気調達と併せ、2020年までに電源構成における再生可能エネルギー（FIT電気含む）比率を60％にすることを目指している。

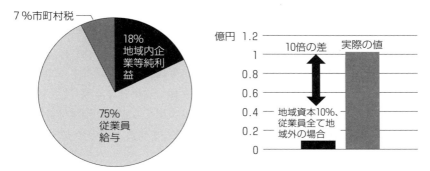

地域資本と地域従業員の雇用によって地域経済付加価値には大きな差が生じる（右）

図2-10 みやまスマートエネルギー（株）の地域経済付加価値の内訳（左）

に地域資本が10％のみで従業員が全て地域外に在住する場合を計算したところ、株主利益や従業員給与といった形でお金が地域外に出てしまい、地域経済付加価値は実際の値の約10分の1である900万円となってしまうことが分かった（**図2-10**）。

②ひおき地域エネルギー（株）の地域経済付加価値

ひおき地域エネルギー（株）の地域経済付加価値分析においては、2016年度実績値をもとに、(1)売上（約1億4000万円）における経常利益（約800万円）・純利益（約600万円）、(2)支出項目ごとに支出先をヒアリングし、支払先が地域内

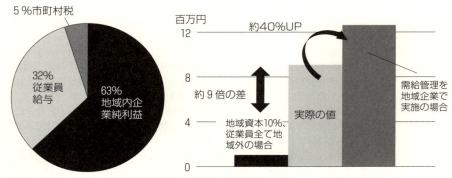

業務の内製化によって地域経済付加価値には大きな差が生じる（右）

図 2 -11　みやまスマートエネルギー（株）の地域経済付加価値の内訳（左）

事業者の場合にはその支出分に応じた支払先事業者の純利益と従業員可処分所得増加（法人企業統計を活用して推計）（約20万円）、(3)推定される地元従業員可処分所得（約300万円）、(4)推定される市税（約40万円）などを推計した。

　分析の結果、ひおき地域エネルギー（株）の地域経済付加価値は、約900万円となった。また、事業形態による地域経済付加価値の影響を比較するため、仮に地域資本が10％のみで従業員が全て地域外に在住する場合を計算したところ、株主利益や従業員給与といった形でお金が地域外に出てしまい、地域経済付加価値は実際の値の約9分の1である100万円となってしまうことが分かった。さらに、需給管理業務等を地域内で実施するケースを追加して分析したところ、地域経済付加価値は、地域外企業に需給管理等を委託している実際の値より約40％上昇することが分かった（図 2 -11）。

（3）分析結果からの考察（事業形態で地域経済付加価値は大きく変わる）

　自治体新電力における地域経済付加価値は、その事業形態によって約9～10倍もの大きな差が生じる結果となった。このことから、単に自治体新電力を設立すれば地域経済付加価値が増すわけではなく、事業形態をどうするかが重要であることが分かる。具体的には、「地域による出資」と「業務の内製化による地域在住従業員の雇用」が地域の稼ぎのためには重要ということができる。

　なお、エネルギー業界でよく耳にする「エネルギーの地産地消」というフレーズが、自治体新電力の目的に掲げられることも多々あるが、上記結果からも「エ

> **コラム　役割が期待される自治体新電力支援団体**
>
> 　自治体新電力の設立・運営を支援する団体により、電気事業のノウハウやシステムが共有されることで、自治体新電力が地域で業務を内製化することが可能となり、地域経済付加価値が向上することが期待される。また、自治体新電力間の連携のハブとなることで、グッドプラクティスや電力システム改革情報などが共有され、自治体新電力全体の競争力強化につながると考えられる。
>
> ○一般社団法人日本シュタットベルケネットワーク
> 　平成29年に設立され、自治体新電力設立・運営のための事業計画策定やノウハウ・情報提供等を開始している。
> ○一般社団法人ローカルグッド創成支援機構
> 　需給管理システムのシェアや新電力の設立・運営に関するノウハウの共有などを行い、自治体新電力立ち上げや運営の支援を行っている。

ネルギーの地産地消」＝「地域の稼ぎ」とはならないと言える。いくら地元の再エネ電源を用いて地域に供給しても、自治体新電力の資本や従業員が地域外であれば、事業者利益や従業員の給与の形で、資金が地域外に出てしまうためだ。

　電気事業は、立ち上げ期だけでなく、電気の需給管理、顧客管理、一般送配電事業者への計画提出、官公庁への報告など、運営期にも一定のノウハウの必要な業務がある。だからといって、これらを専門的だからと地域外事業者に委託し続けてしまうと、多くの場合、地域の稼ぎを少なくしてしまう可能性がある。自治体新電力同士でのノウハウ共有や、ノウハウ提供を行う自治体新電力設立支援団体（**コラム**参照）を活用するなどにより、地域内での業務を拡大する方向で検討することも重要だ。

　現在設立されている自治体新電力の中には、地域外の民間事業者に会社設立、小売電気事業者登録、そして需給管理等を地域外の事業者に全て任せて委託しているところも少なくない。地域経済循環を目的に自治体新電力を設立する場合には、地域内でできるだけ業務を行う体制構築の検討が重要である。

　特に需給管理については、電力市場改革の一環で平成28年度よりインバランス料金の算定方法が変更になり、小規模であることが多い自治体新電力が需給管理

を行う際のリスクが低減された。27年度までは需要の3％を超える分について実に50円／kWhを超えることもあったインバランス料金は、制度改正により3％の閾値は撤廃され、市場価格をもとにした新たな計算方法が定められた。また、需給管理のためのシステムも機能を絞った安価なものが市場投入され始めている。自治体新電力が需給管理を行う土壌ができつつあると言える。

　需給管理は、電気事業の根幹部分であり、（場合によっては）利益の源泉ともなるものだ。そして、顧客情報が詰まったものであり、経営戦略の基礎データでもある。安易に他社のバランシンググループに入るのではなく、需給管理を自社で行う検討も重要ではないか。

　地域活性化を目的とした事業を実施したけれど、実は地域にあまりお金が落ちなかったということは昔からいろいろなところであった。例えば、工業団地を開発し大企業の工場を誘致して少し雇用は生まれたが、工場で使われる原材料は地域外から調達され、工場の収益も地域外に出て行ってしまうことから思ったほど地元にお金は回らなかったといったケースだ。また、地域にメガソーラーが整備されても、地域外事業者が出資・建設したものであれば、地元には固定資産税と地代くらいしか入らないことに多くの自治体が直面している。自治体新電力では、こういった経験を繰り返してほしくない。地域経済循環を目標とする場合には、「地域による出資」と「業務の内製化による地域在住従業員の雇用」に留意した事業形態が検討されるべきである。

2.5.4　自治体新電力による地域課題解決と低炭素化（シュタットベルケからの示唆）

（1）ドイツのシュタットベルケ

　ドイツの多くの地域では、シュタットベルケという公益事業体が、地域の電力事業、ガス供給、熱供給、交通、上下水道などの社会インフラ事業を包括的に管理・運営している。シュタットベルケは、ドイツ全体で約1,400に上り、電力事業を手がけるものは900を超える[5]。

　シュタットベルケと自治体の関係は様々であるが、多くの場合、自治体が全額

5）平成28年10月28日資源エネルギー庁「電力・ガス産業の将来像〜システム改革後の電力・ガス産業の在り方〜」

第2章　地域付加価値創造分析のケーススタディ

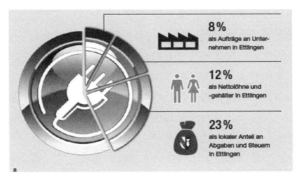

図2-12　エットリンゲンのシュタットベルケのパンフレットでは、電気代の43%が市内に循環する旨がアピールされている。

又は一部出資するが、補助金に頼らない独立採算のケースが多い。また、人材面では、自治体からの出向はなく独自採用が一般的であり、シュタットベルケ内に専門ノウハウが蓄積される。

　ドイツでは、1998年のエネルギー事業法が施行され、電力の全面自由化が実施された。全面自由化から20年が経過するが、シュタットベルケはRWEやE.ONといった大手電力会社と互角に戦うことができている。その理由には、①利益最大化ではなく「市民生活の満足度の最大化」を目的にすることによるブランディング、②地域に密着したサービスの提供、③再エネ活用による環境意識の高い需要家の取り込みが挙げられる。

　シュタットベルケは、地域に雇用を生み出すとともに、その多くが地域企業への発注、地域企業からの資材調達といった地域内経済循環を強く意識している。例えば、エットリンゲンのシュタットベルケ（Stadtwerke Ettlingen Gmbh）においては（**図2-12**）、電気代の43%が市内に循環することがパンフレットでアピールされている[6]。

　また、シュタットベルケにおけるビジネスモデルで注目すべきは、電気事業や

---

6) ラウパッハ・スミヤ　ヨーク　2017年2月6日日独自治体エネルギー会議資料及びhttps://www.buhlsche-muehle.de/fileadmin/pdf/SWE-Standortbericht.pdfより。（図2-12の出典も同じ）なお、ここでの「支払いが循環する」とは、市内企業への発注額全体を含み、これまで議論してきた地域経済付加価値の定義とは異なることに注意が必要。

地域熱供給といったエネルギー事業の収益の一部を赤字部門（交通、公共プールなど）に回すことで、地域課題の解決・地域インフラ維持を行っている点である。株主でもある自治体が、配当の要求を控えめにし、シュタットベルケによる地域インフラ維持を優先することでこのスキームは成り立っている。通常の株式会社であれば、エネルギー部門で得られた収益は、配当として株主に還元され、市民には還元されない。株主はその地域に住んでいるとは限らないため、配当支払は域外への資金流出を意味することが多い。これに対してシュタットベルケでは、上がった収益が、公共交通など市民生活と密接に関係する公益的事業に投じられることで市民に還元される[7]。

このような「市民生活の満足度の最大化」を目指した経営方針は、シュタットベルケを地域のための組織としてブランディングし、結果として市民は（最安値ではない）シュタットベルケの電力を選択することにつながるという好循環を生んでいる。

シュタットベルケの他の特徴として、地域に密着したサービスの提供、再エネ活用による環境意識の高い需要家の取り込みが挙げられるが、ここでは筆者が現地調査を行った2つのシュタットベルケの事例を紹介したい（内容は平成26年の現地調査時）。

〇ハンブルクエネルギー（Hamburg Energie GmbH）

ハンブルクエネルギーは、ハンブルク市の出資[8]により2008年に設立されたシュタットベルケで、再エネ開発を行うとともに、100％再エネ電力を販売しており、10万件以上の顧客を抱える。

また、電力販売とともに多様なエネルギーサービスも提供している。例えば、建物のどこから熱が逃げているかをサーモグラフィーで確認し、窓や屋根の断熱工事の提案などを行う省エネ診断を実施している（電力等を購入している顧客は割引特典もある）。ハンブルクエネルギーとすれば断熱工事や高効率機器の購入につなげることができ、顧客にすれば省エネ化により光熱費が安くなるメリット

7）諸富徹『都市とガバナンス』Vol.26、59-70頁（2016年9月公益財団法人日本都市センター）

8）市の100％出資するHamburger Gesellschaft für Vermögens- und Beteiligungsverwaltung mbH（HGV）の100％出資するHamburger Wasserwerke GmbH（HWW）の100％出資により設立

第2章 地域付加価値創造分析のケーススタディ

左：サーモグラフィーでの省エネ診断（ハンブルクエネルギー公社HPより）
右：ハンブルクエネルギー公社の提供するソーラー屋根台帳（赤、黄、緑の順で太陽光発電に適している屋根を示す）

図2-13　多様なエネルギーサービス

がある。
　また、ハンブルクの広い屋根（30kW以上設置可能なもの）を借り受け、太陽光発電を設置する「屋根借り」事業を行ったり、ハンブルク地域限定で建物ごとに太陽光発電の適性を示す「ソーラー屋根台帳[9]」を公開するなど地域密着の取組みにも積極的である（図2-13）。

○シュタットベルケカールスルーエ（Stadtwerke Karlsruhe）
　シュタトベルケカールスルーエは、カールスルーエ市を中心に電気・ガス・熱供給・水道事業を展開しており、100％再エネ電力である「NatuR」を販売している。「NatuR」の料金は通常電力に比し、1.2セント／kWh程度割高だが、環境意識の高い需要家はこちらを選ぶという。この「NatuR」にさらに4セント／kWh上乗せした「NatuR plus」を購入すると、この上乗せ分が、カールスルーエ地域の学校への太陽光発電設置や小水力発電の導入に充てられる。地域の再エネ普及を後押ししたい顧客への商品と言える。
　また、地域の病院等の屋根を借り、市民から資金を集めて太陽光発電を設置し、売電収益で利回りを上乗せして返済するいわゆる市民出資形式の「屋根借り」も行っている。この方法により、これまで23の建物に計約3MWの太陽光発電が設置された。

9）屋根の大きさや角度、日当たり等を航空測量データから分析し、建物ごとに太陽光発電への適性を示すWEBマップ。

左　市内に地域熱供給のための熱導管（カールスルーエ市HPより）
右　サービスセンターには省エネ機器やエネルギーの啓発展示があり、個別相談もできる

図2-14　シュタットベルケカールスルーエのコジェネレーション

　さらに、シュタットベルケカールスルーエは、市内のコジェネレーション（電熱併給）設備や産業排熱を利用し、整備された熱導管により地域熱供給を行っている。地域熱供給は、熱源の調達と販売を地域で行う必要があるため、地域密着の事業展開を行うシュタットベルケの強みである（図2-14）。

　また、市内にサービスセンターを構えるが、ここではワンストップで電気・ガス・熱供給・水道それぞれの手続きを行うことができる。サービスセンターでは、省エネ機器の実機や解説パネルがあり、具体的な検討に当たっては、各自のエネルギー消費に応じた最適な設備の導入や公的支援などについて職員に相談することができる。

　この他、電気・ガスや水道の料金、カーシェアリングの予約、電気自動車充電スタンドの位置検索、更には市内のニュースやイベントが確認できるスマートフォン用アプリの提供など地域密着の取組は幅広い。

（2）自治体新電力のシュタットベルケモデル展開に向けた注意点と可能性

　少子高齢・人口減少社会にある我が国において、今後も都市機能を維持していくにあたり、前述のエネルギー事業の収益を地域還元する「シュタットベルケモデル」への期待が高まっている。多くの自治体新電力においては、収益の地域還元を打ち出しており、既に電気事業と併せて「見守りサービス」や「災害情報アラート」などの地域課題解決事業を実施している事業者もある。

　自治体新電力は地域密着での事業展開に強みがあり、地域課題解決事業の実施が更なる顧客ロイヤリティ獲得に寄与すると考えられる。一方で、このシュタッ

トベルケモデルの適用には注意点もある。

　まず、ドイツのシュタットベルケは、地域独占である配電事業や地域熱供給事業などにおいて収益を上げ、それを交通などの赤字部門に回す構造になっているが、日本の自治体新電力はこれらの収益源を持たないことに留意が必要だ。日本では、既存の送配電網は一般送配電事業者所有で、特定送配電事業をしようにもコストの高い自営線を新たに設置する必要があり、自治体新電力のほとんどはシュタットベルケの収益源の1つである配電事業を実施していない。また、初期投資が大きく採算性の確保が簡単ではないとされる地域熱供給事業を行う自治体新電力も現れていない。

　次に、シュタットベルケは19世紀から今日までの長い期間をかけてそれぞれの地域で確固たる地位を築いており、黎明期である日本の自治体新電力とは、現時点では資金も人材も認知度も大きな差があることは認識しておかなければならない。

　また、今後の自治体新電力運営については、2020年の容量市場導入に伴う新電力負担の増大、（時期は明示されていないが）多くの自治体新電力の頼みの綱である常時バックアップ契約の廃止[10]、将来的なインバランス料金増大可能性など一連の電力システム改革に伴う制度変更リスクが存在する。

　自治体新電力の場合、地域課題の解決を同時に行うということで訴求力を持たせる面もあるためとても悩ましいが、やはり本業である小売電気事業の経営安定が第一命題であり、投資の必要な地域課題解決事業は時間軸を持って、投資がかからず事業リスクの低い地域課題解決事業や小売電気事業との相乗効果の高い事業は速やかに実施するなど戦略的な事業展開が求められる。

　また、個々のリスクに対応するため、例えば、電力卸売市場の価格に左右されない自前電源の確保（FIT切れ再エネ電源の確保等）、経営戦略に直結する制度変更情報等の自治体新電力・自治体間連携による効果的な共有などを行っていく必要がある。

10）常時バックアップ契約は、旧一般電気事業者と新電力が契約するもので、現在新電力の主な電源調達手段となっている。卸電力市場が未発達な状況における過渡的措置と位置づけられており、将来、廃止することが望ましいとされている。

表 2-7　自治体新電力の小売り電気事業以外の事業

自治体新電力名称	事業内容
浜松新電力（株）（浜松市）	中小企業向け省エネ支援、太陽光発電の保守
ひおき地域エネルギー（株）（日置市）	小水力発電事業
一般社団法人東松島みらいとし機構（東松島市）	特定送配電事業
みやまスマートエネルギー（株）（みやま市）	見守りサービス（電気消費のデータ活用）、商店街活性化のためのワンストップ通販事業 行動科学による省エネ（ナッジ）実証（環境省委託）
いこま市民パワー（株）（生駒市）	事業収益の活用方法を契約者（市民）によるワークショップで検討予定

（3）地域を低炭素化するプレイヤーとしての期待

　個別の注意点はあるにしろ、ドイツのシュタットベルケの多くが電気供給を再エネへの再投資や省エネ診断などと相乗効果をもって実施していることを踏まえると、日本の一定規模の自治体新電力でも、将来的に、再エネ開発、省エネ診断・省エネ機器販売、電気自動車のカーシェアリングなど地域の低炭素に資するエネルギーの多角的事業展開をどうしても期待してしまう。

　既に自治体新電力が行っている小売電気事業以外の事業（**表 2-7**）を見ても、省エネ診断、太陽光発電保守、再エネ開発及びナッジなどは、自治体の省エネ・再エネ施策などとリンクするものであることに気づく。将来的に、自治体新電力は、地域活性化のためのプレイヤーとしての役割だけでなく、地域の低炭素化のためのプレイヤーにもなれる可能性を秘めているのではないだろうか。

　これまで自治体は、地域の低炭素化に向けて、（条例で規制をかける一部の大規模自治体を除き）普及啓発や補助金交付くらいしかできることがなかった。しかしながら、収益性と時間軸を踏まえた検討が大前提だが、将来的には自治体新電力が（ドイツにおけるシュタットベルケのような）自治体の環境政策を担う重要なプレイヤーとなれる可能性があるのではないか。

　特に、自治体新電力による再エネへの再投資に期待したい。再エネ開発事業はFIT価格は下がってきているとはいえ、固定価格買取制度のもとマーケティング等が不要な事業であり、他の地域活性化事業と比べリスクは低いと言える。また地域の低炭素化にも資する公益のある事業でもあり、自治体新電力だからこそ

図 2-15　再エネへの再投資サイクルの拡大に期待

の事業として広がってほしい（発電事業には多額の資金調達や小売電気事業とは異なるノウハウが必要になることから、自治体新電力自らが直接全て行わず、出資した別会社で他社と連携して実施するなどの工夫が必要である）。さらには、地域の再エネ電気（FIT 電気ではない生グリーン電気）を調達し、地域再エネの電気メニューを作って販売するなどの自治体新電力による再エネへの再投資のサイクルが広がることを期待したい（図 2-15）。

2.5.5　自治体新電力への期待

　一般的に電気販売事業は薄利であるため、自治体新電力事業のみで、大規模な雇用や大幅な稼ぎが出て地域創生が達成されるとは考えにくい。しかしながら、自治体新電力は発電事業者から電力を調達し需要家に販売する事業形態であり、発電設備を必ずしも開発・所有する必要がないため大きな初期投資が不要である。また、電気供給の対象を絞れば高度なマーケティングも不要であり、公共施設のみで採算ラインと言われる契約電力 5 MW を超えることも多く、まずは公共施設等から始めるといったスモールスタートが可能といった特徴もある。

　さらに、自治体新電力業務が軌道に乗った後には、自治体新電力が再生可能エネルギー開発事業など新電力事業と相乗効果が高い事業を展開し、さらに地域の稼ぎを向上させたり、地域の課題解決の担い手になったりしていくことも期待できる。

　他の地域活性化事業と比較して、自治体新電力は成功確率の高い事業の 1 つに成り得るのではないか。全国の自治体新電力が、地域活性化や地域の低炭素化に貢献していくことを期待せずにはいられない。

2.6 再生可能エネルギーの地域付加価値分析—長野県を対象としたケーススタディ

ラウパッハ=スミヤ ヨーク・小川祐貴

本章ではここまで、地域付加価値創造分析を様々な再エネ事業に適用し、それぞれの事業が地域社会にもたらす経済的な付加価値の規模や、その構造について評価してきた。しかし、地域付加価値創造分析の活用領域は個別事業の評価に留まらない。地域内に多数存在する事業の付加価値を積み上げ、これまでの政策によって生じた地域付加価値を評価することも可能である。さらに、一定の想定のもとで、将来に向けた政策や目標によって創出される地域付加価値を評価し、政策のあり方について検討する上で有益な情報を提供することも可能である。本節では、長野県を事例として取り上げ、比較的広い地域を対象とした地域付加価値創造分析の適用例を示すとともに、将来に向けた政策検討に地域付加価値創造分析を活かす方法も提示する。

2.6.1 長野県の環境エネルギー戦略

長野県は日本の中央に位置する、人口200万人あまりの都道府県である。1998年の冬季オリンピック会場となったことでも知られ、47都道府県で4番目に広い面積（1360万 km^2）を有するが、そのうちの80%は森林となっている。（長野県ホームページ）。

2013年に長野県は第3次長野県地球温暖化防止県民計画として長野県環境エネルギー戦略を公表した（長野県、2013）。県は CO_2 削減目標として1990年を基準に、2020年までに10%、2030年までに30%、そして2050年までに80%削減することを目標として掲げている。この目標を達成するため、様々な施策を用いて最終エネルギー消費量を186,000TJ（2010年）から2050年には40%削減し、112,000TJ とすることを目指している（図2-16）。2050年時点での最終エネルギー消費のうち、41%は再エネによってまかなうことが想定されている。その内訳は電力が26,143TJ、熱が19,376TJ、そしてバイオ燃料による交通部門へのエネルギー供給が696TJとなっている。長野県環境エネルギー戦略にはこうした長期目標だけでなく、2020年を目標年度とする短期目標、2030年を目標年度とする中期目標も盛り込まれている。こうした明確なマイルストーンと、包括的なアクシ

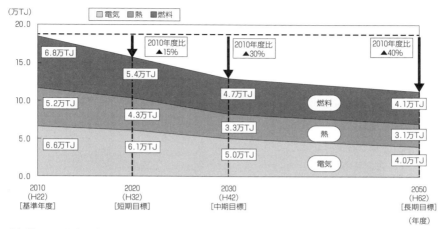

(出所)長野県(2013)、24頁。

図2-16　長野県環境エネルギー戦略における主要な政策目標

ョンプラン、広範な施策を盛り込んだ詳細なロードマップとなっていることが、長野県環境エネルギー戦略の特長と言える（田中、2018）。

再エネ種別の目標は2020年、2030年、2050年のそれぞれについて、発電・発熱容量で定められている。長らく、県の主要な再エネ電源は水力発電であった。しかし、長野県は2030年までに新たな再エネとして、2GWの電源と260,000石油換算kLに相当する熱源を導入する計画を打ち出している。2050年時点ではこの目標がそれぞれ3GW、500,000石油換算kLとなっている。再エネ電源の主役は太陽光発電であり、木質バイオマス発電や小水力発電が補完的な位置づけとなっている。一方、再エネを活用した熱供給源としては木質バイオマスと太陽熱が主役となっている（表2-8）。

2.6.2　長野県におけるこれまでの再エネ導入による地域付加価値

長野県は環境エネルギー戦略の中で、県の産業連関表を用いて短期目標の達成に伴う経済波及効果の試算を行っている。一方で、特にFIT制度が開始されて以降、長野県でも太陽光発電を中心にすでに多くの再エネ電源が導入されている。しかし、そのことによってどれだけの経済効果があったかについては明確でなかった。そこで筆者らが、長野県庁から再エネ導入拡大が県の経済に与えた経済的

表2-8　再エネ種別容量目標

(単位：万kW)

分類	2010年度	2020年度	2030年度	2050年度
太陽光発電	9.88	145.1	187	269.5
小水力発電	0	1.2	5.2	14.1
バイオマス発電	0.64	3.2	5.7	10.8
風力発電	0.0653	0.5	1.6	4
地熱発電	0	0	0.3	0.9
温泉熱発電	0	0	0.2	0.7
既存小水力	95.88	95.88	95.88	95.88
既存一般水力	67.45	67.45	67.45	67.45

(出所) 長野県内部資料。

な影響を評価するよう依頼を受けたのが本分析のきっかけである。本節では、2000年から2015年までの再エネ導入による地域付加価値の分析を行うとともに、2030年の目標に基づく長期的な地域付加価値の予測も実施した。現時点での再エネの普及状況に基づく分析では、長野県庁からもデータの提供を受けている。このデータは県が独自に収集してきたもので、2000年以降に導入された再エネについて設備ごとに、エネルギー種別、設備容量、所有者の種別や所有権構造、投資費用などを記録している。分析に際してはこうしたデータと、経済産業省が公表しているFIT制度の統計の両方を参照している。県が収集したデータは多岐に渡る詳細な情報を有しているが、県内で導入された全ての設備をカバーするものではない。そこでトータルの導入量が経済産業省による統計と整合するよう、一定の想定を置いて拡大推計し、県の実態により近い地域付加価値が算出されるよう配慮した。

2000年から2015年までの期間を対象とした地域付加価値創造分析のポイントは次の3点である：

2000年から2015年までに長野県では約1GWの再エネが導入されており、それに伴って3,600億円が投資された。そのうちおよそ95％（953MW）が太陽光発電であり、続いて小水力発電（46MW）、バイオマス発電（30MW）が続く。太陽光発電のうち68％（646MW）は50kW未満の小規模な設備であり、1MW以上の大規模な設備は太陽光発電全体の9％（80MW）あまりを占めるに過ぎない。

また県のデータによれば、県内で導入された太陽光発電の所有権のうち89％が地域の主体に帰属すると見られる。

2015年までに導入された再エネにより、2034年までに累積で6,300億円の売上が得られると見込まれる。この売上のうち、地域付加価値は累積で2,180億円と推計された。地域付加価値のうち1,540億円は運転維持段階で生じる（**図2-17**参照）。

電源種別に見ると、太陽光発電が生み出す地域付加価値が最大で、2000年から2034年までに生じる地域付加価値の78％（1,710億円）は太陽光発電に由来するものとなっている。しかし、小水力発電やバイオマス発電は太陽光発電と比べて圧倒的に設備容量が小さいにも関わらず、一定の地域付加価値（小水力発電：390億円、バイオマス発電：80億円）を生み出していることが読み取れる（**図2-18**参照）。

雇用面では、投資段階で約5,700人分の雇用が生じているが、運転維持段階でのサービスや維持管理による雇用創出は分析対象とした期間の平均で約460人分と推計されており、設備が稼働してからの雇用効果が大きくないことも分かる。従って雇用を維持していくためには、継続的に再エネへの投資を行う、耐用年数を過ぎた設備についてもリプレース（再投資）を実施する、といった取組が有効であると考えられる。

事業運営段階に着目すると、売上に対する地域付加価値の割合が25％と比較的小さいことが見てとれる。これは、売上のうち地域付加価値に転化する割合が4分の1に留まることを意味しており、売上がそのまま地域に対する経済的な便益に繋がっていないことに注意が必要である。このように地域付加価値率が低くなっている要因は、地域付加価値合計のうち、事業者の利益が25％（550億円）とかなり低い割合である一方、個人所得（41％、890億円）や地方税収（34％、740億円）がより大きな割合を占めていることである（図2-18）。地域付加価値の配分がこのように個人や税収に偏っている背景には、FIT制度開始以前の2008年から2012年までに導入された太陽光発電が比較的大きな割合を占めていることがある。こうした事業は、FIT制度導入以降に実施された事業よりも投資費用が大きく、長期に渡って高額の減価償却費を負担しなくてはならない。そのため運転維持段階で生じる付加価値が小さくなってしまうのである。

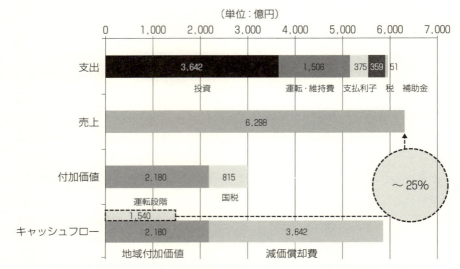

図2-17　長野県における地域付加価値創造分析の結果（2000〜2034年・累積）

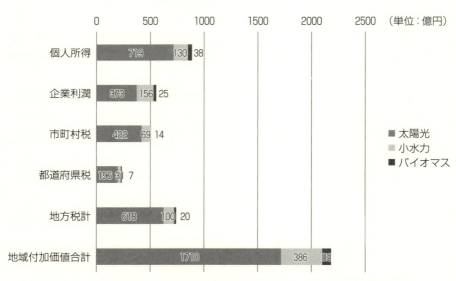

図2-18　長野県における再エネの電源別地域付加価値（2000〜2034年・累積）

2.6.3 将来の再エネ導入を想定した地域付加価値の評価

前節では、長野県においてすでに実施されている再エネ事業を対象とした分析を示した。本節では、長野県環境エネルギー戦略で想定されている、2015年から2030年までの再エネ導入量を基に、2050年までの長期における地域付加価値についてシミュレーションした結果を示す。これまでのケーススタディで示してきたように、再エネ事業は個々の事業規模やオーナーシップのあり方によって、地域にもたらす経済的な付加価値が大きく異なる。将来の再エネ導入については、導入される設備の総量が同じであったとしても、導入される設備の規模やオーナーシップのあり方が異なることも考えられる。そこで、本分析では代表的な2つのシナリオを設定し、それぞれを比較分析することで、地域にとって望ましい再エネ導入のあり方を実現するような政策検討に繋げてゆく。

分析にあたっては、まず再エネ種別に2015年から2030年までの毎年について、どれだけの設備容量が追加されるかを設定しなくてはならない。今回の分析で活用したモデルでは、再エネ電源と再エネ熱源について合計で15種類の技術に関する標準データセットを用意している（太陽光発電：5種、風力発電：1種、小水力発電：3種、木質バイオマス：6種、木質バイオマスにはCHPや熱供給設備を含む）。環境エネルギー戦略の目標値をもとに、これらの各エネルギー種について各年に導入される設備容量を設定した。なお地熱や太陽熱については、今回の分析に適用しうる十分な精度のデータが得られなかったため、分析対象外としている。

将来の再エネ導入については、特に太陽光発電の規模や所有権のあり方に着目した2種類のシナリオを用意した。シナリオ#1は、県外企業による大規模なメガソーラー（1MW以上）の開発・所有・運転が、長野県における再エネ普及を牽引すると想定するシナリオである。シナリオ#2は、地域主体によって開発・所有・運転される中小規模（50kW未満）の太陽光発電が、長野県における再エネ導入を牽引すると想定するシナリオである。このように2種類のシナリオを用意したのは、再エネの導入量が同じであっても、導入の形態によって県内の再エネを取り巻く社会状況が全く違うものとなり、県内の主体に帰属する経済付加価値も大きく異なるためである。

現時点の統計によれば、長野県内ですでにFIT制度の認定を受けている事業

の多くは大規模なメガソーラー事業である。こうした大規模事業の多くは県外企業による事業であることも多く、地域主体や環境団体から強い反発が生じている。FIT制度による認定を受けている、2012年7月以降に新設された太陽光発電の設備容量は、2016年10月時点で1.9GWに上っている。しかし、そのうちで運転を開始しているものは0.8GW（41%）に留まっている（資源エネルギー庁ホームページ）。すなわち、依然として運転を開始していない設備が1.1GWもあることになる。加えて、未稼働の認定案件のうち約0.6GWが1MW以上の大規模事業となっている。

　環境エネルギー戦略では、2015年から2030年にかけて約1.4GWの太陽光発電を導入すると想定しており、シナリオ#1・#2ともこれと同じだけの設備容量を導入すると想定している。しかしシナリオ#1・#2では、導入を牽引する事業の規模や所有者が異なる。シナリオ#1では、すでにFIT制度による認定を受けた大規模事業が全て稼働するが、今後は地域からの反発や環境影響への懸念を背景に大規模事業の開発は進まないものと仮定した。よって設備容量ベースでは、2015年以降に新設される太陽光発電設備のうち、40%あまりにあたる0.6GWを大規模事業によるものと想定している。一方でシナリオ#2では、すでに認定を受けた案件であっても稼働に至らないものも多数生じると仮定している。そのため県全体の新規導入容量に占める大規模事業の割合は9%（約130MW）に留まる。その代わりに、太陽光発電のうち3分の2（約0.9GW）を50kW未満の小規模な事業が占めると想定した。小規模な事業には、一般家庭に設置される屋根置きの太陽光発電も数多く含まれる。この2つのシナリオに基づく、長期的な地域付加価値の将来推計結果をまとめたものが図2-19である。

　2030年までに想定されている再エネ導入に必要な投資額は、2,360億円（シナリオ#1）から3,610億円（シナリオ#2）と推計される。シナリオ#2の方で投資額が大きくなっているのは、シナリオ#2が小規模な太陽光発電を中心とするシナリオとなっており、導入にかかる費用がより大きいためである。一方で売上に目を転じると、2050年までの累積で、シナリオ#1では7,380億円、シナリオ#2では9,760億円と推計され、こちらもシナリオ#2の方が大きい。この差異は、大規模事業と小規模事業で発電した電力の買取価格が異なることと、シナリオ#2では個人住宅に設置された太陽光発電の自家消費が大きくなっていることに起因する。本分析では、太陽光発電によって発電した電力のうち自家消費分につ

第2章　地域付加価値創造分析のケーススタディ

	シナリオ#1	シナリオ#2
地域付加価値	3,754億円	4,421億円
県外流出分	692億円	240億円
地域内所得	1,407億円	1,360億円
雇用（2020～2030年の平均）	1,233人/年	1,168人/年
地域内企業利潤	1,659億円	2,315億円
地域税収	634億円	681億円
固定資産税	181億円	129億円

図2-19　長野県における2050年までの地域付加価値推計──2015～2030年における投資に基づくシナリオ比較

いて、節約した小売電気料金を売上として捉えている。FIT制度の調達価格等算定委員会の想定に従い、住宅用太陽光発電の自家消費比率は30%と想定している。また自家消費される電力の単価は、家庭向けの小売価格に等しいものとして評価した。

　将来のシステムコストやFIT価格も、将来に生じる地域付加価値を推計する上で非常に重要な要素である。本節では、再エネのシステムコストについて、技術ごとに政府やNEDO等の研究機関が示している将来予測を参照している。また、FIT価格はシステム価格の低減に伴って引き下げられていくと想定している。こうした予測に従うと、近い将来、住宅用太陽光発電の発電費用が家庭向けの電力小売価格を下回る、グリッドパリティの実現が確実となっている。グリッドパリティが実現すれば、小売電気事業者から電力を購入するよりも太陽光発電に投資して自家発電する方が安価となり、一般家庭にとって自家消費がより魅力的な選択肢となっていく。大規模な太陽光発電事業では、このように自家消費によって太陽光発電の価値が高まることはない。大規模事業は全量をFIT価格で売電しなくてはならないが、FIT価格は産業用の小売価格をも下回る水準に引き下げられ、最終的にはFIT制度からも自立して、卸売市場における取引価格で売電することになる。

　先述した2つのシナリオや将来のシステムコストに基づいて分析した結果、2015年から2050年までの累積地域付加価値は、シナリオ#1で3,750億円（売上：7,380億円）、シナリオ#2で4,420億円（売上：9,760億円）と推計された。売上

に対する地域付加価値比率はシナリオ＃1の方が高い。なぜなら、大規模な太陽光発電事業の方が利益率が相対的に高いためである。しかし地域付加価値の絶対額ではシナリオ＃2の方が高い。なぜなら、売上がより大きく、さらに小規模な事業は地域主体が所有しているものが多いためである。

　付加価値の帰属先に着目すると、シナリオ＃1では700億円近くの付加価値が長野県から流出している。そのうちの多くは、大規模な事業に投資した県外企業の事業利益である。それに対して地域主体が保有する小規模な事業では、事業利益のほとんどが県内に残る。地域付加価値のうち個人所得の額（約1,400億円）や、雇用効果の平均規模（2020年から2030年に1,100〜1,200人程度）に大きな差異はない。また地域付加価値のうち地方税収も630億円（シナリオ＃1）から680億円（シナリオ＃2）と、こちらもそれほど大きな差異はない。ただし固定資産税はシナリオ＃1（180億円）の方がシナリオ＃2（130億円）よりも大きくなっている。これは住宅用の小規模な太陽光発電設備が固定資産税の課税対象とされないためである。

　再エネ導入は設備容量で見ると太陽光発電が中心だが、累積地域付加価値で見ると小水力発電や木質バイオマスエネルギーも、相対的に大きなシェアを占めている（**図2-20**）。その要因は次の3点である。第1に、水力発電やバイオマスエネルギーは太陽光発電と比較して導入容量 kW あたりに生産するエネルギー量が多い。第2に、小水力発電やバイオマスエネルギーに適用される FIT 価格は大規模太陽光発電よりも高く、長期に渡って魅力的な水準であり続けることが挙げられる。FIT 価格が高ければ、小水力発電やバイオマスエネルギー事業の IRR（内部収益率）はより高くなり、太陽光発電事業よりも収益性が高くなる。第3に、バイオマスエネルギーについては、燃料の供給でも追加的に地域付加価値や雇用が生じる。

　さらに、分析からは、政策立案に対して重要な示唆が得られる：

　まず、分析から、目標とされている再エネ導入量は環境エネルギー戦略の長期目標と整合することが確認された。しかし、2020年までの短期的な目標はかなり野心的である。2017年から2020年までに500MWもの設備容量を追加する必要があるためである。また、そのほとんどは太陽光発電と想定されている。この目標値を達成するためには、毎年新たに導入される設備容量が、FIT制度開始直後の太陽光発電ブームに匹敵する規模でなくてはならない。しかし、ここ最近の

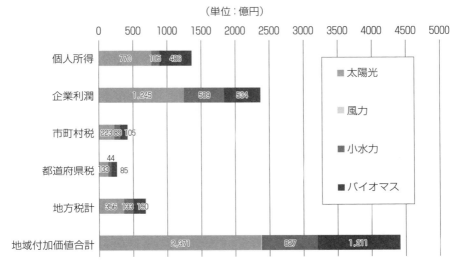

図2-20 2050年までの再エネ種別・累積地域付加価値構造

FIT価格の低減と、それに伴う太陽光発電事業の新規案件の減少、大規模太陽光発電事業に対する地域の反発を考慮すると、それほどまでに高い成長率を維持するのは現実的ではないように思われる。一方で2020年から2030年までの期間についての再エネ導入目標は比較的保守的と言える。

どのような太陽光発電設備を、いつ、どれだけ導入するか、というテーマは県にとって大きな政策的課題となっている。前述のように、長野県では数多くのFIT認定済み大規模太陽光発電事業が存在する。しかし、こうした事業は地域から大きな反発を受けており、県外企業が主体となって実施する場合には、県にもたらす地域付加価値が小さい。

一方で、地域主体はFIT制度以前から太陽光発電事業を実施していることもあり、小規模な太陽光発電事業については、投資回収に長期間を要することを経験している。こうした経験と、FIT制度による買取価格の大幅な低減を背景に、投資家の投資意欲は減退している。県は地域主体が所有する小規模な事業を広めることを指向しており、より厳しい条例を制定しようとしている。しかし、良好な投資環境を整備し、投資家の意識を転換する必要もある。そのため大規模事業による経済的な利得と地域住民の利害をどうバランスさせるか、という課題にも

直面している。

　地域付加価値創造分析からは、自家消費モデルが家庭にとってますます魅力的なものとなっていくことも明らかとなった。自家消費モデルとしては各家庭内の設備を活用する方法や、地域単位で統合されたマイクログリッドを活用する方法などが考えられる。筆者らは長野県庁に対し、地域で太陽光発電事業を実施し、発電した電力を自ら消費することが長期的に魅力的な選択肢となる、政策手段ないしインセンティブ構造の提案を行った。その内容は大きく分けて2点ある。1点目は、住宅の断熱や蓄エネルギー設備に対する補助金と、自家消費を目的とする小規模な太陽光発電設備への投資とを結びつけることである。2点目は地域で行政と民間とが連携して電力小売事業を展開し、民間の家庭とも連携して、一定程度独立したバーチャル・パワー・プラントや、地域単位で統合されたマイクログリッドを構築していくことである。

　熱も重要な分野である。現在計画されている再エネ熱の拡大は設備容量ベースで60MWとされているが、これだけでは長期的な目標を達成するには不十分である。また、地域付加価値創造分析からは、薪ストーブやチップボイラー、ペレットボイラーといった熱のみを供給する事業について、現時点では採算性に難があることが分かっている。その主な要因は、熱供給設備の投資費用が相対的に高いことや、日本国内における直近の化石燃料価格が低いことである。ただし、事業そのものの採算性が厳しくても一定の雇用効果が生じるため、設備容量あたりの地域付加価値は小さくない。加えて、長野県は開発の余地がある広大な森林資源を有している。こうした長野県の現状と、近年の技術的な発展やFIT価格を勘案し、筆者らは長野県庁に対して、CHPを核とする地域熱供給システムの開発戦略を策定することを提案した。

　CHPは近年、発電・発熱効率が向上しており、それに伴って事業収益性も向上している。ヨーロッパではCHP技術と地域熱供給網との組み合わせが、地方部だけでなく都市部でも大きな広がりを見せている。日本でも地域熱供給網は関心を集めているが、導入例は少なく、モデルとして実施されたものが数例あるのみである。CHP技術の導入と地域熱供給網とを推進していくためには様々な政策課題が存在する。第1に、地域熱供給網の整備は、病院や温浴施設、学校や役所などの公共施設も含めた都市計画の中に位置づけられる必要がある。第2に、費用効率的な燃料の供給を安定して確保するため、森林整備に関する政策と強く

連携している必要がある。第3に、新たな熱供給技術に投資し、熱供給網に家庭や事業者の接続を呼び込むために、強力なインセンティブや説得的なコミュニケーションが求められる。家庭や事業者が熱供給網に接続する場合には、一般的な独立型の熱供給システムを廃止してもらう必要が生じる。これらの政策課題を総合すると、地域熱供給を実現するためには県庁における様々な部署間での緊密な連携が必要となるだけでなく、森林組合や事業者、家庭、金融機関や地方議会など多様な利害関係者との連携や調整が必要になるだろう。

　長野県におけるケーススタディは、地域付加価値創造分析を地域の長期的な環境・エネルギー政策の構築にどのように活用するか、という例を示すものである。地域付加価値創造分析によって、政策が地域の経済にどのような影響を与えるかを評価することが可能となる。また、想定しうる異なるシナリオ間での比較を行うこともできる。それによって政策の実施において重要となるポイントを明らかにし、課題への対策を検討することも可能となる。

　今回のケーススタディからは、信頼性が高く、意義のある結果を得るために、信頼性の高いデータを得ることが重要となることも確認された。再エネの設備容量や地域におけるバリュー・チェーンの構造に関するデータは特に重要である。長野県はこうした分析に必要なデータを整備していることに加え、定量的な目標を含めた地域の環境・エネルギー戦略に関する包括的なマスタープランを有していることから、地域の環境・エネルギー政策策定におけるベストプラクティスと言えるだろう。

参考文献
長野県ホームページ　http://www.pref.nagano.lg.jp/index.html（2018年2月15日アクセス）
長野県（2013）「長野県環境エネルギー戦略—第3次　長野県地球温暖化防止県民計画」2013年2月　http://www.pref.nagano.lg.jp/ontai/kurashi/ondanka/shisaku/documents/00zenbun_1.pdf（2018.2.15アクセス）
田中信一郎『信州はエネルギーシフトする』築地書館、2018年。
資源エネルギー庁ホームページ「なっとく再生可能エネルギー」www.enecho.meti.go.jp/category/saving_and_new/saiene/（2018.2.15アクセス）

第3章 | **再エネの地域付加価値創造分析を自治体レベルで活用する**
日本でのケーススタディからの示唆

ラウパッハ＝スミヤ ヨーク・小川祐貴

3.1　日本における再エネの現状—地域レベルでのチャンスと課題

　2012年7月にFIT制度が導入されて以降、日本では再エネ投資に火がついた。2017年3月時点で、FIT認定済み再エネ電源の設備容量は105GWにも上り、そのうち35GWが既に運転を開始している（資源エネルギー庁ホームページ）。2012年から2016年の間で、日本における再エネへの投資は1,300億円に上り、中国、米国に次いで世界第3位の水準となった（UNEP, 2017）[1]。2016年には、再エネ（水力を除く）による発電電力量が総発電量の9％を占めるようになっている。水力を含めるとその割合は15％まで上昇する（ISEP, 2018）。なお、日本政府は、2030年までに再エネが国内の発電電力量に占めるシェアを20～22％にまで引き上げることを目標としている（経済産業省、2015）[2]。

　しかし、再エネへの投資についてのブームは失速しており、2016年の投資は前年比56％減と大きく落ち込んだ。その要因は、日本の再エネ政策が根本から見直されたことにある（経済産業省、2017）。いかに再エネと電力市場や電力系統との統合を進めるか、日本における再エネのシステムコストや運転維持費が海外と比べて高い水準にある現状をどう改善するか、急増するFIT賦課金をどう抑制するか、再エネ事業に対する地域の反発にどう対処するか、など、日本では今後

1）UNEP（2013～2017）に基づく筆者計算
　own calculation based on UNEP reports from 2013～2017（UNEP, 2013～2017）
2）この目標はむしろ保守的であるとの批判が環境省から、またグリーンピース、WWFジャパンといった様々なNGOからも寄せられている。

の再エネ普及の障害となりうる要因が数多く存在する。そのため、近年では日本における再エネの見通しについて懐疑的な世論が高まりつつある（エネルギー総合工学研究所、2016）。

　東京や海外に拠点を置く主体による大規模な太陽光発電事業の場合は、特に地域の反発が目立つ。大規模太陽光発電事業について、地域住民は、地域の景観や安全性、環境への負の影響にさらされるリスクを負う。しかし、地域外の主体が事業を開発する場合は、そのリスクに見合った経済的な利得を得ることはない。そのため、地域住民は域外主体による大規模事業に反発する（山下、2017）。

　厳格な環境アセスメントや建築基準など行政による規制が、風力や小水力、バイオマス、地熱といった、太陽光発電以外の再エネのシェアが低いままであることに繋がっている。しかし、地域の反発も、こうした規制と同様に再エネ拡大の障害となっている。大規模な木質バイオマス発電事業（多くは10MW以上）では、燃料供給の不足や地域の森林破壊に対する懸念から、地域の反対が生じている。また、マレーシアやインドネシアのパームヤシから製造されたチップの輸入に対する反発も大きくなっている。小水力発電の場合は、地域住民が水利権や環境に対する負の影響を懸念する場合が多い。地熱発電事業に対しては、地域の温泉所有者が地熱資源の枯渇に対して懸念を示し、事業に反対することが多い。風力発電は特に地域の反発が根強い電源である。日本でも最大の環境NGO、日本野鳥の会はこれまでに、風力発電に対する地域の反対を組織することに成功してきた（丸山、2014）。その結果、自治体は市民からのプレッシャーを受けることとなり、条例で国の法律よりも厳しい規制を設け、再エネ事業を中止させたり小規模なものにさせたりする自治体も出てきている。

　しかし同時に、日本政府も自治体も、再エネが地域経済の活性化や地域の発展に寄与する大きなポテンシャルを秘めていることも認識しつつある。地域経済の活性化は、安倍政権における経済政策の重点分野とされ、様々な省庁や政府系機関が地域での再エネ事業を推進するための政策や補助制度を打ち出している（内閣官房ホームページ）。多くの自治体首長も地域での再エネ普及に積極的であり、気候変動を防止する観点だけでなく、地域の雇用やビジネス、金融に対しての波及効果を期待している（山下他、2018）。

　こうした現状を鑑みると、個別の地域や自治体に適した政策を策定し、地域の主体に対して説得的なコミュニケーションを展開することが、日本で再エネを普

及させていくために必要不可欠であると考えられる。地域で再エネを拡大するための取り組み、特に自治体が主導する政策形成や政策実現を、いかに効果的に支援するかが課題となる。前述の通り、国内で再エネに対して懸念を示す世論が高まっていることや、地域住民からの反発が広がっていることが、日本における再エネ関連の投資に対するハードルを高めている。これまでに紹介してきたケーススタディは、再エネの地域付加価値創造分析が政策形成や地域における利害関係者とのコミュニケーションにおいて、効果的な手法となることを示している。以下では、地域付加価値創造分析が自治体レベルでの政策形成や意志決定プロセスをどのように支援できるか、どのように利害関係者との調整や合意形成に寄与できるか、そして自治体のコミュニケーション戦略にどう組み入れられるべきか、について考察を加える。

3.2 地域で地域付加価値創造を適用すべき4つの分野

これまでに紹介してきたケーススタディから、次の4つの分野で再エネの地域付加価値創造が実践的かつ効果的に、再エネに関する政策形成や意志決定をサポートできることが明らかになってきた。その4つの分野とは:

① 地域付加価値創造を特定の地域におけるエネルギー関連の包括的な現状評価に適用する。
② 地域付加価値創造を、特定地域における総合的な再エネ事業に関する長期的な経済影響評価に用いる。
③ 地域における長期的な気候変動対策やエネルギー戦略の策定、シナリオ検討に地域付加価値創造を適用する。
④ 地域付加価値創造を、地域において再エネを推進する際に実施する地域の利害関係者との対話やコミュニケーション戦略の要素として組み込む。

3.2.1 地域におけるエネルギー関連の包括的な現状評価

地域付加価値創造を地域の現状評価に適用した例が、長野県飯田市に関する分析である。気候変動防止や環境会計、環境ガバナンスに関する豊富な実績を有する飯田市は、省エネや再エネへの投資を推進する長期エネルギー戦略の策定を目指している（諸富、2015）。包括的で効果的なエネルギー戦略なしに、飯田市が

温室効果ガスの長期削減目標を達成するのは難しい、ということも明らかになってきている。筆者らは飯田市において、電力に着目してエネルギーに関する取り組み全体を評価し、2000年以降の再エネ普及による環境・経済への影響を評価するよう依頼を受けた。そのために市役所から、市内における再エネの普及状況について、設備容量や初期投資コスト、所有権構造、補助制度適用の有無、地域におけるエネルギー消費に関する詳細なデータの提供を受けた。こうしたデータを日本政府が公表しているFIT関連統計などにより補完し、分析を実施した。

分析により明らかになった事項のうち、特に重要な点は以下の通りである：

飯田市における家庭部門、業務部門、産業部門の電力消費量合計は年間約693TWh（利用可能なデータは2012年のみ）であり、うち255TWhは家庭部門の、438TWhは業務部門と産業部門の消費となっている。家庭部門に対する小売電気料金を25円/kWh、業務部門や産業部門に対する小売電気料金を15円/kWhと仮定すると、年間の電力料金は市全体で約11億円にも上ると推計される（電気料金については飯田市を管轄する中部電力の料金単価から設定した）。

2015年末時点で42MWの再エネが稼動しており、その全てが太陽光発電である。小規模（10kW未満）の住宅用屋根置き設備が全体の40％近く（17MW）を占め、約36％（15MW）も10～50kWの小規模な設備となっている。以下、50～500kWの設備が約14％（6MW）、500～1,000kWの設備が約7％（3MW）と続き、1MW以上の大規模な設備は約2％（1MW）のシェアを占めるに過ぎない。そのため、家庭や中小企業が再エネへの投資の大部分を担っており、その額は累積で174億円（市の補助金3億円を含む）にも上る。これは再エネへの投資の大部分が地域の主体によって拠出されていることを意味しており、地域主体が所有権のほとんどを有していることを示唆している。

10kW以上の設備のほとんどはFIT制度導入後に稼動を開始しているのに対し、10kW未満の設備のうち約3分の2はFIT制度開始以前に稼動を開始し、後にFIT制度による助成に移行している点は特筆に値する。特に2008～2012年には、RPS制度と飯田市による補助制度により、住宅用太陽光発電が8MWも導入された（諸富、2015）。2008～2012年の総投資額は約31億円と推計され、2000～2015年の総投資額の18％にも及ぶ。現在では、住宅用太陽光発電の設備数は3,958にも及び、飯田市における世帯数（39,739世帯）の10％にほぼ等しい水準となっている。

第3章　再エネの地域付加価値創造分析を自治体レベルで活用する

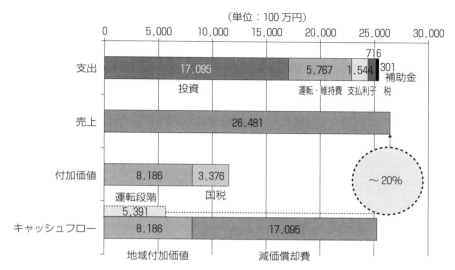

図3-1　飯田市における再エネによる累積地域付加価値（2000〜2035年）

　太陽光発電による発電電力量は2015年で合わせて45MWhとなった。これは市内における総電力消費量の6.5％、家庭部門の電力消費量の17.7％に当たる。2000〜2034年（全ての設備のFIT適用が2034年に終了する）までの全期間を通して見ると、これらの設備による売上の総計は265億円と推計される。

　2000〜2015年までに実施された42MWの太陽光発電設備導入による投資と、それらの設備の2000〜2034年までの運転維持によって生じる地域付加価値の総計は82億円と推計される。うち27億円は投資段階で、54億円は運転維持段階で発生する（図3-1）。これは売上のうち20％が地域付加価値として実現することを意味する。地域付加価値のうち35億円は個人所得として実現するが、そのうち18億円が投資段階で、17億円が事業運営段階で生じる。地域付加価値のうち24億円は地方税収として実現し、うち21億円が事業運営段階で生じる。また地方税収のうち8億円は固定資産税によるものである。地域付加価値のうち19億円は事業者の利潤として実現するが、このほとんどは再エネ事業者の利潤である。

　年ごとに生じる地域付加価値は、1億円から8億円まで大きく変動するが、飯田市における年間の電力料金110億円と比較すると、再エネによる地域の発電事業を通じて電力料金の1〜6.5％を取り戻していると言える。年間の地域付加価

値が変動する要因は、年によって大きく異なる減価償却費負担にある。特にFIT制度開始以前に導入された設備は導入時のシステムコストが高く、減価償却費負担が大きくなる傾向にある。

飯田市における再エネ普及による地域付加価値の分析結果はどのように解釈すべきだろうか。またこれらの結果から、飯田市における今後の包括的なエネルギー戦略を策定する上で、どのような示唆を引き出せるだろうか。筆者らは次のような論点を提示する：

第1に、地域が非常に高い水準で事業の所有権を有しており、小規模な設備が普及の中心となっていることが、地域付加価値の源泉となっている。小規模な事業であれば、地域の事業者が（資金調達も含めて）開発することが可能であり、事業による利潤も地域に残る。

飯田市がエネルギーを自給するという目標を達成するまでは、依然として長い道のりが控えている。よってこれから策定するエネルギーマスタープランは、「再エネ普及についての技術別・規模別に明確な目標」「ソーラーマッピングや再エネに関するゾーニング、自治体が再エネ導入において先導的な役割を果たす、などの公的支援のあり方」「明確な規制基準やインセンティブ構造」「利害関係者が適切に動機づけられるような説得的なコミュニケーション戦略」を包含する、詳細なものである必要がある。太陽光発電についても依然として大きなポテンシャルが残っているが、それ以外の再エネ、特に小水力や木質バイオマスについても積極的な検討が必要である。また冷暖房に関する戦略も盛り込む必要があるだろう。

再エネ投資による「レガシー」がもたらす様々な帰結にどう対応するか、ということも重要な論点である。地域付加価値分析により、FIT制度以前に稼動開始した小規模な太陽光発電は収益率が低く、投資の回収に長期間かかることが明らかとなった。収益率が低いことは、売上に対する地域付加価値比率が20％と、相対的に低いことの原因ともなっている。特に、2009～2012年までの太陽光発電ブームの間に投資された住宅用太陽光発電が地域付加価値を押し下げている。この間はシステム費用が50～60万円/kWとなっており、投資回収が難しくなっている。稼動中の全ての設備が利益を生むようになるのは2030年以降であり、10kW未満の設備の多くは市からの補助金があるにも関わらず20年の運転期間では、初期投資を回収することができない。家庭の再エネ導入は収益にだけ動機づ

けられているわけでなく、環境や安全性に対する意識が再エネ導入につながってきた。こうした家庭の意識についても、将来のエネルギー戦略に織り込む必要がある。

　飯田市でのエネルギー政策を検討する上では、近々（2018年以降）FIT制度による助成の対象外となり、かつ初期投資を回収しきっていない家庭の太陽光発電設備に対して、何らかの補助を行うかという点も重要な論点となる。家庭用太陽光発電設備の耐用年数は、FIT制度による買取期間（10年）よりはるかに長いため、何らかのインセンティブ構造があれば今後の再エネ投資にもつながる可能性がある。筆者らが提案する1つのアイデアは、住宅の断熱化や省エネ改修を条件に、飯田市がFIT制度と同様の助成を行うというものである。さらに、エネルギー戦略が対応しなくてはならない課題に、FIT制度の買取価格急減を受けて家庭による太陽光発電への投資が冷え込んでいるという課題がある。この課題に対する対策としては、中期的に太陽光発電による電力を自家消費することにメリットがある、ということを丁寧に伝えていく必要があるだろう。日本でも太陽光発電のシステム費用は低減している一方で、電力料金は上昇傾向にある。こうした環境の変化に加え、蓄電設備やマイクログリッド関連の技術的な発展と相まって、家庭用太陽光発電はグリッドパリティを達成している。したがって、今後、家庭では太陽光発電に自ら投資し、自家消費することが経済合理的となる。こうした点を説明し、理解を広げることで家庭による太陽光発電への投資を再び呼び起こすことが望ましい。

　飯田市では再エネ事業の所有権のほとんどが家庭や地域の企業に帰属しているため、再エネ事業が生み出す付加価値もほとんどが地域の主体に帰属することとなる。太陽光発電の自家消費や地域におけるマイクログリッドの長期的な安全性や経済的な便益を説得的に示していくことで、再エネ事業によって生じる地域付加価値のポテンシャルを、さらに高めていくことができるだろう。

3.2.2　地域における再エネ事業の長期的な経済影響評価

　本書では北栄町における自治体所有の風力発電所や、鳥取県米子市におけるローカルエナジーのように自治体も所有権を持つ電力小売事業、下川町におけるバイオマスを活用した地域熱供給事業といった事例に地域付加価値分析を適用してきた。こうした事例は、複雑な地域再エネ事業の長期的な経済影響評価に、地域

付加価値分析をいかに効果的に適用できるかを示す事例である。また事業に関連する政策形成の意志決定をいかに支援できるか、ということも併せて示している。

鳥取県北栄町

　北栄町の事例では、自治体が所有する風力発電所を対象とした地域付加価値創造分析により、事業が町や周辺の地域に大きな経済影響を与えることが示された（第2章1節参照）。2005～2024年の間に予期される売上の合計は74億円と推計され、そのうち25億円（32％）が地域付加価値となる。また地域付加価値のうち19億円は町の予算に対する追加的な収入となる。このことは地域の自治体が事業の所有権を握ることの重要性を示している。一方で、個人所得は地域付加価値のうち14％を占めるに過ぎない。これは風力発電事業の直接の雇用が2名に留まっており、運転維持に関するサービスは外部に委託しているためである。サービスやメンテナンス、交換部品などを外部のベンダーに委託しているために流出している地域付加価値は、事業期間全体で合計すると4.5億円に上る。また風力発電事業が生み出す地域付加価値により、町内から支払われている電力料金（年間約4億円と推計）の31％を取り戻すこととなっている。同時に、風力発電所の年間発電電力量（21GWh）は、町の家庭3,500世帯全ての電力消費量にほぼ相当し、電力の自給自足の可能性を示唆している。

　こうした状況を踏まえ、筆者らはFITモデルだけでなく地域で電力小売事業を営むビジネスモデルを新たに立ち上げる場合について、実現可能性を評価すべきと提案した。風力発電所の減価償却が近々終了することを勘案すると、リパワリングや設備の更新は魅力的な選択肢である。他方で木質バイオマスエネルギーへの事業拡大も計画されており、地域主体による電力小売事業は実現可能で、安定した競争力のある事業になると考えられる。当初の分析から、電力小売事業を含む新たなビジネスモデルを構築することで、地域外への4億円の電力料金支払いを完全に代替し、地域で発電された電力を地域で購入することが可能となることが見えてきた。こうした地域付加価値創造分析の結果は、北栄町の町長が筆者らの提案する戦略を、将来の風力発電事業に関する選択肢の1つとして、真剣に検討するきっかけとなった。

鳥取県米子市／ローカルエナジー

　日本海側に位置する米子市は鳥取県南西部の商工業の中心地となっている、人口15万人の地方都市である（米子市ホームページ）。ローカルエナジーは米子市（出資比率10％）や中海テレビ（出資比率50％）、その他の地元企業3社が、2015年12月に設立した電力小売事業者である。その目的は地域エネルギー事業を通じて地域経済を活性化することにある（ローカルエナジー株式会社ホームページ）。ローカルエナジーは電力の卸売と小売事業を皮切りに、電力や熱、省エネ技術、さらには蓄電などエネルギー関連事業への投資を行う総合エネルギーマネジメント企業となることを目指している。現時点では市内の廃棄物発電施設が主要な電源となっており、その他にソフトバンクグループが保有する市内の大規模メガソーラーや、JEPXから電源を調達している。供給先に目を転じると、ローカルエナジーは米子市や周辺の自治体が保有する公共施設に電力を供給しているだけでなく、家庭向け小売事業を実施する地元のケーブルテレビ会社、中海テレビに卸供給を実施している点が特徴的である。ローカルエナジーが直接に市内の家庭や事業者に電力を供給するのではなく、中海テレビが一般消費者向けの電力供給を行うことで、既存の営業ネットワークや料金システム等を有効活用し、電力小売事業の事業性を高めている。

　ローカルエナジーの2020年までの事業計画と投資戦略について地域付加価値創造分析を適用すると、収益性と競争力がある電力小売事業を通じて雇用を生み出し、地域経済に大きく貢献していくことが分かる。しかし事業拡大のスピードと比較すると、地域付加価値の成長率はかなり低くなっている。これは需要の拡大に対応するためにJEPXからの調達を増やすこととなる一方、雇用を増やす効果が得られないためである。そのため核となる電力小売事業においては、地域付加価値の拡大はローカルエナジーの価格戦略やリスク管理に依存することとなる。現時点では、ローカルエナジーの小売電気料金価格は競争的な水準にあり、地域の購買力の強化にも繋がっているが、今後小売市場での価格競争がさらに激化すればこうした効果は弱められ、小売事業の収益性を押し下げることも考えられる。

　地域付加価値をより大きく成長させるために、筆者らは地域の再エネに対する投資事業をより強化するよう提案した。飯田市におけるおひさま進歩エネルギーと同様の、再エネファンドのマネジメントは大きな地域付加価値を生み出す革新的な戦略となるだろう。ファンドを活用した再エネ事業を通じて、小規模な太陽

光発電や風力発電への個人投資が促進され、地域内のより多くの主体に付加価値が分配されることとなり、より広く地域を潤す効果が期待できる。また、こうしたファンドはローカルエナジーによる買電契約と組み合わせることも可能で、ローカルエナジーは地域の小規模な事業を取りまとめるアグリゲーターとしての役割を果たすことも期待される。こうしたビジネスモデルは地域におけるマイクログリッドの形成やVPP、蓄電技術などの組み合わせによりさらに拡大展開することが可能である。現在計画されている米子市の下水処理施設におけるCHP設備も、安定した電源・熱源として上記のようなシステムの一翼を担いうるものと考えられる。こうした事業展開を進めれば、現在の事業計画と比較して、2020年には3倍にまで地域付加価値を高められることが示唆された。

下川町

　北海道下川町のケースでは、地域付加価値が自治体にとって予期しない結果をもたらした。下川町は道北にある人口3,400人ほどの小さな町で、林業を主要な産業としている（下川町ホームページ）。筆者らは、下川町で計画されている、CHPを中心とした熱供給システムについての評価を依頼された。下川町は、長期に亘る持続可能な森林管理や木質バイオマスによる熱供給に焦点を当てた再エネ普及への取り組みから、環境モデル都市及びバイオマス産業都市として認定を受けている（諸富、2015）。こうした実績を踏まえ、町は大手商社、三井物産と共同で、より大規模な地域熱供給システムの導入を計画した。また、地域付加価値創造分析により計画の経済性と、雇用・個人所得・町税収入のそれぞれにおける長期の経済効果が示された（日本経済新聞、2017年6月2日）。しかし驚くべきことに、町議会はこの計画に対して反対の議決を行うこととなった。町議会が反対した理由の1つは、投資を実施する三井物産がFIT制度の下でCHP設備を所有・運営し売電することによる利益の大部分を獲得することとなり、地域に便益をもたらさないことである（北海道新聞、2017年7月6日）。町が計画に出資する立場にないことは明確であるにも関わらず、外部の投資主体を事業者としたことが計画の中断につながったと見られる。こうした状況に対し、筆者らは計画の資金調達戦略を見直し、他の自治体や市民主導の（後述するおひさま進歩エネルギーのような）ファンド企業を構築し、日本全国から投資を募ることを提案した。このような形態でも、下川町に帰属する直接的な付加価値は限定的なものと

なるが、計画そのものはコミュニティベースでより多くの市民にとってメリットのある事業となるからだ。

最終的には三井物産に加えて北海道電力を出資者として受け入れ、当初の計画に近い形で事業を実施することとなった（北海道電力プレスリリース、2017年12月22日）。よって熱電併給事業そのものによる利益を地域の主体が獲得することは難しくなった。しかし計画では、事業によって生産した熱は地域主体に安価で提供することとなっており、今後はこの熱を地域主体がいかに活用して価値を生み出すかがポイントとなるだろう。

3.2.3 地域における長期的な気候・エネルギー戦略のシナリオ策定

長野県のケース（2.6章参照）では、いかに地域付加価値創造分析が、地域における長期的な気候・エネルギー戦略のシナリオ策定に役立つか、という例を示した。長野県は包括的な環境・エネルギー戦略を策定しており、詳細なロードマップ、明確なマイルストーン、幅広い施策と具体的な政策指標を有している。地域付加価値創造分析は、県における再エネ導入がこれまでに大きな経済効果をもたらしてきたことを示すとともに、今後も県の政策によって導入が続けばさらなる経済効果をもたらすことを示した。しかし、地域付加価値創造分析は政策手段のさらなる改善の必要性を示す、重要な論点を提起してもいる：

シナリオ分析の結果、太陽光発電を中心とする再エネ導入が、県外の主体による大規模事業中心となるか、地域主体による中小規模の事業中心となるかによって、地域経済効果が大きく異なることが明らかとなった。FIT認定に関する統計から、地域経済効果がかなり小さくなる第一のシナリオが実現する可能性が高いことがわかる。こうした事業は地域住民からの大きな反発を受けてもいる。しかし中小規模の事業を中心とするシナリオを実現することにも課題がある。すでにFIT制度による買取価格が大きく低減しており、また多くの家庭がFIT制度導入以前に行った投資の回収に長期間かかっているという経験から、家庭や地域の事業者に対して中小規模の事業に投資するよう動機づけることが難しくなっている。同時に、県は2017年から2020年までに500MWの太陽光発電設備を導入するという、非常に野心的な目標を掲げている。よって、太陽光発電の導入拡大について県は大きな課題に直面していると言える。県は地域主体による中小規模の事業を選好し、より厳格な条例を制定しようとしている。その一方で地域住民の

利害と大規模事業の経済的な便益をどうバランスさせ、よりよい投資環境や投資主体の意識を生み出すか、という課題にも直面している。地域付加価値創造分析は、家庭にとって太陽光発電による自家消費モデルが、各家庭で完結する形態であれ、地域ごとに統合されたマイクログリッドのような形態であれ、より魅力的な選択肢となっていくことを明らかにした。そこで筆者らは長野県庁に対し、地域で発電・消費される太陽光発電の長期的な優位性を伝え、推進するための政策手段やインセンティブ制度を導入すべきであると提案した。実現可能性のあるアイデアとして筆者らは、住宅の断熱や蓄電設備に対する補助金と、自家消費を目的とする太陽光発電への補助金とを組み合わせることや、官民が連携して電力小売事業を実施し、その事業を通じて一定程度自立的なVPPや地域ごとに統合されたマイクログリッドを実現することを提案した。

3.2.4　地域主体との対話とステークホルダー指向のコミュニケーション戦略

　これまでのケーススタディのいずれにも当てはまることとして、地域付加価値創造分析がステークホルダー指向のコミュニケーションの重要な手段となってきたことが挙げられる。興味深いことに、いずれのケースでも分析結果は自治体の直接の担当者や、自治体の別の部署、さらには地方議会に提示され、事実に基づいた合意形成を行い、自治体の再エネ導入戦略を形成するサポートに活用された。長野県のケースでは、結果が環境エネルギー戦略の中間評価の一環として活用された。北栄町のケースでは、町議会において風力発電事業の将来を検討するための材料として、地域付加価値創造分析の結果が活用された。

　長野県飯田市に立地するエネルギーベンチャー企業、おひさま進歩エネルギーは地域付加価値創造分析がステークホルダー指向のコミュニケーションにおいていかに有効に機能するかを示す象徴的な事例である。おひさま進歩エネルギーは市民主導の再エネ導入に関するパイオニアである。この企業は2004年に地域のNPO組織、南信州おひさま進歩が、地域における再エネ発電と電力の地産地消、地域経済循環への貢献を目的として設立したものである。飯田市役所との緊密な連携と環境省からの支援を受けて、おひさま進歩エネルギーは小規模な再エネ事業や省エネへの市民投資を呼び込む独自のファンドを構築している（飯田市ホームページ）。おひさま進歩エネルギーの中核事業は小規模な太陽光発電事業に投

資する再エネファンドを構築し、市民からの投資を呼び込み、ファンドを管理することである。投資対象となる事業は通常、住宅や公共施設を活用した10kW未満の屋根置き太陽光発電事業である。個人の住宅所有者から屋根を借り受けるか、「０円システム」によって個人による導入に対して資金提供するかのいずれかにより、おひさま進歩エネルギーはこれまでに10のファンドを立ち上げ、351箇所で合計6.7MWもの設備を導入してきた（2016年8月現在）。おひさま進歩エネルギーはこれらの事業で設置した設備の運用や維持管理も担っている。また、他の市民主導ないし地域主導の事業に共同で出資している他、エネルギーサービス企業（ESCO: Energy Service Company）として省エネ事業の資金調達や経営を実施したり、エネルギー関連の幅広いコンサルティングサービスを提供したりしている。

　2004〜2015年に実施された7つの投資ファンドによる事業の結果を基にした、おひさま進歩エネルギーの地域付加価値創造分析によると、再エネ事業やESCO事業、グリーン電力証書事業による売上総計が2034年までに32億円と見込まれ、そのうち18億円が地域付加価値として実現すると推計される。これは、売上の多くが地域に留まり、地域経済循環に貢献していることを示唆している。依然として年商１億円程度の小規模なベンチャー企業ではあるが、おひさま進歩エネルギーはすでに、再エネ設備のメンテナンスサービスやファンド管理、運営により10名の新規かつ長期の雇用を生み出している。同時に重要な点として、おひさま進歩エネルギーは地域の可能性を引き出し、再エネ事業に関する知見やノウハウの蓄積を実現している。これは今後、地域で適格な能力を求められる事業の基礎となるだろう。おひさま進歩エネルギーの専門家は、日本全国の市民主導ないしコミュニティベースの再エネ事業に対してコンサルティングサービスを提供している。また、おひさま進歩エネルギーは将来の再エネ事業を担う専門家を育成する独自の大学も設立している。

　しかし地域付加価値創造分析によって、事業による利益の94％が地域経済の中に留まらない可能性があるということが明らかになっている。なぜなら、投資ファンドの出資額の内で市内の住民によるものは5.6％に留まっており、大部分（86％）は日本のその他の地域からの出資となっているためである。筆者らは、飯田市が自治体主導の環境政策でリーダーシップを発揮してきたにも関わらず、なぜファンドのごく一部のみが飯田市民の出資となっているかを特定した。小規

模で数多くの投資主体を効率的に管理できることや、様々な小規模再エネ事業に対してサービスを提供したり支援したりできることが、おひさま進歩エネルギー独自のビジネスモデルを支えているということが、飯田市の一般市民には十分理解されていないことがその原因である。

　おひさま進歩エネルギーと飯田市は地域付加価値創造分析による結果を、市民に対するコミュニケーション戦略や、地元企業や金融機関との連携を強化するために活用することを決めた。分析結果は地元企業や金融機関との事実に基づいた対話を促進し、地域での再エネ投資を促進するための協力関係を強化するために役立っている。以前には、おひさま進歩エネルギーが国から多額の（6億3,400万円）補助金を受けていることに対し、地域の事業者コミュニティから批判の声が上がることもあった。しかし地域付加価値創造分析により、初期に国から受けた補助金と同等の地域付加価値を2016年までに生み出していることが明らかになった。こうした補助金、特に最初に事業コンセプトを開発し、経営インフラを整備する段階を支援する「ソフト・マネー」なしには、おひさま進歩エネルギーの事業は実現できなかっただろう。このように地域付加価値創造分析は、飯田市やおひさま進歩エネルギーに対し、再エネ関連事業のスタートアップを政策的に成功させることができた、という強力な論拠を提供している。

　改めてまとめると、地域付加価値創造分析の結果はステークホルダー指向のコミュニケーションを支援し拡大する、強力で事実に基づいた論拠を提供するものである。また地域付加価値創造分析が地域住民やNGOなどとコミュニケーションを進める上で、どのように有効活用できるかを示すものとなっている。純粋に経済面だけを扱った議論だけで、地域住民やNGOを説得することは難しいかもしれない。しかしこうした経済面の論拠を、住民指向のサービスが改善するという具体的な結果を示して補完することで、コミュニティベースの再エネ導入を促進できるだろう。

　ドイツではすでに再エネの地域付加価値創造分析が発展しており、この分析がステークホルダー指向のコミュニケーション戦略に広く用いられている。それだけでなく、政策形成や政策指向の意志決定にも活用されている。ドイツ再生可能エネルギー協会（AEE）と筆者が、エネルギー・環境分野を担当する自治体職員129名を対象に実施した調査では、84％の回答者が地域における気候変動に対する取組が地域に対して経済的な便益をもたらすと考えていることが明らかにな

っている。また62%はこうした経済的な便益が地域でエネルギー環境政策を導入する重要な目的であると回答しており、55%は地域でステークホルダー指向の広報やコミュニケーション戦略において経済的な便益を強調していると回答している。地域での投資に次いで、地域付加価値創造分析は地域に対する経済的な便益を定量化する指標として、頻繁に言及されるものとなっている。回答者の3分の1は地域付加価値創造分析が地域の気候エネルギー政策の形成において重要な役割を果たしたと回答している。

3.3 結論

　日本におけるケーススタディは再エネの地域付加価値創造分析の、エネルギー関連の政策形成やステークホルダー指向のコミュニケーションにおける様々な活用方法を示している。異なる自治体からの好意的な反応は、地域付加価値創造分析モデルが柔軟な分析ツールであり、実践的に活用できることを示している。また、モデルにより、信頼性が高い定量的な結果が得られること、シナリオに基づく計画策定の支援が可能であること、そして事実に基づいて別の政策手段についても議論を可能にすることが示された。ただし地域付加価値創造分析を適用することで適切な結果が得られるかどうかは、どのようなデータが活用できるかに大きく依存することに注意が必要である。

　第1に、自治体はコミュニティにおけるエネルギー事情について、的確で定量的な理解を有している必要がある。地域におけるエネルギーバランスや部門ごとのエネルギー消費、そして地域における電力や熱供給のエネルギーミックスのデータや推計は、地域付加価値創造分析の基礎となる重要な情報である。

　第2に、関連する主体は自らの資産に関する幅広いデータや統計を提供することが必要となる。こうしたデータがあることで、地域固有の事情を可能な限り分析に反映することが可能となる。特に重要な情報源はベンダーによる見積りや、特定の再エネ事業者の事業計画や資金計画、地域における再エネ導入に関する統計、その導入時期、容量、所有権構造、あるいは再エネ事業に対する地域の補助金である。

　最後に、地域の産業構造に関する経済統計や、部門別に整理された実際のベンダーリストが、再エネに関連する地域のバリュー・チェーン構造を理解する上で

必要な情報である。

　これと同時に、地域付加価値創造分析モデルを特定の地域で、それぞれ異なる政治的、社会的背景の下で適用したケーススタディの結果から、再エネの地域付加価値創造分析について今後いかに展開できるか、について広範な示唆を得ることができる。

3.3.1　地域の境界

　何度も指摘された重要な論点として、分析対象地域の境界をどのように定めるのが最適か、という問いがある。本書で扱ったケーススタディは特定の基礎自治体ないし都道府県の依頼を受けたものであり、各地域の法的な境界線が分析対象の地理的範囲を規定することとなった。しかし、法的な境界線が分析単位として常に最適とは限らない。地理的、歴史的、文化的、経済的、そして社会的な境界の方が、分析対象としてより自然な単位となり、地域経済の循環を捉える上でより適切な空間的広がりとなる場合もある。例えば、地方の町村の場合は法的な境界線だけでは分析対象として不十分である可能性がある。なぜならこうした町村では隣接する町村と経済・社会的に密接に結びついていることがあるからである。こうしたケースでは、分析の地理的範囲を広げて伝統的で社会経済的な境界線を適用した方が、より有用な分析となりうる。飯田市のおひさま進歩エネルギーのケース、ローカルエナジーのケース、そして北栄町のケースでは、地域付加価値創造分析の結果を法的な境界線を超えた、より広い地域のものとして捉えている。興味深いことに、ほとんどの自治体職員はこうした地域を、長野県における南信州のように、伝統的な呼び名で呼び表している。こうした呼び名が与えられた地域は、共通の歴史や長きに渡って続く社会経済的・文化的な結びつきを有している。より大きな市や都市部でも同様である。都市の法的な境界線は隣接する郊外地域や地方部を含まないが、都市は地域のシステムにおける文化・社会・経済の中心地としての機能を自然と果たしている（Rose, 2016）。自治体によるエネルギー戦略が地域経済にもたらす影響はその自治体に留まることなく、自治体の周辺に広がる都市圏にまで及ぶ。実のところ、都市による実効的な再エネ関連の戦略には、隣接する郊外や地方部の地域との協調が必要となることが多い。こうした周辺地域は都市に対して土地やその他の再エネに関連する資源を提供するのである。これは日本において、特に東京、大阪、名古屋、福岡といった広大な都市

圏の中心都市によく当てはまる。そのため、地域付加価値創造分析においては最適な分析対象地域の範囲を議論し定義することが重要となる。そのために法的な境界線を越えた協議や協調が事前に必要となる。こうした事前の協議そのものが、地域レベルで再エネに関する戦略や政策形成を行っていく上で重要なステップとなっている。

3.3.2 統合

　再エネの地域付加価値創造分析単独でも、地域のエネルギーに関する現況の評価や、自治体レベルでの複雑な計画の経済性の評価に適用することができる。しかし、ケーススタディから、異なる再エネ技術や、再エネに関連する特定の支援制度、そして具体的な政策手段が相互に依存し合い、経済性や効果的な導入促進に繋がることが明らかとなっている。地域付加価値創造分析によって特定の技術や計画、政策手段の経済効果が明らかになったとしても、導入そのものは計画やその実行に包含される他の要因に依存する。例えば、ケーススタディからは木質バイオマス事業が個別の事業であっても、地域熱供給網の一部であっても、経済効果が相対的に大きいことが分かった。しかし木質バイオマス事業のような手法は、森林政策や都市計画といった他の政策分野との分野横断的な統合や連携を必要とする。そのため地域付加価値創造分析も、エネルギーに関連する様々な要素を分野（部署）横断的に含むような、包括的な環境エネルギー戦略やマスタープランに統合されなければ、実践的な価値を失うことになりかねない。しかしこのことは、自治体の中で様々な部署が緊密に連携し、政策面でも協調することを必要とする。自治体行政においても、各部署がそれぞれの担当領域や予算、政策策定などで互いに関わり合いを持たない「縦割り」状態にあることが多い。日本では、自治体レベルでエネルギー関連の政策形成が行われるようになったのはごく最近である。2000年前後に、地球温暖化対策推進法（1998年）やエネルギー政策基本法（2002年）が相次いで成立し、自治体がエネルギー問題についても責任を持って取り組むことが求められるようになった（REI, 2017）。多くの自治体では環境問題を扱う部署を設立し、エネルギーや気候変動の課題に対応している。また2008年の地球温暖化対策推進法改正により、都道府県と政令市はどのように省エネ化や再エネの普及促進を進めていくかを示す計画を策定することが求められるようになった。その結果、20の都道府県と20の市がこうした要求に対処するた

め独自のエネルギー部署を設立している。専門家からは、こうした部署が十分な機能やノウハウを有していないとの指摘も数多く寄せられている。しかしケーススタディからはこうした指摘とは異なる、重要な論点が浮かび上がってきた。地域付加価値創造分析は環境やエネルギーを担当する部署からの依頼で行ったが、こうした部署は分析に必要なデータの収集や、特定の指標の妥当性を判断する上で、より予算が潤沢で権限の大きな部署に依存することとなる。エネルギー関連政策も、部署間の密な交渉を必要とする。また、他の権限がより「強い」部署の善意や協力に支えられている。実際に、エネルギー関連の課題は本質的に、自治体の様々な部署の担当領域にまたがるため、他の政策分野の中にも位置づけられ、実践を伴う必要がある。よって、独立したエネルギー担当部署を設立するよりも、エネルギーに関連する機能をまとめ、部署間のコミュニケーションや部署をまたいだ管理を行うユニットを立ち上げる方が効果的であると考えられる。本章で扱ったケーススタディは再エネの地域付加価値創造分析が、分野横断的で包括的なエネルギー戦略を策定するために不可欠な、部署間のコミュニケーションと自治体内での推進力の形成を促す有効な手段となりうることを示している。

3.3.3 影響力

自治体、特に都市の自治体は国際的な気候変動への対策において重要な役割を持つ。都市に世界人口の60％が居住するとされ、2050年には人口の80％が都市に居住するようになるとまで言われている。また世界のGDPの80％が都市で生み出され、温室効果ガスの80％が都市で排出されている（Barber, 2016）。都市は気候変動の主要な要因となっているだけでなく、気候変動による被害を大きく被る最大の被害者でもある。同時に都市は、気候変動の緩和と適応に関する実践的で効果的な施策を導入する上で、適した立ち位置にあることも事実である。都市は気候変動への対策を進める能力、義務、そして道義的な責任を有している。多くの都市が、2015年12月のCOP21が開催されたパリ市議会が宣言したように、気候変動の課題に対して取り組んでいくことを表明している。その一方で、都市の行政が単独で実施できることには限界があり、市民やNGO、企業、金融機関、教育機関など、様々なステークホルダーの活動を促進したり、こうした主体が互いに連携したりしなければ、実効性のある取組を進めることはできない。つまり、自治体による気候変動対策は、様々なステークホルダーの活動や連携に依存して

おり、それぞれが効果的に機能するよう配慮する必要がある（Rose, 2016）。地域付加価値創造分析からは、再エネ関連の戦略において自治体の影響力を発揮する経路について、3つのパターンを考え出すことができる。第1に、地域付加価値創造分析によって自治体が管理する資産のうちで、影響力を発揮するために活用できるものが何かを特定することができる。例えば、自治体が保有する庁舎や学校、図書館、プールといった建物や、上下水道、ガス、廃棄物管理に関連する施設はエネルギーに関連して相乗効果を生み出すことが可能であり、コミュニティに対しても強力な発信機能を有するものとなりうる。日本の自治体が米子市のローカルエナジーと同様に、地域が保有する電力小売事業の設立に関心を寄せているのも、エネルギーに関するバリュー・チェーンを前方統合することで付加価値を地域に留めると共に、エネルギー関連政策においてより強い影響力を発揮したいという意志の表れであると言える。第2に、地域付加価値創造分析は再エネ関連の投資を呼び込む効果的なインセンティブ構造を構築するために役立てることができる。例えばおひさま進歩エネルギーや北栄町のケーススタディは、設備偏重の補助制度の限界を示し、補助制度の見直しに寄与した。地域付加価値創造分析からは、事業構想の検討やビジネスモデルの構築といったソフト面に対する補助を実施する方が、長期的な観点では有効となることが示唆されている。ソーラーマッピングやサーモグラフィックマップ、エネルギー関連のコンサルティングや教育的始動、フィードバックといったソフトサービスを提供することは、自治体が進めるより効果的な情報発信として機能する可能性がある。第3に、最も重要な点として、地域付加価値創造分析は利害関係者の活動を促進し共通の合意を作り上げるための強力なコミュニケーションツールとなることが挙げられる。しかし地域付加価値創造分析が示す、事実を基とした結果だけでは活用の方法や有効性に限界がある。効果的なコミュニケーションは、現実に生じる影響に焦点を当てたものでなくてはならず、様々な利害関係者が個別に有する関心や立場に合わせる形で行わなくてはならない。コミュニティの様々なネットワークに関するマッピングは、どのようにアイデアが広まり、行動に影響が及び、政策行動が拡大していくかを可視化する強力なツールとなる。マッピングはそれが対象とする事象だけでなく、コミュニティの中での結びつきの強弱をも包含するものである（Rose, 2016）。地域付加価値創造分析による「ハード」な経済分析と、社会科学に基づいた、より「ソフト」なネットワーク分析やステークホルダー分析は、

自治体レベルでエネルギー関連の政策形成を進める上で最も有望な方法であると考えられる。

　本章では再エネの地域付加価値創造分析が、自治体レベルでの政策形成やステークホルダー指向のコミュニケーションを、事実に基づいて支援することができる実践的な手段であることを示してきた。地域付加価値創造分析は、地域で意志決定に関わる人々や自治体職員が政策に関連する対話を行うきっかけとして、またその対話を促進する手段として有効である。さらに、こうした対話は地域レベルでの実効的な政策形成や意志決定を検討することにも繋がる。ただし地域経済効果の評価は、様々な組織や政策領域の壁を越えて統合された包括的な計画に包含され、効果的な導入やコミュニケーションを進めることに焦点を当てていなければ、分析の意義は限られたものになってしまう。分野間の統合や影響の広まりの出発点として、地域の歴史的、文化的、社会経済的な境界を考慮した、分析対象として最適な地理的範囲を定めることが望ましい。社会科学に基づいたネットワーク分析とステークホルダー分析はこうした影響の広まりを特定し、効率的に効力を発揮させるために有効なアプローチである。

参考文献

エネルギー総合工学研究所（IAE, 2016）「平成27年度　エネルギーに関する公衆の意識調査」http://www.iae.or.jp/download/201603/?wpdmdl=8508（accessed on February 16th, 2018）

環境エネルギー政策研究所（ISEP, 2018）「自然エネルギー白書2017年」www.isep.or.jp/jsr2017（accessed on February 16th）

経済産業省（METI, 2015），「エネルギー基本計画」, Tokyo, 平成26年4月、http://www.enecho.meti.go.jp/category/others/basic_plan/pdf/140411.pdf（access on February 16 2018）

経済産業省（METI, 2016）「生成可能エネルギーの導入促進に関わる制度改革」、Tokyo, June 2016, www.enecho.meti.go.jp/category/saving_and_new/saiene/kaitori/dl/kaisei/0628tokyo.pdf（access on February 16 2018）

白井信夫（2018）『再生可能エネルギーによる地域づくり～自立・共生社会への転換の道行き』環境新聞社．

自然エネルギー財団（REI, 2017）「地域エネルギー政策に関する提言―自然エネルギー

を地域から拡大するために—」
日本経済新聞　地域経済（北海道）2017年6月2日。
丸山康司（2014）『再生可能エネルギーの社会化』有斐閣。
北海道新聞、2017年7月6日。
北海道電力、「下川町におけるバイオマス発電事業への参画について〜「北海道バイオマスエネルギー株式会社」への出資〜」、2017年12月22日、http://www.hepco.co.jp/info/2017/1217321_1723.html
諸富徹（2015a）『「エネルギー自治」で地域再生—飯田モデルに学ぶ』岩波ブックレット。
諸富徹（2015b）『再生可能エネルギーと地域再生』日本評論社、2015年。
山下紀明（2017）「メガソーラー開発に伴うトラブル事例と制度的対応策について（研究報告）」環境エネルギー政策研究所http://www.isep.or.jp/archives/library/9165（accessed on February 18th, 2018）
山下英俊・藤井康平・山下紀明（2018）「地域における再生可能エネルギー利用の実態と課題—第2回全国市区町村アンケートおよび都道府県アンケートの結果から—」、一橋経済学11巻2号、1〜25頁。
Barber, Benjamin R.（2016）*Cool cities: Urban sovereignty and the fix for global warming*, Yale University Press, 2016.
Rose, Jonathan F.P.（2016）*The well-tempered city - What modern science, ancient civilizations and human nature teach us about the future of urban life*, Harper Collins Publishers, New York, 2016.
UN Environment, the Frankfurt School-UNEP Collaborating Centre, and Bloomberg New Energy Finance（UNEP, 2013〜2017）Global trends in renewable energy investment, reports from 2013〜2017, http://fs-unep-centre.org/publications/global-trends-reports（accessed on February 16th, 2018）

Websites

飯田市ホームページhttps://www.city.iida.lg.jp/site/ecomodel/outline-outline.html（accessed on February 17, 2018）
資源エネルギー庁ホームページ「固定価格買取制度情報公表用ウェブサイト」http://www.enecho.meti.go.jp/category/saving_and_new/saiene/statistics/index.html（accessed on February 16th, 2018）
下川町ホームページhttp://www.town.shimokawa.hokkaido.jp/（accessed on February 17th, 2018）

内閣官房ホームページ「再生可能エネルギー導入拡大に向けた 各府省庁の取組状況」https://www.cas.go.jp/jp/seisaku/saisei_energy/kaigi_dai1/sankou1.pdf（accessed on February 16th, 2018)

米子市ホームページhttp://www.city.yonago.lg.jp/（accessed on February 17th, 2018)

ローカルエナジー株式会社ホームページhttp://www.lenec.co.jp/（accessed on February 17th, 2018)

第4章 **エネルギーまちづくりのガバナンス**
オレゴン州・ポートランド市における地域的実験の制度設計

佐無田 光

4.1 エネルギーまちづくりの論点

4.1.1 エネルギー効率化の課題

　分散型エネルギーシステムは、これまで化石燃料・原子力から再生可能エネルギーへという「供給サイド」を議論することが中心であったが、「需要サイド」におけるエネルギー効率化も非常に大きなテーマである。欧米におけるエネルギー転換の目標は、多くの場合、需要側でエネルギー消費量を大幅に削減しつつ、供給側で再生可能エネルギーの比率を飛躍的に拡大させるセットのプランになっており、エネルギー効率化へのイニシアチブは非常に強い。エネルギー効率化は、エネルギーの生産、変換、流通および消費の全ての段階で必要であるが、とりわけエネルギー消費における効率、とくに各国でエネルギー消費の30〜40％台を占める建物（民生部門）のエネルギー効率改善が焦点の1つになる。

　EU（欧州連合）は2012年に、2020年までにエネルギー効率を20％向上させるという「エネルギー効率化指令」を採択しており、欧州委員会はこの目標をさらに2030年までに30％にすることを発表している。これに先立ってEUは2010年に省エネ建築物指令（Energy Performance of Building Directive: EPBD）を改正交付しており、2021年以降（公的機関の建物については2019年以降）、新規の建物については全て化石エネルギー消費量が正味でゼロとなる「nearly zero-energy building」にすることを求めている。アメリカは欧州ほど連邦の制度は整っていないが、先進的な各州レベルのエネルギー行動計画において、エネルギー効率化を第1の優先課題としているものが多い。例えばカリフォルニア州は、2008年の

時点で、2020年までに新築住宅の純エネルギー消費をゼロにし、商用ビルも2030年までにゼロにする目標を設定している。アメリカの低エネルギー建築は、後述するように LEED と呼ばれる民間非営利団体の認証が主導しているが、全米グリーン建築協会（U.S. Green Building Council）によれば、アメリカのグリーン建築産業の規模は、2011-14年の1674億ドルから2015-18年には3034億ドルに急成長すると報告されている（Hamiltom, 2015）。

今後はあらゆる建築ストックが低炭素化の対象となるため、このストックの更新需要は、再生可能エネルギーの普及の数倍以上に経済的に大きなインパクトを与えると見込まれる。日本の産業構造で考えると、電気業は国内総生産の1.3％を占めるに過ぎないが、建築業は5.5％の比重がある（2016年国民経済計算）。従業者数に占める割合は、電気・ガス・熱供給業を足し合わせても全体の0.3％に過ぎないのに対して、建設業は6.1％に上る。しかも、省エネ投資は建築産業に恩恵をもたらすだけでなく、不動産業者や建物の所有者にとっても経済的便益に直結する。

米 Johnson Controls の調査によると、エネルギー効率化の投資における最大の原動力は「コストの削減」であるという[1]。つまり、この投資は、環境対策であると同時に、省エネ効果によって経済的に回収可能なものと見なされている。アメリカでは、エネルギー効率化投資は一般的に不動産価値の上昇に結びつくと認識されている。また、建設業は基本的にローカルな産業であり、不動産、設計・デザイン、施工、設備、材料調達など裾野が広く、地域経済に対する大きな波及効果を期待できる。中小企業の競争力の高いドイツでは、省エネ建築の需要を地域経済のイノベーションに結びつけていくことが政策的論点となっている（佐無田、2015）[2]。

---

[1] Johnson Controls, *2017 Energy Efficiency Indicator Survey*, http://www.johnsoncontrols.com/media-center/news/press-releases/2017/10/12/-/media/d23ec7c884d34719b0ec5b00d3a8abe2.ashx、最終閲覧日2018年8月31日

[2] かつて中村（1979）は、大阪のコンビナート開発に代わる対案として、「まちづくり産業振興方式」を提案していた。大阪府民の生活ニーズの充足を目指した住宅・居住環境整備を軸にして、それを既存の地域産業、中小企業の振興に結合させていこうというアイディアであるが、建築ストックのエネルギー効率化とそれを通じた地域経済振興は、まさに「まちづくり産業振興方式」の現代的出現である。

一方で日本では、これまで再生可能エネルギー導入の議論に偏り、エネルギー効率化の議論はどちらかというと後景に退けられてきた。日本は1970年代オイルショックへの対応から一時期省エネ先進国と自負していたが、1990年代以降取り組みが遅れ、いつの間にか炭素生産性（温室効果ガス当たりのGDP）やエネルギー生産性（エネルギー消費量当たりのGDP）で国際的な順位を大きく低下させた[3]。政府は、建築主への努力義務にとどまる既存の省エネ法では実効性が乏しいとして、ようやく2015年に新規建築物に省エネ基準への適合を義務付ける建築物省エネ法を制定した。しかし、基準は比較的ゆるやかで、新規の大規模施設のみを対象として、新築住宅については義務化を見送った。

エネルギー効率化が地域経済に及ぼす影響は、再生可能エネルギーの場合と同様に、その国その地域の政治経済システムによって異なる。日本では、ZEH（ゼロ・エネルギー・ハウス）の市場拡大を見込んで、積水ハウス、パナホーム、一条工務店など大手住宅メーカーがこの分野をリードしており、ゼロエネマンションの分譲には野村不動産や三菱地所などの大手不動産も参入している。日本では、ZEHは主に大手企業中心に技術的・産業的に進められており、地域自治的な関心はあまり持たれてこなかった。もし建築物省エネ法を新築住宅にも適用すれば、省エネ技術が十分でない地域の工務店では対応が追いつかないことが懸念され、さらに住宅建築コストが5％程度上がるために、景気へのマイナス影響も考慮せざるを得ない事情があった。

このように日本では民生部門のエネルギー効率化政策はいまだ本格化していないが、国際的な潮流から今後は無視できなくなってくるであろう。しかし、それは既存の政治経済システムを前提にした技術的解決の話では終わらないことを本章では強調したい。むしろ、エネルギー効率化のプロセスを通じて、既存の政治経済システムを変革していく過程こそが最も重要な論点である。

3）OECD諸国上位5ヶ国と日米英独のなかで日本の炭素生産性の順位（名目GDPベース）は1995年の2位から2014年には8位に、同エネルギー生産性の順位も2位から8位へと低迷している。

4.1.2 エネルギーまちづくりの地域的実験

　再生可能エネルギーに関しては、エネルギー賦存の理由から主に農村サイドに注目して、その経済的自立可能性や、再生可能エネルギーによる地域再生が論じられてきたが（例えば、寺西・石田・山下、2013；諸富、2015参照）、エネルギー効率化では、エネルギー消費の中心である都市サイドに焦点が移ってくる。再生可能エネルギーの導入が農村再生や地域自治のあり方を見直すきっかけになったのと同様に、エネルギー効率化は都市の経済構造やガバナンスを転換するきっかけになるであろうか。

　21世紀は「まちづくり」の時代である。20世紀的な工学的・官僚的な都市計画と比べて、住民自身が事業的手法に参画し、埋もれていたまちの魅力を引き出して、多様な地域活性化を実験していくまちづくりアプローチは、今では全国広く普及している。観光まちづくり、歴史まちづくり、環境まちづくり、福祉まちづくり、文化まちづくり、交通まちづくりなど、地域資源や地域課題に焦点を当てた多様なまちづくりムーブメントが展開しているが、今後はエネルギーまちづくりもテーマに加わってこよう。エネルギーまちづくりは、エネルギー大量消費を前提とする都市のストックを、全面的に低エネルギー化・需要管理・自給型に切り替えていく課題を、草の根的な市民参加で実践していくプロセスである。

　住民目線からは一見シンプルなまちづくり運動は、実は総合的な活動であり、①住民の生活の質の向上、②創造的な都市経済の競争力、③参加と協働に基づくコミュニティの形成など、いくつかの社会的目的を同時に解決していこうとするガバナンスである。エネルギーまちづくりでは、さらにここに、④気候変動対策などの環境目標の達成、という課題が加わってくる。エネルギー効率化をまちづくりのテーマとしてとらえるならば、それは単に省エネやエネルギー転換の目標にとどまらず、都市計画や都市経済のあり方や、それらと関連した社会統治の問題とつながって、最終的には地域の政治経済構造を再構築する論点を含んでくる。

　20世紀の都市ガバナンスは、福祉国家的制度に包括されて、経済成長と所得再分配を枠組みとして、人口と経済活動の量的拡大を受け止めるためのインフラ整備を基調に据えていた。都市は大量生産と大量消費の場であり、経済は民間部門と公共部門に区分けされ、代表制民主主義と専門分化された官僚機構が統治を担っていた。これに対して、21世紀の現代は、知識経済がベースであり、企業的生

第 4 章　エネルギーまちづくりのガバナンス

産様式に向かない「経験」価値を人々は求めており、管理された競争よりも、枠組みを超えた自由な創造性が価値を生む時代である。資本主義の根底たる私的財産制はいま揺らいでおり、シェアリング・エコノミーと呼ばれるような共有・共用の経済が復権し、不動産開発には向かない都市内の共同的なスペースこそが価値を持つようになってきた。公共と民間の境目は曖昧になり、人々は選挙を通じた意思決定過程への間接的な参加だけでなく、現場的なプロジェクトへの参加をより志向している。社会的な価値を実現しようとすると、従来のような機能別の組織管轄の事業ではなく、多くの専門家や利害関係者との連携・協力・調整が必要になっており、行政や企業といった組織の枠を超えた柔軟でネットワーク的な（例えば実行委員会型の）地域組織が、ガバナンスのために不可欠になっている。

　このような時代の変化を背景にして、まちづくりの新しいガバナンスは「実験的」であるところに特徴がある。自由な営利企業活動による市場メカニズムに任せるのではなく、あるいは当局主導の計画手法でもなく、多様な主体が協力してまちづくりのアイディアを実験的に試みつつ、その成果を柔軟に都市のシステムに取り入れるようなガバナンスである。ただしそれは、決して野放図であってはならず、個々の実験が互いに補い合う形で、都市全体の秩序やビジョンを共有し、環境負荷の削減などの社会的目標を達成するよう的確に管理されていなければならない。そのような地域的実験のガバナンスとは、いったいどのように制度設計されればよいであろうか。

　Dorf and Sabel（1998）は、ローカルな知識を利用して市民や各アクターが地域固有の課題の解決に取り組み、政府がその経験を同様の課題を抱える他地域に共有させていく新しい統治形態を「民主的実験主義」（Democratic Experimentalism）と呼んだ。企業間のコーディネート、相互学習による行政効率の向上、意思決定への市民参加と説明責任の強化を通じて、情報が共有される過程を重視する。住民やステークホルダーが学習し、資金を出し合いリスクを分担して技術を導入し、地域の資源を活用して自分たちで地域を経営していく術を学ぶ。これに対して上位政府の役割は、ますます調整者や補完者となっていく。多様な主体が地域的実験に参画し、予期しない成果をより広範に展開させていくコーディネート力が重要になる。サステイナビリティへの経路として「実験都市」のガバナンスが近年の論点になりつつある。実験都市論では、都市の実験を促進し、評価し、分析するための「アーバンラボラトリー」の存在と役割が注目され

ている (Evans, Karvonen and Raven, 2016)。

　本章では、サステイナブルな地域的実験の例として、米国オレゴン州ポートランドの到達点を確認したい。ポートランドは、同じ西海岸のカリフォルニアと比べると田舎の地方都市でありながら、サステイナビリティやクリエイティビティをリードする「全米で最も住みやすい街」と評される。ポートランドのエネルギーまちづくりは、環境負荷の少ないエネルギーシステムに転換することを目指すだけでなく、その課題に多様な主体が呼応できる制度条件を構築し、エネルギー転換の過程を通じて地域経済やコミュニティを活性化する総合的な都市ガバナンスの実験であると位置づけられる。こうした地域的実験は、やがて来たるポスト福祉国家の政治経済システムに向けた一里塚になるかどうか。政治的に行き詰まっている日本の環境ガバナンスの観点からも、その教訓を読み解くべき貴重な素材を提供してくれるであろう。

4.2　オレゴン州・ポートランドの都市生態系

　アメリカ西海岸オレゴン州（人口409万人）の中心都市ポートランド市は、2017年時点で人口64万人（都市圏人口242万人）の中規模都市である。ポートランドにおけるサステイナブルなまちづくりは、すでに数多くの国内外の文献で取り上げられている。先行文献では、多くの注目点のあるポートランドのまちづくりについて、それぞれの観点から分析がなされているが、それらを1つの都市生態系としてどう把握するか。生命力のある都市は、ある種の生態系の進化のように、諸要素の有機的な連動を通じて1つの秩序から別の秩序へと「遷移」していく。ポートランドはそうしたバイタルな都市生態系の一例であり、その全てを叙述することはできないが、ひとまず、これまでのポートランド研究の整理を兼ねて、先行研究が明らかにしている要素をつなぎ合わせながら、オレゴン州・ポートランドの政治経済システムを概括的に描写してみたい。

4.2.1　都市計画と交通政策

　ポートランドをサステイナブルな都市として有名にしたのは、まずは都市計画と交通政策の領域であった。広域成長管理政策が機能し、自動車化とスプロール化をある程度制御して、公共交通機関を軸としたまちづくり（Transit Oriented

Development: TOD）を実現した街だとされる。とくに、全米で唯一選挙民に承認された自治憲章と課税権を持つ広域行政機関 Metro と、州政府が定める都市成長境界線（UGB）、そして公共交通機関 Tri-Met の役割が強調される（川村・小門、1995; Calthorpe and Fulton, 2001）。

ポートランドの都市計画が大きく転換したのは、1970年代であり、とくにウィラメット川沿いの高速道路の撤去と跡地の公園化を実現した1972年のダウンタウン・プランが画期であった。これ以降、この都市のコンセプトは、「成長マシン」から「人々が住みたくなる場所」へと変化したとされる。計画を主導したのはポートランド市開発局（Portland Development Commission: PDC）[4]であったが、当時の全国的な社会運動の機運と地域における革新派政治リーダーの登場を受けて、市民運動家やコミュニティ組織の参加する新たな「都市レジーム」へと構造変化したことが決定的に影響したという（畢、2017）。1970年代初頭のトム・マッコール知事とゴールドシュミット市長の時代以来、オレゴン州とポートランド市が目的を共有し、適宜役割分担しながら政策連携できていることも、この体制を後押ししている。

ポートランドの都市計画の特徴は、広域レベルの計画とコミュニティレベルの計画の間における論争・調整・合意形成の過程にある。行政部局だけでなく、1000 Friends of Oregon のような専門性の高い NPO が代替案を示し、エビデンスに基づく公開の議論を経て、市民が計画を合意していく過程が、社会的に制度化されている（小泉・西浦、2003; 福川・矢作・岡部、2005）。PDC による地区再開発計画では、利害関係者によるデザイン・ワークショップがシステム化されており、都市計画のファシリテーターがオペレーションを担って、参加者の積極的意見を取り入れながら合意形成を図る仕組みになっている（山崎、2016）。

4.2.2 住民自治

ソーシャル・キャピタル論で有名なパットナムらは、米国のコミュニティ再生を論じた『Better Together』（2003）の中で、コミュニティの衰退するアメリカの中でポートランドが例外的に市民参加とソーシャル・キャピタルを増加させていることを「謎」だとして取り上げている。パットナムらはポートランド州立大

---

[4] 2017年に Prosper Portland という名称の組織に再編された。

学のジョンソン教授の研究（Johnson 2002）などを引きながら、ポートランドの活動家たちの「運動するスキル、粘り強さ、影響力を与える範囲の広さ」とともに、行政側が、多くの市民的提案を拒絶するのではなく「対応し学び取る」能力を持ち、その相互の連鎖反応が「臨界質量」に達したことが要因にあると結論づけている。

　ポートランド市の政治制度は独特で、市議会は市長を含む5人の市政委員と1人の監査役から成る。また、市内に95の近隣組合（neighborhood associations）という組織があり、行政はゾーニングや開発その他の都市計画に際して必ず近隣組合の意見を聞くことが条例で定められている。近隣組合は住民の自主的な自治機関で、NPO法人になっているケースもある。もともと近隣組合自体は1930年代から存在していたが、1970年代の再開発反対運動をきっかけに自治上の権能を認められた。近隣組合が自治機能を的確に発揮するために、市の専門部局である近隣計画局と、近隣組合を支援する連合事務所が置かれ、近隣組合を公的に支援する体制が整えられている。ポートランドには、近隣組合だけでなく、領域ごとに政策提案型のアドボカシー団体が多数存在し、「市民による提案」と「行政による対応」が制度的に長期に保証されていることが、参加民主主義の基盤にあるとされる（岡部、2008; 岩淵他、2017）。

4.2.3　クリエイティビティ

　ポートランドには様々な呼び名がある。自転車の街、地産地消の街、コーヒーの街、クラフトビールの街、アウトドアスポーツの街、インディーズ音楽の街など（Banis and Shobe, 2015）。とくにサステイナブルな消費生活が先進的展開をしている街として知られている（間々田・野尻・寺島、2017）。創造性豊かな生活スタイルに魅力を感じ、25～39歳の大卒以上の学歴を持つYCE（young, college-educated）やクリエイティブ・クラスの集まる街であることが、指標で示されている（Florida, 2002）。

　工場・倉庫街から歴史的建造物を活かしたロフト住宅街へと生まれ変わったパール（Pearl）地区の都市再生は、クリエイティブなまちづくりの象徴とされる。都市学者J. ジェイコブズの思想を反映した混合形態（mixed use）の再開発が地元不動産業者主導で行われ、文化芸術的雰囲気の中で、サステイナブルな生活スタイルを提案する多彩な企業や店舗が展開するコミュニティを形成した（畢、

2017;吹田、2015)。ただし後述するように、その成功故に、近年はジェントリフィケーションの問題も発生している。

4.2.4　地域経済

　ポートランドの優れた生活の質は、いかなる地域経済の基盤に支えられているか。ポートランドは基本的には周辺型の地方都市経済であり、失業率やパートタイム率が高く、平均所得は高くない。古くは木材・木製品、鉄鋼、物流などを主要産業としてきたが、インテルや日系企業の誘致が進み、ICT ベンチャーで注目されてシリコンフォレストと呼ばれるようになった。ハイテクばかりでなく、ナイキ、キーン、コロンビアなどスポーツブランドの発祥・集積の地としても有名である。

　オレゴン州には著名な技術系大学がないにもかかわらず、イノベーティブなクラスターが形成された理由について、中村（2004）は、生活の質と知識経済の関係性に着目し、生活の質に惹かれた人材が滞留し、企業からのスピンオフ起業などを通じて、地域に知識労働市場が形成されてきた回路を論じている。地元起業家は、地域における人材の有機的なつながりを「スタートアップ・エコシステム」と呼ぶ。「実験」を刺激し、支え合う都市コミュニティが、クリエイティブ人材の滞留する拠り所となっている（山崎、2017）。

　また、成長管理によって役割区分された州内の都市-農村関係が、循環型の地域経済を支えているという分析がある（Hibbard et al., 2011）。都市成長境界線の存在は、不動産の高度利用を活性化し、必然的にダウンタウンの不動産・建設業を発展させた。中心部はコンサルティングや技術サービス、地産地消のスーパー等の拠点となり、周辺農山村は有機農産物や、豊かな自然景観とアウトドア空間を提供する。

　とりわけ中心市街地における不動産ビジネスは特徴的であり、公共部門と民間部門が融合している。ポートランドの不動産開発は自由放任ではなく、常にPDC によって厳格に制御されるため、民間不動産会社はパブリックな価値に重きを置いて、PDC と協調する開発プロジェクトを志向してきた。地区再開発の財源は、固定資産税の増収分を担保とする TIF（Tax Increment Financing）で賄われることが多く、TIF をレバレッジに民間投資を呼び込み、PPP（public-private partnership）型再開発事業を展開している。また、資産所有者や事業者

がその地区の発展を目指して独自に組織化し、共同事業のために受益者負担金を徴収する BID（Business Improvement District）という事業者自治制度（準地方公共団体として位置づけられる）が発達しているのもポートランドの特徴である（山崎、2016）。

4.2.5　エネルギー政策とクリーンテック

　エネルギー政策でもポートランドは早くから注目されていた。ポートランド市は1977年に連邦都市住宅省によりエネルギー保全モデル都市に選定され、1979年には市にエネルギー室と市民参加のエネルギー委員会が設置された。全米最初のエネルギー政策実施自治体といわれる（千歳、2009）。市のエネルギー局は、気候変動対策や都市計画業務と合体して、2011年よりサステイナビリティ計画局へと引き継がれている。

　ポートランドの都市エネルギー政策の基本はエネルギー効率化である。1990年に策定されたポートランド市エネルギー政策では、この時期に早くも、住居、商業、工業、交通におけるエネルギー効率10％向上を目標に設定した（青木、2004）。なかでも柱となるのがグリーンビルディング政策である。アメリカでは2000年代後半以降クリーンテック（Clean Tech）がICTに次ぐスタートアップ領域として投資を集めるが、ポートランドではグリーン建築分野を中心にクリーンテック産業の集積が進んでいる（Allen and Potiowsky, 2007）。

4.2.6　アメニティ・パラドックス

　他方でポートランドには、「生活の質」パラドックスと呼ばれるいくつかの課題がある（畢、2017）。パール地区では、不動産開発に成功して評判を呼べば呼ぶほど、高級住宅地化と観光地化が進んで家賃や住宅価格は急騰し、初期の起業家やアーティストは地区を去っていったという。現在もっとも深刻なのは、ホームレスの急増である。人口減少に悩む日本の地方都市とは全く逆の現象であるが、ポートランドは、都市規模に比べて急激に人口が集まる一方で、仕事の数はそこまで増えないことが原因だとされる。総人口63万人のうち約４千人がホームレスだというデータもあり、ポートランド市議会は2015年に「住宅・ホームレス非常事態」を宣言した。

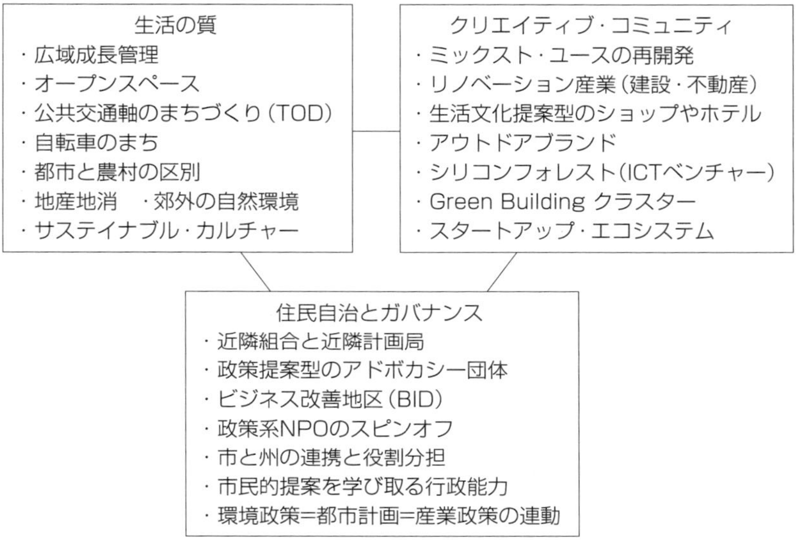

第 4 章　エネルギーまちづくりのガバナンス

```
┌─────────────────────────┐   ┌─────────────────────────────────┐
│          生活の質         │   │     クリエイティブ・コミュニティ     │
│ ・広域成長管理             │   │ ・ミックスト・ユースの再開発        │
│ ・オープンスペース          │   │ ・リノベーション産業（建設・不動産） │
│ ・公共交通軸のまちづくり(TOD)│   │ ・生活文化提案型のショップやホテル │
│ ・自転車のまち             │   │ ・アウトドアブランド               │
│ ・都市と農村の区別         │   │ ・シリコンフォレスト(ICTベンチャー) │
│ ・地産地消 ・郊外の自然環境 │   │ ・Green Building クラスター      │
│ ・サステイナブル・カルチャー │   │ ・スタートアップ・エコシステム      │
└─────────────────────────┘   └─────────────────────────────────┘
                   ┌─────────────────────────────┐
                   │      住民自治とガバナンス        │
                   │ ・近隣組合と近隣計画局           │
                   │ ・政策提案型のアドボカシー団体    │
                   │ ・ビジネス改善地区（BID）        │
                   │ ・政策系NPOのスピンオフ         │
                   │ ・市と州の連携と役割分担         │
                   │ ・市民的提案を学び取る行政能力   │
                   │ ・環境政策＝都市計画＝産業政策の連動│
                   └─────────────────────────────┘
```

（資料）筆者作成。

図 4-1　ポートランドの都市生態系

4.2.7　都市生態系のモデル

　以上をまとめるならば、図 4-1のように模式化される。ポートランドにおいては、生活の質とクリエイティブ・コミュニティと自治の制度は、相互に支え合う一体的な政治経済システムである。大元にあるのは都市計画によって守られている生活の質であり、暮らしの魅力が各地から人材を引き寄せ、地域の環境や生活文化に根ざした産業を生んでいる。同時にそれら地元産業によって、地域生活や環境の質が常に新しく現代的に更新されることで地域の魅力が持続する。スタートアップ企業は地域コミュニティの人的ネットワークによって支えられているが、コミュニティの活力と協働の背景にあるのが住民自治とガバナンスの制度である。これによって、まちづくりに地域住民やNPOや事業者の参加が保証され、地域的実験の自由な創造性と社会的秩序のバランスが保たれている。こうしたガバナンスの制度は、地域社会の高い自治意識によって支持されており、守るべき環境や地域の共同的価値が明瞭であるからこそ新しいプロジェクトの合意形成もしやすくなる。

すなわち、クリエイティブな人材や産業だけでなく、周囲の環境条件や、コミュニティの共同意識や、ガバナンスの制度もまた都市の集積の要素であり、それらは生態系のように互いを刺激しあって、都市のバイタリティや発展性を決定づけている。Camagni, Capello, and Nijkamp（1998）は、都市の経済的環境、社会的環境、物理的環境の相互作用による外部経済効果が、外部不経済効果を上回っている状態を、都市のサステイナビリティの定義と述べたが、実際にはその集積構造は静態的な集合体なのではない。ポートランドの都市生態系に見られるように、それは政治、運動、課題、実験、制度の積み重ねによって、経済、社会、環境の相互作用が働いた結果、歴史的に形成されていく動態的な政治経済システムなのである。

4.3　オレゴン州のエネルギー政策動向

ポートランドのエネルギーまちづくり政策は、このような都市生態系と一体で展開している。次に、エネルギーまちづくりの方向性を定めている州と市のエネルギー政策動向を確認しておこう。

オレゴン州は1979年に原発の製造を禁止し、1993年に最後の一基が停止以来、水力発電を軸に原発に頼らない政策を推進してきた。再生可能エネルギーに関しては、オレゴン州は2007年にRPS（再生可能エネルギー割当基準）制度を導入し、2025年までに再エネ比率を25％にする目標値を設定した。RPSは電力供給量の約70％を担う２つの私営電力会社（Pacific Power社とPortland General Electric社）に適用される。この法案は、再エネの拡充を受けて2016年に改正され、2035年までに石炭火力を停止し、2040年までに再エネ比率を50％にするという、さらに意欲的なRPS目標に移行した[5]。

オレゴン州の電源構成は、水力が４割強を占め、水力を除く再エネは風力その他で6.46％と全米平均並みである。2035年に廃止する予定の石炭火力はまだ約3分の1を占める（図4-2）。RPSを達成するには水力の取り扱いが論点となるが、事業者が水力をRPSに組み込むには、魚、野生生物、水質に対して低環境負荷であることを証明しなければならない。とくに（規制強化された）1995年以前に設置された水力発電所の場合、低負荷水力機構（LIHI）というNPOの認証を受ける必要がある。

第4章　エネルギーまちづくりのガバナンス

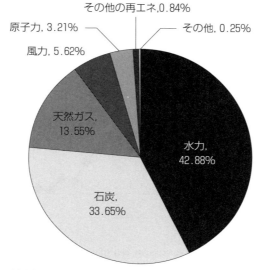

（資料）Oregon Department of Energy

図4-2　オレゴン州における電源構成（2012-14年）

　一方で、オレゴン州は太陽電池メーカーの誘致が盛んである。水力による低価格電力、半導体熟練労働者の蓄積、設備投資への固定資産税免除プログラム、再エネに関する税額控除制度などが立地の好条件をなす。SolarWorld（独）、パナソニック（サンヨー、日）、Centon Solar（中）、Solopower（米カリフォルニア）等の企業が軒並み製造工場を立地させている。ソーラーパネルの年間生産能力は680MW以上に達し、北米最大の太陽電池製造州である。風力発電事業への投資も多く、地元電力のPGE（Portland General Electric）の他、シーメンス、ヴェ

5）調査時点ではオレゴン州は全米屈指のRPS目標を持つ州であったが、他州でも次々と野心的な政策目標が採択されている。オレゴン州に続いてワシントン州でも石炭火力発電所廃止の州法を承認し、ハワイ州では2045年までに化石燃料による発電を全廃して、再生可能エネルギーだけで州内の電力を供給するとする州法が可決した。カリフォルニア州議会も2018年に、2045年までに州内の電力の100％を温室効果ガスを排出しないエネルギーで賄うとする法案を可決した。トランプ政権は石炭火力容認に転じたが、実は全米全体で石炭火力の総発電量は、ピーク時の2007年に比べると2016年には4割弱の水準へと急減している。トランプ大統領に反発する形で、再生可能エネルギー100％を達成することを目標とする都市（RE100）が全米で70以上に広がっている（2018年7月時点）。

133

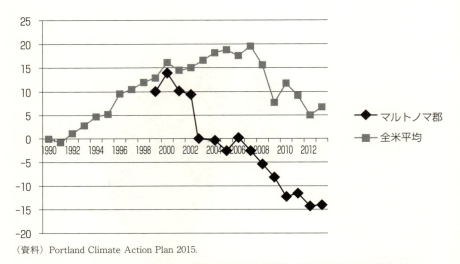

(資料）Portland Climate Action Plan 2015.
図4-3　マルトノマ郡と全米平均の炭素排出量推移（1990年値からの変化率）

スタス、伊藤忠などが大規模なプロジェクトを実施する。オレゴン州の再エネ事業の「供給面」は、国外・地域外からの大手・誘致企業中心に展開していることがわかる。

　これに対して、地域経済の内生的な部門は主に「需要面」のエネルギー効率化に関連している。2009年のポートランド経済発展戦略では、①クリーンテック、②運動・アウトドア、③ソフトウェア、④先端技術製造業の4つのクラスターを戦略部門に位置づけ、研究開発と事業化支援の強化で、グリーン経済の世界的中心地を目指すとしている。マルトノマ郡におけるクリーンテックの雇用数は、2001年の10,202人から2013年には12,705人へと25％成長しており、雇用全体の伸び（2％）を大きく上回っている。

　経済政策と連動する形で、ポートランド気候対策計画が2009に策定された（2015年改訂）。1990年比で2040年までにCO$_2$排出を40％、2050年までに80％削減するという目標が市議会で可決された。ポートランド市の所在するマルトノマ郡における炭素排出量のトレンドを全米平均と比較すると（**図4-3**）、2000年代に入ってから傾向の差が歴然である。マルトノマ郡の炭素排出量は2013年時点で1990年比14％減、1人当たり35％減を達成している。この間、人口は31％増、雇用は20％増なので、これは経済の衰退によるものではなく、都市インフラの低エ

第4章　エネルギーまちづくりのガバナンス

ネルギー化等によって、一定の実績が積まれていることが見て取れる。

　ポートランド気候対策計画では、建築物の低エネルギー化で目標値の47％を、低炭素電力で28％を、都市計画と交通で24％を満たす計画であり、グリーン建築が計画達成の鍵となっている。2030年の中期目標として、具体的に次の数値が掲げられている。目標①2010年以前に建てられた全ての建物のトータルエネルギー使用量を25％減少させる。目標②全ての新築の建物・住宅に関してゼロネットの炭素排出を達成する。目標③建物に使用する全てのエネルギーの50％を再生可能エネルギーで供給し、うち10％をマルトノマ郡内の再生可能資源から供給する[6]。

　こうしてポートランドの気候変動対策は建築部門と深く関連することになるが、日本の自治体のように環境政策部局の目標が孤立することはなく、環境・エネルギー政策と都市計画と産業政策は統合的な目標の下に一体的にガバナンスされている[7]。

4.4　エネルギーまちづくり政策のガバナンス

4.4.1　エネルギー投資のガバナンス

　上述した目標設定の下で、実際にどのような政策ガバナンスが実施されてきたか。環境戦略的なエネルギー投資を誘導する上でもっとも重要な措置は、1999年のオレゴン州電力事業者再構築法である。これは電力料金の3％をファンド化し、再エネとエネルギー効率化のプログラムに使用することを定めた州法である。このプログラムを実行するために、オレゴン公益事業委員会（OPUC）は非営利団体として Energy Trust of Oregon（以下、エナジートラスト）を設立した。

---

6) なお、目標4～7は都市空間と交通様式の変革に関わる項目、目標8～11は消費と廃棄物に関する対策に関する項目、目標12～17は地産地消、森林、激変緩和、市民参加等に関する項目である。

7) なおポートランド市の持続可能な発展室（Office of Sustainable Development）は、2011年に都市計画局（Planning Bureau）と統合して、サステイナビリティ計画局（Bureau of Planning and Sustainability: BPS）に再編された。BPS は、土地利用計画、都市デザイン、エネルギー効率、グリーン建築、廃棄物削減、再生可能エネルギー、地産地消、そして気候変動対策を管轄する。なおエネルギー政策と産業政策は主として州が担当しているが、政策の連携性は非常に密である。

エナジートラストの役割は、いわゆる「ネガワット」(Hennicke and Seifried, 1996) と同様に、電力事業者が需要家の省エネに投資することで設備費を節約する仕組みだが、この投資比率を公的に定め、基金の運用を NPO に委託するという同州独特の制度になっている。2003年からガス事業にも同様の制度が適用され、州の2大私営電力会社 PGE 社と Pacific Power 社に加えて、ガス最大手の NW Natural 社の3社分で予算の97.9％を占める。エナジートラストの事業範囲はオレゴン州だけでなく、北西部エネルギー効率同盟（北西4州）と連携し、オレゴン州で培ったノウハウを他州・広域にも展開している。

エナジートラストがとりわけ重視しているのが、取引同盟（Trade Ally）ネットワークと呼ばれる地域の連携体制である。これは、エネルギー効率化の技術を有する業者や専門家（建築家、エンジニア、デザイナー、施工業者、不動産業者）と連携を組み、顧客の課題に応じてマッチングする仕組みである。トレードアライの2,400強のパートナーのうち、78％がスモールビジネスであり、エナジートラストは連携業者の能力向上のための訓練プログラムも行っている。つまり、電力料金の一部を需要家（住宅、事業者）のエネルギー効率化に投資し、それを地元中小企業の仕事に回す仕組みになっている。

2016年度実績では、州内8万600サイトでクリーンなエネルギーへの投資を行い、およそ9800万ドルの電気料金を節約し、1,765社のトレードアライに仕事を回した。年間予算の1億8568万ドルのうち、エネルギー効率化に86％、再エネに11％、残りは管理運営費に支出されており、再エネ設備よりも圧倒的にエネルギー効率化に重点投資されていることがわかる。

4.4.2 都市エネルギー政策のガバナンス

ポートランド市は2001年に全ての市の施設の新築・修復において LEED 認証を得ることを決定した。LEED 認証とは、米国グリーン建築協会による建物と敷地利用についての環境性能評価システムであり、Leadership in Energy and Environmental Design の略である。その内容は、エネルギー効率（省エネ設計、再エネ設備導入、グリーン電力購入など）だけでなく、サステイナブルな敷地利用（土砂流出防止、既存開発地の開発、土壌汚染の浄化、公共交通への近接、生物多様性保全、オープンスペースの確保など）、水効率（雨水利用、保水性、地下浸透など）、材料（建築廃材のリサイクル、リユース建材・地場産材の利用な

ど)、屋内環境（換気、自然光の取り入れ、眺望、内装材など)、地域別優先項目など、多岐に渡って数値が定められている。

　民間建築物に対しては、ポートランド市はグリーン建築のパイロット事業を支援するための基金を設け（2005～09年)、オレゴン州と共同でLEED評価に応じて所得税を控除する税制優遇制度を整備したり（2007～14年)、PDCがLEED基準の民間建設計画に財政支援を行ったりしてきた。これらによって、ポートランドは世界でもっとも人口当たりのLEED認証建築の多い街となった。

　グリーン建築の呼び水としての当初の役割を終えたことから導入期の制度は順次廃止され、2015年から新たな制度として、2万平方フィート以上の床面積を持つ民間営利施設に対するエネルギーパフォーマンスの報告義務が強化された。対象となる全ての建物が、連邦環境保護庁の「エネルギースター」という指標で低エネルギー度を点数化される。すでにポートランドでは不動産の価値を高める上でLEEDは必須の要件になりつつあり、補助金等の呼び水がなくとも市場拡大が見込まれる段階に入っているという判断である。

4.4.3　クリーンテック産業振興のガバナンス

　エネルギー政策の需要サイドをコーディネートするのがエナジートラストであるのに対して、供給サイドからクリーンテックのビジネス振興を支援するのが2007年に設立されたオレゴンBEST（Oregon Built Environment & Sustainable Technologies Center, Inc）である。オレゴンBESTは、州のビジネス開発省と、PPP（官民提携）ファンドであるオレゴン・イノベーション評議会のサポートを受けて立ち上げられた独立の非営利企業である。

　オレゴンBESTの任務は、次世代まちづくりのプレーヤーとなるクリーンテックのスタートアップ企業をサポートすることである。起業のアーリーステージに1社最大25万ドルを提供する。2017年現在44社の地元クリーンテック企業に投資している。アイディアを持つ人材と支援企業のマッチング、地元大学との共同研究のコーディネート、スタートアップ企業への大学生インターンなどのインキュベート機能を担っている。

4.4.4　グリーン建築のキープレーヤー

　グリーン建築産業の裾野は非常に広い。消費者（個人・企業・政府等の施主）

表 4-1　グリーン建築産業クラスターのプレーヤー

＜生産＞	＜供給＞	＜消費＞
材料 　木材 　鉄 　砂礫 　コンクリート 　ガラス 　アスファルト 　藁 　石油化学製品 再生利用 　木製品その他の廃物利用 　剪定された街路樹 製造業 　暖房、換気、空調 　トイレ 　照明設備 　太陽光パネル 　電気器具 　配管 　床板 　屋根葺き材 　壁板 　石膏ボード 　塗装 　窓 　カーペット	流通業者・サプライヤー 　材木 　塗装剤 　設備 　電気器具 　備え付け家具 　その他の建築材料 　庭材 建築家・デザイナー・エンジニア 　建築家 　エンジニア 　造園家 　グリーン・コンサルタント 　インテリアデザイナー 　照明デザイナー 建設業者 　元請け業者 　建設マネージャー 　下請け業者 販売者 　不動産業者 　貸主 　登記／エスクロー（第三者預託） 　監査	クライアント 　個人 　民間企業 　政府 　非営利機関 　公益事業者 ＜ファシリテーター機関＞ 　州BECT（事業者エネルギー税クレジット） 　州SELP（小規模地域エネルギーローンプログラム） 　市OSD（持続可能な発展室） 　郡（カウンティ） 　大学 　全米グリーン建築協会 　北西部エコ建築ガイド 　北西部エネルギー効率同盟 　建築科学教育学会 　森林管理協議会 　アメリカ建築家協会 　国際インテリアデザイン協会 　建築コミッショニング協会 　アメリカ建築専門家団体 　持続可能な建築アドバイザープログラム 　棟梁協会 　オレゴン州エネルギー省 　オレゴン・ナチュラル・ステップ・ネットワーク 　エナジートラスト 　ポートランドビルディング協会

（資料）：: Allen and Potiowsky 2007, p.32

と生産者（材料、建設、再生利用等）の関係だけでなく、各種専門的なサプライヤー（流通業者、建築家、デザイナー、エンジニア、不動産業者等）が関与し、それらをコーディネートする政府系NPO、独立系NPO・NGO、認証機関、コンサルタントなどが多層的に地域クラスターを形成している（**表4-1**）。

　ポートランドのクリエイティブなエネルギーまちづくりは、実験的なプロジェクトを展開する数多くの専門的な民間アクターによって支えられている。例えば、アース・アドバンテッジは、地元電力事業者PGEがエネルギー効率化を進めるために1992年に立ち上げたプログラムからスピンアウトした非営利企業である。LEEDの認証、グリーン建築の研究や研修教育を請け負っている。グリーン・ビルティング・サービスは、サステイナブル建築のコンサルティング企業であり、ポートランドを拠点に世界中で500以上のLEED認証に携わっている。ガーディン・エドレン（Gerding Edlen）やワンデン・ケネディ（Wieden + Kennedy）は、

第4章　エネルギーまちづくりのガバナンス

パール地区の再開発を牽引した地元不動産業者で、ミックストユースのサステイナブル都市開発に強く、州内外で事業を展開している。他にも、ランドスケープ・アーキテクチャーでサステイナブルな造園・環境デザインを得意とするグリーンワークス、200以上の LEED 建築を手がけたホフマン建設、19世紀から続く老舗木材カンパニーで、FSC 認証[8]を受けた地元木材を LEED 建築に提供するコリンズ社など、多彩なアクターが専門的な提案力を競っている。こうしたグリーン建築のキープレーヤーは、ポートランドを拠点に技術力・提案力と実績を積み重ね、国内外のプロジェクトを受注する輸出産業へと育ってきている。

4.4.5　グリーン建築プロジェクトの展開

　グリーン建築プロジェクトの事例を見ておこう。パール地区の一郭に位置する自然資本センター（Natural Capital Center）は、環境 NGO のエコトラストが1998年から2001年にかけてリノベーションした LEED 建築である（von Hagen, Kellogg and Frerichs eds., 2003）。当初はポートランド市の持続可能な発展室（Office of Sustainable Development）が入居していたが、その後はパタゴニアをはじめとする「グリーン」なテナントミックスになっている。

　エコトラストは、もともと鮭を守る活動など自然資源の保全に実績のある環境保護団体であったが、都市学者ジェイン・ジェイコブズに助言を受けて、都市サイドから環境保全にアプローチする戦略転換のためにポートランドに移転してきた。自然資本センターは、元は倉庫として使われていた19世紀の建造物をエコトラストが買い取り、6,500㎡の敷地を1240万ドルかけてリノベーションし、LEED Gold の認証をアメリカ北西部で初めて受けた建物となった。

　元の建物の材料を98％再利用したことをはじめ、エネルギー効率化、雨水の利用と保水、地下浸透、屋上緑化、FSC 木材の利用などの環境デザインに加え、地域に開かれたコミュニティ・デザインが工夫されている。エネルギー効率化については、外気を利用した冷暖房システム、地中熱ヒートポンプ、区画ごとの室内人口密度に対応した空調管理、高機能ガラスと開閉式窓による室温調節、テナ

---

[8] 森林管理協議会（Forest Stewardship Council）と呼ばれる国際 NGO によって提案された「森林認証制度」であり、木材が持続可能で適切な森林管理が行われていることを独立の第三者機関が認証する制度である。

ントのピザ釜の排熱利用（温水熱システム）、自然光デザインなどによってエネルギー使用量を抑制し、残る必要電力の90％分について、再生可能エネルギーのクレジットを購入することによって、建物の実質的な化石エネルギーの消費量を限りなくゼロに近づけている。

　総事業費1280万ドルのこのプロジェクトの実現に当たっては、PDCから20万ドルの支援を受けた他に、州や市のグリーン建築補助金を各種活用し、ポートランドの建築家、技術者、グリーンデザイナーなどと連携し、近隣組合等や地元事業者らとも話し合いを重ねた。自然資本センターは、創造的なアイディアと地域的協働でLEEDによる地区再開発の成功モデルの１つとなった（von Hagen, Kellogg and Frerichs eds., 2003）。

　このようなグリーン建築プロジェクトの実績を踏まえて、個々の建物のLEEDだけでなく、街区単位でのLEED ND（neighborhood development）を推進するために、ポートランド市議会はエコディストリクツ（EcoDistricts）と呼ばれるNPOを設立した。エコディストリクツは、地区の利害関係者が合意して長期的にLEED NDを進めていくためのプロトコルを開発し、地区ごとの取り組みを支援している。NPOとしてPDCからスピンアウトされたことで、プロトコルをポートランド以外の都市にも事業展開可能になった。

　ポートランドのロイド（Lloyd）地区は、以前は住宅の存在しないビジネス街区と駐車場だけの地区であったが、資産所有者らが中心となって、交通などの地区の問題解決のためにBID（Business Improvement District）を設立し、次いで2009年からエコディストリクツに取り組んだ結果、居住人口が2012年の約1,200人から2015年には5,000人を超えるまでに回復し、地区の雇用は10年間で＋36％、不動産価値は＋55％上昇する一方で、エネルギー使用量は2010年から2018年にかけて－12.4％、温室効果ガスは－21.4％減少した。

　ロイド・エコディストリクトは、北米でもっともサステイナブルなビジネス地区というブランドを目指している。2014年に策定されたロイド・エコディストリクト・エネルギー行動計画では、地区のエネルギー消費量を2035年までに2010年比で６割削減することを目指し、エネルギー効率化のための15のアクションが打ち出されている。地区の利害関係者がエネルギー効率化の目標に合意し、その実現のための行程表を自ら作成し、PDCと協働して取り組んでいく過程が明瞭に制度化されている[9]。

4.4.6　エネルギーまちづくりガバナンスの特徴

　このように、オレゴン州では、再生可能エネルギーの製造と発電は大手・誘致企業依存であるのに対して、エネルギー効率化やグリーン建築に関してはポートランドに集積するクリエイティブ・クラスターが推進力になっている。オレゴン州・ポートランドが作り上げてきたエネルギーまちづくりのガバナンスの特徴をまとめておこう。

　第1に、環境・エネルギー政策と都市計画と産業政策が連動している。それぞれ担当する政策執行機関は異なっており、州と市にまたがっているにもかかわらず、地域として目指すべきビジョンを共有して、互いの政策が補完的になるように意識されている。組織単位の閉じたガバナンスではなく、組織の枠組みを超えた地域単位のガバナンスが働いている。

　第2に、議会（政治）が政策的枠組みを定め、専門行政機関に方針と権限を与えるが、実際的な運用は行政ではなく政策系NPOに委託している。政策の新規プロジェクトは適宜外部にスピンアウトさせつつ、各方面で同時進行させるようなガバナンスである。垂直統合型の縦割り行政機構とは全く異なる。公共と民間の境目は曖昧で、政策機能は分割して外部化し、増殖する。公共部門も企業と同じように、ベンチャーを創発させるようなオープン・イノベーション・モデルである。

　第3に、市民生活に密着した環境プロジェクトを都市計画の中で実現し、そこに資金が循環するようなファンディングと、地域内の事業者に仕事が分配されるような制度のデザインがなされている。ポートランドのまちづくりが有効な理由の1つは、プロジェクトごとに事業資金の裏付けがきちんとなされていることにある。技術先行の単発的な社会実装プロジェクトではなく、政策ファンドと民間投資を組み合わせることで、数多くのサイトで実効的なエネルギー効率化プロジェクトを創発する条件を整えつつ、それを地域経済に循環させる仕組みになっている。

9）エコディストリクトに関しては、筆者が研究指導した京谷麻央氏の卒業論文「サステイナブルな地区開発の協働管理〜ポートランド市ロイド・エコディストリクトを事例に」（2017年、金沢大学）の調査結果を参考にしている。

第4に、政策提案型のアドボカシー団体、近隣組合、各種の専門的な事業者、ファシリテーター機関等が関わりあって、実験的プロジェクトを展開させている。それぞれのアクターが、対立する要素を含みつつも、互いに連携し合意形成を図りながら、能動的・創造的に課題解決に取り組むことを許容するガバナンスである。当事者同士の合意形成を重視する制度条件がこれを保証しているが、政策系NPOや独立系NPO、民間の非営利企業、コンサルティング会社など、ファシリテーター役を担う組織が公共・民間にわたって何層にも存在していることが特徴的である。少数の有力者が密室で決定する再開発プロジェクトではなく、NPOが多層的に介在する有機的なガバナンスだといえる。

　こうした独特なガバナンスは、個々の制度や機関だけで成り立つものではなく、前述したような都市生態系の一部として機能しているという理解が重要である。

4.5　まとめ：オレゴン州・ポートランドから日本への教訓

　オレゴン州・ポートランドのエネルギーまちづくりは、福祉国家型とは異なるサステイナブルな政治経済システムに関する1つの地域的実験である。都市・地域という単位を一体的に機能させる制度間の整合性こそが重要で、生活の質、コミュニティ、社会的分業、人的ネットワーク、自治システムの総体が地域のサステイナビリティの基礎にある。最後にこの経験から日本への教訓を示唆しておきたい。

　日本でも都市のエネルギー効率化は今後大きなテーマになってくると思われるが、その際、技術的な解決策に終わらず、社会的なガバナンスが主要な論点だということを本章は示した。日本の政策形成・実施は、国家とビジネス団体が主導し労働排除的なビジネス・コーポラティズムであり、その下での日本の「緑の成長」もまた、環境NGOを排除した限定的な利害関係者での政策独占になりがちである（長岡、2014）。日本の政治経済システムを急にポートランドのように転換することは難しいが、ポートランドの制度実験を参考にしながら、政治経済システムを修正・改良していく観点はありうるだろう。

　まず、エネルギー効率化投資を進めるためには、明確な気候変動対策の目標とプランが必要であり、そのビジョンの共有こそが、地域的な政策統合の原動力となるということがポートランドの事例から示唆される。日本では、1980年代以降、

第4章　エネルギーまちづくりのガバナンス

強い環境政策を打ち出せず、企業の自主的取組みに委ねてきた結果、環境技術の市場創出とイノベーションに後れを取って、環境ビジネスの競争力が高まらない悪循環に陥っている。エネルギー効率化に関しても明確な環境目標と環境政策による牽引力こそが産業競争力の基盤になりうることを改めて確認する必要がある。

　次に、エネルギーまちづくりを地域経済効果につなげていくには、都市計画や産業政策と連動していく必要があるが、その軸には「生活の質」があり、地元産業に資金が循環していく経路を的確に制度設計していくことが教訓となる。日本ではエネルギー問題は技術的な問題と見られがちであるが、都市計画と関わって、生活や環境の質の向上とエネルギー効率化が連動し、プロジェクトに多様な専門的アクターが関わり合うことで、都市に大きな集積効果が発生する。

　もう1つ大きな論点となるのは、組織別の閉じられたガバナンスを、いかに地域的で柔軟なガバナンスにシフトしていくかという課題である。住民参加の実効性ある制度化などは、垂直統合型統治の日本社会では改革の難しいテーマであるが、ポートランドで試みられているように、政策プロジェクトを組織外部にスピンオフして委託する手法は、今後日本でも参考になるかもしれない。

　より根底的に言えば、ポートランドでは、対抗的な社会運動やクリエイティブな生活の提案力こそが都市の活力の源であるという認識があり、社会統治の原点として、そうした在野の意見を汲み取るチャンネルを保証する組織や制度が整えられている。現代の日本社会のシステムに決定的に欠けているのは、体制外部からの声を政策イノベーションに結びつけていくようなダイナミズムである。それには、国の機構改革を優先するよりも、むしろ草の根の地域から、既成の体制に異議を申し立てるような多様な実験を許容する回路を構築していくことが求められる。

　むろんポートランドの政治経済システムが全て理想的にうまくいっているわけではなく、「生活の質」パラドックスと呼ばれる成長問題をどう制御するか、クリエイティブ・コミュニティから排除された階層をどう社会的に統合するかといった問題など、いまもガバナンスの試行錯誤を繰り返している。都市生態系は常に変遷していくので確定した答えはない。しかし、少なくとも21世紀の社会統治のモデルは、地域的実験の成果をグローバルに共有しながら、自分たちの地域にあったものを設えていく学習過程が大事になってこよう。

参考文献

青木卓志（2004）「自治体の地域マクロ管理における CO2 排出削減への取り組み―アメリカ合衆国オレゴン州ポートランドにおける取り組みの事例」『富山経済論集』50 巻 3 号、pp.91-122。

岩淵泰、イーサン・セルツァー、氏原岳人（2017）「オレゴン州ポートランドにおけるエコリバブルシティの形成―都市計画と参加民主主義の視点から」『岡山大学経済学会雑誌』48(3)、pp.35 - 57。

岡部一郎（2008）「ポートランド・モデル：市民参加と自治」『東邦学誌』37 巻 1 号、pp.1-22。

川村健一・小門裕幸（1995）『サステイナブルコミュニティ』学芸出版社。

小泉秀樹・西浦定継（2003）『スマートグロース』学芸出版社。

佐無田光（2015）「エネルギー転換と地域経済―国際比較の視点から」諸富徹編著『再生可能エネルギーと地域再生』日本評論社、pp.25-53。

吹田良平（2015）『グリーン・ネイバーフッド』繊研新聞社。

千歳壽一（2009）「オレゴン州ポートランド市におけるエネルギー政策とその効果」『地学雑誌』118(6)、pp.1292-1301。

寺西俊一・石田信隆・山下英俊（2013）『ドイツに学ぶ地域からのエネルギー転換』家の光協会。

長岡延孝（2014）『「緑の成長」の社会的ガバナンス』ミネルヴァ書房。

中村剛治郎（1979）「大都市地域の産業政策―大阪産業の現状と課題」府民とともに大阪の躍進をはかる会編『躍進大阪―府民長期構想の提言』自治体研究社。

中村剛治郎（2004）『地域政治経済学』有斐閣。

畢滔滔（2017）『なんの変哲もない取り立てて魅力もない地方都市それがポートランドだった』白桃書房。

福川裕一・矢作弘・岡部明子（2005）『持続可能な都市』岩波書店。

間々田孝夫・野尻洋平・寺島拓幸（2017）「オレゴン州ポートランドにおける持続可能な消費文化」『応用社会学研究』No.59、pp.23-38。

諸富徹（2015）『「エネルギー自治」で地域再生！―飯田モデルに学ぶ』岩波書店。

山崎満広（2016）『ポートランド』学芸出版社。

山崎満広編著（2017）『ポートランド・メイカーズ』学芸出版社。

Allen, J. H. and Potiowsky, T. (2008) "Portland's Green Building Cluster: Economic Trends and Impacts," *Economic Development Quarterly*, 22(4), pp. 303-315.

Banis, David and Shobe, Hunter (2015) *Portlandness, A Cultural Atlas*, SasQuatch Books.

Calthorpe, P. and Fulton, W. (2001) *The Regional City*, Island Press.

Camagni, R., Capello, R. and Nijkamp, P. (1998) "Towards Sustainable City Policy: An Economy-environment Technology Nexus," *Ecological Economics*, Vol. 24, pp. 103-118.

Dorf, M. C. and Sabel, C. F. (1998) *A Constitution of Democratic Experimentalism*, Cornell Law.

Evans, J., Karvonen, A. and Raven, R. (2016) *The Experimental City*, Routledge.

Florida, R. (2002) *The Rise of Creative Class.*(『クリエイティブ資本論』ダイヤモンド社)

Hamilton, Booz Allen (2015) *Green Building Economic Impact Study*, U. S. Green Building Council.

Hennicke, P. and Seifried, D. (1996) *Das Einsparkraftwerk: eingesparte Energie neu nutzen*, Birkhäuser Verlag.（朴勝俊訳（2001）『ネガワット』省エネルギーセンター）

Hibbard, M., Seltzer, E., Weber, B. and Emshoff, B. eds. (2011) *Toward One Oregon, Rural-Urban Interdependence and the Evolution of a State*, OSU Press.

Johnson, S. R. (2002) "The Transformation of Civic Institutions and Practices in Portland, Oregon, 1960-1999," *Doctor of Philosophy in Urban Studies*, Portland State University.

Putnam, R. D. and Feldstein, L. M. (2003) *Better Together: Restoring the American Community*, Simon & Schuster.

von Hagen, B., Kellogg, E. and Frerichs, E. eds. (2003) *Rebuilt Green, the Natural Capital Center and the Transformative Power of Building*, Ecotrust.

第5章 再エネ条例施行後におけるエネルギー自治の展開
長野県飯田市を事例として

八木信一・荻野亮吾

5.1 はじめに

　東日本大震災に伴う福島第一原子力発電所の事故を受けて、再生可能エネルギーをより一層普及させるための制度改革が行われてきた。その象徴的なものとして、再生可能エネルギーの固定価格買取制度がある。だが、この制度に基づいた再生可能エネルギーの普及においては、メガソーラーを典型例として地域経済との連関が弱い大企業が主導したり、また乱開発によって良好な地域環境を破壊したりする事例が全国各地で相次ぎ、地域社会との軋轢も生んできた。

　これに対して、地域が主導して再生可能エネルギーを普及させるために、いくつかの地方自治体では再生可能エネルギーに関連した条例（以下、再エネ関連条例）が設けられてきた。そのなかでも、住民などが主体となった再生可能エネルギー事業を積極的に支援する、長野県飯田市の「飯田市再生可能エネルギーの導入による持続可能な地域づくりに関する条例」（以下、飯田市再エネ条例）は、とくに注目を集めてきた。

　飯田市再エネ条例の背景には、東日本大震災前からの再生可能エネルギーや、それを含めた様々な分野における住民主体の先進的なまちづくりが、公民館を土台とした高い自治力によって行われてきたことがある。そのうえで、この条例は再生可能エネルギー事業を通して、そのような自治力をさらに養っていくことをねらいとしている。それでは、条例施行後から現在に至るまでの間で、このような再生可能エネルギー事業を通した自治の涵養、いわゆるエネルギー自治はどのように進んできたのであろうか。

　本章では、飯田市再エネ条例による認定事業のうち、現時点までで最も多くの

認定を受けてきた山本地区における太陽光発電事業と、飯田市への編入合併後における新たなまちづくりの一環として上村地区で進められている小水力発電事業を、それぞれ事例として取り上げる。これらの事例を通して、飯田市におけるエネルギー自治の展開過程を詳細に見ていくが、そこでは住民自治の中核を占めているまちづくり委員会の特徴や、この委員会の事務局でもある自治振興センターの役割にも光をあてることによって、飯田市におけるエネルギー自治の特徴を立体的に解明していく。

5.2 飯田市再エネ条例の特徴

2011年8月に成立し、翌12年7月から施行された「電気事業者による再生可能エネルギー電気の調達に関する特別措置法」に基づいて、固定価格買取制度は導入された。この制度によって、太陽光発電を中心として再生可能エネルギーは着実に普及してきた。だが、その過程においては、メガソーラーを典型例として地域経済との連関が弱い大企業が主導したり、また乱開発によって良好な地域環境を破壊したりする事例が全国各地で相次ぎ、地域社会との軋轢も生んできた。このような課題に対応するために、固定価格買取制度が導入されて以降、再エネ関連条例が相次いで制定されてきた。例えば、2017年に基礎自治体に対して行われた調査によると、「再生可能エネルギー導入促進のための条例」が53の自治体で、また「再生可能エネルギー立地規制のため条例」が28の自治体で、それぞれ制定されている[1]。

これらの再エネ関連条例の中身は、先行する自治体に学びながらも、各地域が備える再生可能エネルギーにおけるポテンシャルの違いや、再生可能エネルギーの普及に伴って起こってきた、上記したような課題に見られる地域性を反映するかたちで多様である。そのような再エネ関連条例のなかでも、とくに飯田市再エネ条例については、以下で述べるような3つの特徴が一体的となった、「包括的な支援誘導型」として注目されてきた[2]。

第1に、地域環境権という独自の権利概念を設けていることである。この地域

---

1) 山下ほか（2018）、189頁。なお、この調査は2017年5月から7月にかけて1,741の基礎自治体を対象に行われたものであり、回答率は79.4%（回答自治体数1,383）であった。

環境権は、市民[3]自らが主体となって地域において関係性をつくり、そのなかで合意を図りながら、地域環境と調和するかたちで資源を利用して再生可能エネルギーを生み出していくために、市民に対して保障する権利である。それゆえ、市民が再生可能エネルギーを生み出す資源を排他的に利用できる財産権ではなく、再生可能エネルギーを活かした持続可能なまちづくりに参加する権利として捉えることが適切である[4]。

　第2に、地域環境権を行使できる条件として、公共性と公益性を求めていることである。このうち、公共性は再生可能エネルギー事業を担う主体に関わる。具体的には、飯田市再エネ条例ではその主体として地域団体を中心に据えている。この地域団体としては、地方自治法に基づく認可地縁団体に加えて、議会での発議によって設けられた「飯田市自治基本条例」で定めている、市民組織（同条例第11条）や自治活動組織（同条例第15条）も想定されている。いずれの地域団体も、意思決定にあたって1人（あるいは1世帯）につき1票の権限を、平等に与えていることが特徴である。

　しかし、これらの地域団体のみでは再生可能エネルギー事業を担うことが困難な場合、公共的団体等と協力して行うこともできる。この公共的団体等の対象を幅広く設定していることは飯田市再エネ条例のポイントの1つであり、協同組合、商工会議所などの経済団体、社会福祉協議会などの公共的活動を営むものだけでなく、NPO法人や企業についても公共的活動を行う部分に限って含まれるとしている。

　他方で、公益性とは以上のような地域団体や公共的団体等が行う、再生可能エネルギー事業の内容に関わる。その内容は、大きく分けて2つある。その1つは、事業によって得られる電力を地域のために利用することである。後ほど、条例施行後における認定事業を紹介するが、そこでは消防センター、広場、学校などの

---

2) 以下の飯田市再エネ条例に関する特徴については、田中（2014）、諸富（2015）、および尾形（2016）を参考にした。
3) 本章では、飯田市における条例や固有名詞において市民という名称が使われている場合は「市民」を、それ以外の場合は「住民」をそれぞれ用いることにする。
4) 水上（2016）、410頁。なお、飯田市再エネ条例（第1条）においても、「飯田市民が主体となって飯田市の区域に存する自然資源を環境共生的な方法により再生可能エネルギーとして利用し、持続可能な地域づくりを進めることを飯田市民の権利とすること」としている。

地域の公共施設において、太陽光発電から得られた電力が供されている。もう1つは、事業によって得られる売電収益を公益的な目的のために再投資することである。つまり、再生可能エネルギーを普及させるだけでなく、その収益を活かしたまちづくりを併せて行うことによって、先ほどの地域環境権の具体化が図られているのである。

　第3に、飯田市との協働によって再生可能エネルギー事業を進めることを重視していることである。ここでの協働とは、端的に言えば再生可能エネルギー事業に対する支援のことである。まず、市長の附属機関として再生可能エネルギー導入支援審査会（以下、再エネ審査会）を設けている。再エネ審査会は、地域団体などが提案してきた事業計画に対して、技術的および経営的な専門知識を踏まえて助言、提案、および審査を行っているが、そこでの審査基準には上記した公共性や公益性も含まれている。また、再エネ審査会メンバーの役割は、案件によっては再エネ審査会の場に留まらない。その様子は、上村地区における小水力発電事業の事例で詳しく述べる。

　そして、再エネ審査会での審査を踏まえて、答申された事業に対して市長が認定したものについては、事業を円滑に立ち上げ、そして継続できるための支援を飯田市が行うことにしている。これらの認定事業に対して、補助金の交付や条例に基づいて設けられた基金の貸付だけでなく、再エネ審査会による助言や審査を経て認定を受けたという「お墨付き」を与えることによって、無担保でのプロジェクトファイナンスによる資金融資を促すための信用力を、飯田市が付与していることが注目されてきた。

5.3　再生可能エネルギーをめぐる主体形成の特徴

　以上のような飯田市再エネ条例の特徴には、それまでの飯田市における再生可能エネルギーをめぐる主体形成の特徴が色濃く反映されている。

　飯田市においてそれを象徴するのは、おひさま進歩エネルギー株式会社である[5]。太陽光発電の普及をねらいとして2001年に開催された「おひさまシンポジウム」を契機として、NPO法人南信州おひさま進歩を創設し、2004年には飯田市内の社会福祉法人の保育園に寄付型の太陽光発電設備を設置した。また、このように設備を設置した団体などに対して環境教育を積極的に行っており、それは

現在に至るまでも続いている。

　飯田市が獲得した環境省の補助事業「環境と経済の好循環のまちモデル事業（略称、まほろば事業）」が、次のステップへの契機となった。その事業主体として、現在の株式会社の前身であるおひさま進歩エネルギー有限会社を設立し、市民共同出資による太陽光発電事業を推進したのである。そして、この市民共同出資の手法を活かして、初期費用をかけずに住宅用太陽光発電設備を設置できる「おひさま０円システム」を、飯田市と地域金融機関である飯田信用金庫との間で協働しながら開発した。その後、同様の仕組みは全国各地に広がり、住宅用太陽光発電設備の普及手法のモデルとなった。

　以上のような、おひさま進歩エネルギー株式会社の展開過程から、飯田市再エネ条例において公共性や公益性が求められている背景を把握することができる。このうち公共性に関連して、事業主体のうち公共的団体等としてNPO法人や企業も含めて幅広く設定しているところに、そのような展開過程が反映されていると言える。また、おひさま０円システムを通して地域金融機関などを巻き込むことによって、地域経済循環を伴いながら再生可能エネルギーを普及させてきたことや、太陽光発電設備というハードの導入だけでなく、環境教育というソフトも併せて一体的に実施してきたことは、公益性に資するものとして捉えることができる。

　このような、おひさま進歩エネルギー株式会社をはじめとした、飯田市における再生可能エネルギーをめぐる主体形成において、飯田市が行ってきた支援策は欠かせないものであった。まほろば事業や、後ほど言及する環境省や総務省からの補助事業の獲得も、そのなかに含まれる。だが、これら以上に大きな役割を果たしたのは、飯田市が独自に行ってきた支援策であった[6]。

　具体的には、まず公共施設の屋根貸しがある。これについては再エネ関連条例で設けている自治体も複数あるが、それを先駆的に行ったのが飯田市であった。当時のおひさま進歩エネルギー有限会社が行う、市民共同出資による太陽光発電

5）おひさま進歩エネルギー株式会社によるこれまでの取り組みについては、おひさま進歩エネルギー株式会社（2012）を参照。なお、2018年8月に発覚した資金管理問題を受けて、同社は新体制へと移行したが、この問題自体は本章の内容には直接関係しないので、以降の記述は脱稿時（2018年5月）のままにしている。

6）以下の支援策についての記述は、諸富（2015）を参考にした。

事業を支援するために、公共施設の目的外使用として20年間の長期貸与を許可した。また、飯田市ではおひさま進歩が太陽光で発電した電力を、一定の価格で買い取ることにした。これは、国による固定価格買取制度の先駆けとして注目された支援策である。さらに、おひさま０円システムの開発においては飯田市も財政支援を行っており、このことが信用力の付与となって出資や融資の呼び水になった。

　以上のように、飯田市再エネ条例の特徴は、条例制定前における飯田市の再生可能エネルギーをめぐる主体形成と、それを支援する飯田市の取り組みが反映されたものである。そして、このような再生可能エネルギーも含めた、飯田市の様々な分野において見出せる市民による主体的なまちづくりや、それを市との協働によって進めていくことを地方自治のあり方として規定した、飯田市自治基本条例に基づくかたちで設けられているのが、地域環境権なのである。

5.4　条例制定前におけるエネルギー自治の捉え方

　以上のような飯田市における再生可能エネルギーの主体形成に着目して、諸富徹はエネルギー自治という考え方を示している。諸富はエネルギー自治を「地域の経済循環を創り出すべく、地域の関係者が協力してエネルギー事業を創出し、そのための地域ガバナンスの仕組みを整えていく試みのこと」としたうえで、「これを実現するカギは、その地域の『自治力』にある」としている[7]。このうち、本章で注目したいのが、飯田市における自治力の中身である[8]。

　ところで、地方自治は団体自治と住民自治によって構成されているが、諸富がまず注目するのは住民自治である。具体的には、おひさま進歩エネルギー株式会社の原亮弘前社長を例として、住民が自発的に発案し、まちづくりに主体的に関与できる力量が、飯田市において形成されてきたことに注目する。そして、この

---

[7]　ここでの定義は諸富（2018）、17頁によるものである。また、エネルギー自治について、諸富の考え方も含めて再整理したものとして高橋（2016）がある。そこでは、主体（「自治体」と「民間・NPO」）と機能（「規制・振興」と「事業経営」）に分けたうえで、エネルギー自治の類型が示されている。

[8]　なお、おひさま進歩エネルギー株式会社による太陽光発電事業がもたらした地域経済循環への効果については、中山ほか（2016）を参照。

ような住民自治の力量を形成するにあたって、飯田市のまちづくりにおいてこれまで欠かせない役割を果たしてきた公民館に着目する。

　飯田市の公民館の仕組みに関する主な特徴は、次の3つである[9]。第1に、小学校区の単位にあたる全20地区の多くにおいて、住民が自主的に運営する自治公民館である分館を土台とした活動を行ってきたことである。現時点でも、飯田市内に分館はあわせて103存在している。第2に、この分館を束ねるかたちで、全20地区にそれぞれ地区公民館（以下、地区館）が設置されており、これらの地区館の活動を担う文化、体育、広報、青少年健全育成などの専門委員会も、住民が主体となって企画運営していることである。そして第3に、このような地区館の活動を飯田市が積極的に支援してきたことである。なかでも、すべての地区館に配置されている公民館主事は、住民による活動を文字通り二人三脚で支えてきた。

　諸富は、以上のような飯田市の公民館は、住民自治の担い手を育てあげる点では人的資本の蓄積において、また人々のネットワークの形成や発展を促す点では社会関係資本の蓄積において、それぞれ大きな役割を果たしているとしている[10]。さらに注目したいのは、団体自治を担う市職員である公民館主事についても、公民館活動を住民と一緒に経験するなかで、同じように人的資本や社会関係資本が蓄積されることによって、住民のニーズを踏まえた課題解決に寄与する、ボトムアップ型の政策立案に習熟するようになる点を指摘していることである[11]。

　以上のようなエネルギー自治の考え方は、飯田市再エネ条例が制定されるまでの過程においては、「自治力から再生可能エネルギーへ」と向かうベクトルが存在していたことを強調するものである。だが、このような捉え方については批判もある。例えば、そのようなベクトルは、公民館に基づく住民自治の仕組みが存在している飯田市においては成り立つが、他の地域では参考にはならないという批判がある[12]。また、このような表面的な批判だけでなく、地区館における環境関連活動に対するおひさま進歩の関わりを分析した先行研究においても、公民館の役割は限定的なものに留まっていることが指摘されている[13]。

---

9) ここまでに述べてきた、再生可能エネルギーをめぐる主体形成の特徴との関係から飯田市の公民館について言及したものとしては、八木（2015）を参照。
10) 諸富（2015）、49頁。
11) 同上、53-54頁。
12) 西城戸ほか（2015）、174-175頁。

確かに、公民館は今に至っても飯田市のまちづくりにおいて欠かせない存在である。原氏をはじめとした公民館活動の経験者が、飯田市で様々な分野において先進的なまちづくりを実践したことも事実である。しかし、このような公民館が果たしてきた人材育成における役割には、属人的な部分があることも否めない。それゆえ、公民館については「住民がまちづくりの主体であり、行政はそれを黒子として支える」と表現できる、「まちづくりの『飯田モデル』」を育む苗床として位置づけることが適切であると考える。

5.5　条例施行後におけるエネルギー自治の捉え方

　じつは、諸富は「再生可能エネルギーから自治力へ」と向かうベクトルも、併せて指摘している。それは、再生可能エネルギー事業を地域のなかで興し、そのプロセスにおいて地域の人々が集まり、議論し、決定し、そして実行することによって、地域の自治力を高めるというベクトルである[14]。本章で注目したいのは、こちらのほうである。なぜなら、このベクトルが飯田市再エネ条例の施行後において見られるのか、また見られるのであれば、それはどのような特徴を持つのか、さらにそれらの特徴は地区ごとに異なるのかという論点につながるからである。

　表5-1には、2017年度末時点における認定事業の一覧を示している。これらの認定事業の特徴として、次の3つがある。第1に、太陽光発電事業がほとんどを占めていることである。ここには、当初の固定価格買取制度において太陽光発電に対する買取価格が優遇されたことに加えて、これは第2の特徴でもあるが、公共的団体等としておひさま進歩エネルギー株式会社が地域団体による多くの事業に協力しており、これまで蓄積してきた太陽光発電事業のノウハウを活かしていることが反映されている。

　そして第3の特徴として、これが最も注目すべきことであるが、それらの事業を担う主体のうち地域団体として、協議会のような新たな組織が出てきていること以上に、区やまちづくり委員会といった既存の住民組織が多いことである。

---

13) 白井（2016）、15頁。
14) 諸富（2015）、54-55頁。

表5-1　条例施行後における認定事業一覧（2017年度末時点）

認定番号	認定日	事業名	地域団体等	おひさま進歩の協力
1	2014.6.25	駄科区メガさんぽおひさま発電所プロジェクト2013	駄科区	○
2	2014.10.31	飯田山本おひさま広場整備事業	山本地域づくり委員会	○
3	2014.12.19	杵原学校多目的ホール太陽光発電設備設置事業	山本地域づくり委員会	○
4	2015.2.24	丘づくり・市民共同発電プロジェクト2014	竜丘地域自治会（まちづくり委員会）	＊
5	2015.3.17	久米会館・さくら保育園久米分園太陽光発電設備設置事業	久米区	○
6	2015.3.27	龍江四区コミュニティ消防センター太陽光発電設備設置事業	龍江四区地域づくり委員会	
7	2015.3.27	飯田市今田人形の館太陽光発電設備設置事業	今田人形の館運営委員会	○
8	2015.12.12	飯田市立旭ケ丘中学校太陽光発電設備設置事業	旭ケ丘中学校太陽光発電推進協議会	○
9	2017.2.22	花の木山本小学校太陽光発電事業	山本地域づくり委員会、山本小学校、PTA等	○
10	2018.3.20	小沢川小水力発電事業	上村まちづくり委員会、かみむら小水力	＊

（注）「おひさま進歩の協力」のうち○は事業者としての協力、＊はその他の形態（コンサルティング契約や社外取締役就任）での協力を意味する。なお、龍江四区の事業は地元の電気店との協働である。
（出所）飯田市提供資料より作成。

　つまり、条例施行後における再生可能エネルギーから自治力へのベクトルでは、住民自治に基づく新たな主体が再生可能エネルギー事業を担っているよりも、むしろ既存の住民組織が地域団体として、再生可能エネルギー事業に取り組んでいることが、現時点までの実相なのである。
　ところで、地域団体のなかに多く含まれている、まちづくり委員会とは何であろうか。これは、飯田市が地方自治法に基づいて設置している地域自治組織であ

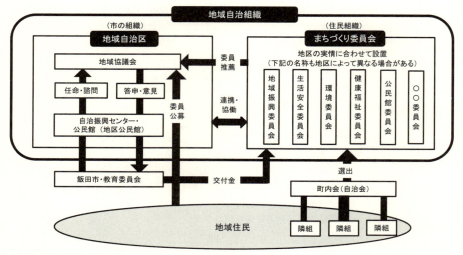

(出所) 飯田市提供資料より作成。

図5-1　飯田市における地域自治組織の仕組み

る。そこで、以下では図5-1に示している飯田市における地域自治組織の仕組みに触れながら、飯田市におけるまちづくり委員会の位置づけ、委員構成、および行政による支援体制を見ていくことにする。

飯田市の地域自治組織の特徴としては、次の4つがある[15]。第1に、飯田市では市の組織である地域自治区だけでなく、住民組織であるまちづくり委員会も含めて地域自治組織としていることである[16]。そのうえで、地域自治区に設けられている地域協議会の委員のうち、まちづくり委員会から推薦されている委員が多数を占めている[17]。また、飯田市から一括交付金(パワーアップ地域交付

---

[15] 以下に示す飯田市における地域自治組織の特徴については、八木ほか(2017)を加筆・修正したものである。

[16] 地方自治法に基づいて地域自治区を設置しているところは、2017年4月時点で飯田市を含めて全国に14団体ある。地域自治区は法定組織として、地方自治法に基づいた地域自治組織には必ず含めなければならない。他方で、飯田市のまちづくり委員会のような任意の住民組織の位置づけは、各団体によって異なっているのが実態である。以上のことに関連して、飯田市の地域自治区を考察したものとして三浦(2017)を参照。

金)がまちづくり委員会に配分されている[18]。以上のことに鑑みれば、地域自治組織においてまちづくり委員会の果たす役割が大きいことが分かる。

　第2に、このまちづくり委員会は、自治会などを例とした、既存の住民組織をもとに選出された委員によって構成されていることである。これらの組織としては、「組合・隣組・伍組」が最小の単位としてあり、地区によってそれよりも大きな単位として「班・常会」を挟んだうえで、「自治会・区・平」がある。そしてまちづくり委員会は、この「自治会・区・平」の単位を中心に選出されている。

　第3に、既述したように、飯田市のまちづくりにおいて重要な役割を果たしてきた公民館のうち地区館を、まちづくり委員会のなかに含んでいることである。具体的には、それまで自治会などからは独立して設けられていた地区館の専門委員会が、まちづくり委員会を構成する委員会の1つとして位置づけられたのである。また、地域自治区のなかにも地区館があるが、こちらは公民館主事が次に述べる自治振興センターの職員も兼務していることを表わしている。

　第4に、その自治振興センターが地域協議会の事務局としてだけでなく、まちづくり委員会の事務局としても位置づけられていることである。第二次世界大戦後において、飯田市はこれまで六度の合併を経てきている。そのなかで、合併した旧町村ごとに公民館を残すだけでなく支所も置き、さらに支所に関わる予算や人員を維持し続けてきた[19]。地域自治組織の導入によって、これらの支所を自治振興センターへと名称変更し、行政とまちづくり委員会などとの間のパイプ役を果たすだけでなく、地区によってはまちづくり委員会の活動を活発化させるた

---

17) なお、近年においては地域協議会を協議の場として実質化させ、まちづくり委員会との役割分担をより明確にするために、地区によっては両会の会長を異なる者にしたり、またまちづくり委員会からの推薦においても、まちづくり委員会委員とは異なる者を推薦したりしている地区もある。

18) パワーアップ地域交付金は、各地区の自治会や環境衛生組合などに配分されていた補助金などを廃止したうえで(廃止時の金額は6805万円)設けられたものである。各地区に対して毎年度1億円が、均等割3割、人口割7割を基に配分されている。

19) 例えば人員配置について、飯田市からの提供資料によると、自治振興センターの職員数(所長、保健師、公民館主事、および一般職員)は2018年度時点において107人である。少し年度が前後するが、2017年度の飯田市職員数(ただし市民病院を除く)は784人であり、多くの市職員が自治振興センターに配置されていることが分かる。後者のデータについては、「市政の概況2016(平成28年版)」(https://www.city.iida.lg.jp/soshiki/8/shisei-gaiyouh28.html)を参照した。

めに支援を行ってきた。

　つまり、飯田市における地域自治組織の特徴を踏まえると、区やまちづくり委員会といった既存の住民組織が主体となった再生可能エネルギー事業については、自治振興センターの役割にも焦点をあてることが必要なのである。ところで、この自治振興センターと先ほど触れた地区館は団体自治を担う組織ではあるが、住民自治の現場に近いところでまちづくりを支援しており、団体自治と住民自治との橋渡し役を果たす、いわゆる橋渡し組織であることは共通している。

　他方で、自治振興センターと地区館との間に相違が見られるところもある。例えば、主に若手職員が配置されている公民館主事と比べて、自治振興センターの所長には課長補佐クラスのベテラン職員が配置されている。このことから、それまでの行政経験やそのなかでの住民との向き合い方を反映して、まちづくりに対する取り組み姿勢やその内容に関する違いが、所長の間では公民館主事の間よりも生じやすい[20]。このことは、再生可能エネルギー事業についても言える。例えば条例制定前においても、おひさま進歩による市民共同出資をまちづくり委員会で行った地区があったが、ここにおいても自治振興センターの所長が果たした役割が大きかったことが指摘されている[21]。このような自治振興センターやセンターの所長が果たす役割も念頭に置きながら、次節では2つの事例を通して、条例施行後におけるエネルギー自治の展開過程を追っていく。

5.6　条例施行後におけるエネルギー自治の展開①―山本地区の事例[22]

　再び表5-1を見ると、とくに山本地区で認定事業が相次いできたことが分かる。山本地区のまちづくり委員会（以下、山本地域づくり委員会）が地域団体として関与している事業としては、「飯田山本おひさま広場整備事業」、「杵原学校多目的ホール太陽光発電設備設置事業」、「花の木山本小学校太陽光発電事業」がある。また、山本地区を構成する4つの区のうち久米区が「久米会館・さくら保

---

20) 飯田市のまちづくりにおける自治振興センターの役割に注目したものとしては、浅野（2014）がある。
21) 白井（2015）、178-181頁。
22) 本節の内容は、八木ほか（2017）を大幅に加筆修正したものである。

育園久米分園太陽光発電設備設置事業」を行っている。さらに、「飯田市立旭ケ丘中学校太陽光発電設備設置事業」を担う協議会に、山本地域づくり委員会も参加している[23]。以下では、このうち山本地域づくり委員会が地域団体として関与している事業を中心に、山本地区におけるエネルギー自治の展開過程を見ていく。

5.6.1 山本地区の概況

　山本地区は、1956年に旧山本町が飯田市と合併して設けられた地区であり、旧市街地から見ると郊外に位置する。2017年4月1日現在で地区内の人口は4,890人、世帯数は1,690と市内のなかでは平均的である。また、高齢化率は33.1%である。

　山本地区は、山本・竹佐・箱川・久米という4つの区で構成され、さらに人口の多い山本区には7つの平がある。また、4区と7平の下に31の組合が存在しており、これらが山本地域づくり委員会における委員の選出単位となっている。山本地域づくり委員会は、地域振興、生活安全、健康福祉、環境緑化、および公民館の5つの委員会と、これらの委員会の下にある11の部会、および各委員会や部会を束ねる理事によって構成されている。山本地域づくり委員会の会長は、規定では全ての理事のなかから選出されることになっているが、現状は4区長の互選で決まることが多い。ただし、2015年度から16年度にかけては、区代表推薦という形で前期の会長が再任された。

　山本地区では、廃校になった旧山本中学校の校舎などを杵原学校として活用しているが、そこでの活動においては指定管理者である山本地域づくり委員会と、杵原学校応援団やキッズ山本大作戦といった外部の団体とが緩やかに連携してきた。このように、山本地域づくり委員会と連携しながらも、別個に活動する外部の団体が複数存在していることが、山本地区の特徴である。

5.6.2 太陽光発電事業の展開過程

　このような山本地区において、山本地域づくり委員会が地域団体として関与し

---

23) この事業は、中学校の生徒による太陽光発電の発案が起点となっており、認定事業のなかでもユニークなものである。詳しくは、竹内（2018）を参照。

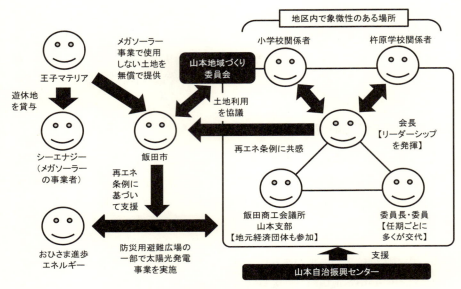

図5-2　山本地区における太陽光発電事業の展開過程

ている認定事業は、これまでのところすべて太陽光発電事業である。そして、これらの事業の展開過程に関する特徴は、最初のものである「飯田山本おひさま広場整備事業」においてすでに見出すことができる。

　この事業の展開過程を、**図5-2**の左側に示している。この事業の発端は、王子マテリア株式会社（以下、王子マテリア）が所有していた遊休地を借りて、中部電力の子会社である株式会社シーエナジー社（以下、シーエナジー）がメガソーラー事業を行うことであった。その一方で、山本地区においては災害時に使用できる防災用の避難広場がなく、そのための土地や資金を確保できる見通しもなかった。

　そのようななか、山本地域づくり委員会は、上記したメガソーラー事業において使用しない土地が生じることを把握し、飯田市との間で協議を行った結果、王子マテリアに対して無償貸与することを飯田市とともに依頼した。これを受けて、王子マテリアは飯田市を借受人として無償貸与を行った。その後、シーエナジーからも広場の整備のために寄付がなされた。

　また、山本地域づくり委員会は、おひさま進歩エネルギー株式会社と協働して、

第5章　再エネ条例施行後におけるエネルギー自治の展開

表5-2　山本地区における再エネ事業による寄付金使途

事業名	寄付金の使途内容
飯田山本おひさま広場整備事業	地元業者に委託している、おひさま広場の維持管理費として使用。
杵原学校多目的ホール太陽光発電設備設置事業	杵原学校をコミュニティ交流の場として継続して利用できるように、施設の維持管理費や交流事業費として使用。
久米会館・さくら保育園久米分園太陽光発電設備設置事業	保育園を区の交流の場として活用し、コミュニティの場として継続して利用できるように、保育園の維持・補修費として使用。
花の木山本小学校太陽光発電事業	小学校と地区・諸団体との連携事業に対して支援や協力を行う。具体的には、PTAが行う学校事業等に使用。

（出所）山本自治振興センター提供資料より作成。

広場の一部で太陽光発電設備を設置することにした。これが、飯田市再エネ条例の認定事業となったのである。この事業によって、おひさま進歩エネルギー株式会社から災害時に住民が利用できる電源設備を無償で提供されるとともに、売電収益の一部（約5％）を寄付されることになった。

　ところで、飯田市再エネ条例においては、再生可能エネルギー事業で得られた売電収益を公益的な目的のために再投資することが求められることは、すでに述べた通りである。これについて、山本地区における状況を確認しておきたい。

　表5-2には、飯田山本おひさま広場整備事業をはじめとして、山本地域づくり委員会が地域団体として関与している事業と、山本地区を構成する久米区で行われている事業における、売電収益の使途内容を示したものである。いずれの事業も、先に述べたように売電収益は太陽光発電事業を担っているおひさま進歩エネルギー株式会社からの寄付金として、それぞれの地域団体に与えられている。そのうえでこの表を見ると、コミュニティ交流の場の確保、小学校と地区などとの連携の強化、および地元業者が担っている広場の維持管理費への支援などに寄付金が充てられていることから、飯田市再エネ条例が定めている公益的な目的に沿ったかたちで、売電収益が使われていることを確認できる。

5.6.3　展開過程における関係性の特徴

　以上のような山本地域づくり委員会が関与している太陽光発電事業には、この

委員会をめぐる関係性の特徴が反映されている。その特徴について、先ほど言及した図 5-2 のうち、今度は右側に示している内容に沿って述べていく。

第 1 に、この委員会のなかに、地元の経済団体である飯田商工会議所山本支部が含まれていることである。山本地区には中央自動車道や三遠南信自動車道のインターチェンジがあり、飯田市のなかでも企業立地が進んできた地区である。このことを反映して、地区では立地した企業との交流も定期的に行われてきたが、山本地域づくり委員会でも理事の構成メンバーに飯田商工会議所山本支部を含めている。当時の政策担当者は、王子マテリアが地区の自治活動に対して理解を持っていたことを指摘しているが[24]、それだけでなく、以上のような山本地域づくり委員会のなかでそれまでに築かれてきた企業との日常的な関係性が、飯田山本おひさま広場整備事業の土台になっていたことも見逃せない。

第 2 に、当時の山本地域づくり委員会会長によるリーダーシップである。東日本大震災に伴う福島第一原子力発電所の事故に対する個人的な思いをもとに、飯田市再エネ条例の趣旨に賛同した当時の会長は、飯田山本おひさま広場整備事業以降においても、地区内の小学校や山本地域づくり委員会が指定管理者となっている杵原学校といった、地区内の人々が集まる象徴性のある場所の関係者と連携しながら、事業を積極的に提案していった。

じつは、このような会長のリーダーシップは、山本地域づくり委員会を構成する委員や、各委員会の委員長の多くが任期ごとに交代するなかで、より発揮しやすかったとも言える。山本地域づくり委員会の委員は既述したように 4 区、7 平、および 31 組合から選出されているが[25]、2 年の任期を経て交代する場合が多い。そのうえ、規定が存在する地域振興委員会を除けば、各委員会の委員長も委員の互選によって選ばれているので、委員の任期終了をもって委員長の多くも交代してしまう仕組みとなっている[26]。このように委員だけでなく、委員長の顔ぶれも頻繁に変わることは、会長のリーダーシップがより発揮されやすい環境にあったと言える。

第 3 に、自治振興センターによる積極的な支援が欠かせなかったことである。

---

24) 田中（2014）、22 頁。
25) 地区における利害調整が最も求められている地域振興委員会については、運営規定によって 4 区の区長や副区長、および 7 平の平長や副平長を中心に構成されている。

飯田市における地域自治組織のなかでの自治振興センターの位置づけはすでに述べたが、ここでは地域自治組織の導入前後における変化に注目する。具体的には、導入前における支所は、自治会をはじめとした既存の住民組織と、それらの活動に関係する市の部署との間をつなぐ「事務的な支援」を担っているに過ぎなかった。これが導入後の自治振興センターでは、まちづくり委員会の事務局も兼ねたことによって、地区の課題についてデータや現場経験に基づいた問題提起をしたり、また課題に応じて関係する市の部署との間を臨機応変につなぎ、「企画立案にも積極的に関与」したりすることができるようになった[27]。山本地区において相次いで認定事業が出てきたのも、山本自治振興センターが市の環境モデル都市推進課と連携しながら、山本地域づくり委員会による取り組みを積極的に支援したことが大きな要因としてある。

そして第4に、売電収益の使途を通して、太陽光発電事業が山本地域づくり委員会のなかの関係性だけに閉じない、地区の他団体との関係性を創り出していることである。このうち、山本小学校PTAや杵原学校応援団は外部の団体ではあるが、山本地域づくり委員会と「連携をとる団体」としてすでに位置づけられている。その点では、太陽光発電事業によって新たな関係性が創り出されたわけではない。けれども、売電収益を活かした事業が継続的に実施されることによって、山本地域づくり委員会とこれらの外部の団体との間におけるこれまでの緩やかな連携が、より豊富な内容を伴ったものへと深化していくことが期待される。

5.7 条例施行後におけるエネルギー自治の展開②―上村地区の事例[28]

山本地区のように、まちづくり委員会などの既存の住民組織が地域団体として中心的な役割を果たしながら太陽光発電事業を行ってきたものが、これまでの認

---

26) 山本地域づくり委員会が発刊している『広報やまもと』第41号（2017年3月）によると、地域づくり委員会が発足してから10年（計5期）が経過した時点において委員長（部会の場合は部会長）が再任されたのは、生活安全（うち交通安全部会）と環境緑化で1回、公民館（うち広報委員会）で2回であった。なお、他地区では任期については同じく2年であるが、委員長が再任を繰り返している場合や、委員の改選を半数ずつ行うことによって、経験のある委員を委員長に据えている場合もある。

27) 浅野（2014）、2224頁。

定事業の多くを占めてきた。

　しかし、まちづくり委員会を母体としながらも、再生可能エネルギー事業を担う組織や、さらに事業によって得られる売電収益を地域で活用する組織が、ダイナミックに生まれている事例も出始めている。その事例は、すでに言及した表5-1の認定事業のうち、上村地区における小沢川小水力発電事業である。それでは、なぜ上村地区において取り組む再生可能エネルギー事業が小水力発電事業となったのであろうか。また、それが上村地区のなかでどのように展開されてきたのであろうか。

5.7.1　上村地区の概況

　上村地区は飯田市の東端に位置し、市の中心部から車で1時間ほどの距離にある。面積の大半を山林原野が占めるこの地区は、南アルプスと伊那山地に囲まれた谷地形になっており、中央部を南北に上村川が流れている。2017年4月1日現在で地区の人口は423人、世帯数は201と市内で最も小規模である。また、高齢化率は53.0%であり、南信濃地区に次いで高くなっている。

　このような上村地区における少子高齢化の進展は、地域課題を招くことになった。その1つが、上村保育園の閉園危機であった。これに対して、飯田市は子育て支援策の一環として保育園を維持することを決定した。しかし、財政支援による維持策は持続的なものではない。そこで飯田市は、コミュニティビジネスとして再生可能エネルギー事業を立ち上げ、得られる売電収益をもとに地域課題を解決するという方向性も、上村地区に求めたのであった。これは「上村プロジェクト[29]」と呼ばれたが、このプロジェクトを通して飯田市再エネ条例の特徴である地域環境権のモデルとして、上村地区の小水力発電事業は位置づけられることになった。

　上村地区のまちづくり委員会（以下、上村まちづくり委員会）は、執行委員会と生活安全、環境衛生、健康福祉、公民館の4つの委員会、および後ほど述べる

28）本節の内容は、2017年11月28日に上村自治振興センターで行ったヒアリング調査と、かみむら小水力関係者による現地案内、および飯田市地球温暖化対策課（2012a）、同（2012b）、飯田市上村まちづくり委員会（2015）に基づくものである。
29）上村プロジェクトについては、牧野（2016）を参照。また、これと関連づけて小沢川での小水力発電事業に言及している、政策担当者による直近の文献としては小川（2018）がある。

特別委員会によって構成されている。執行委員会のメンバーはまちづくり委員会の会長と自治会長、および各委員会の正副委員長であり、市から委託される事業に関する協議だけでなく、地区の課題についても月に1回の頻度で議論を行っている。4つの委員会の委員は、上町・中郷・程野・下栗という4つの自治会、あるいは公民館の分館を単位に選出されており、正副委員長は委員の互選で決定されている。これらの委員は2年任期で、山本地区と同じように多くの委員が交代している。他方で、特別委員会については選出方法や任期の定めがない。

5.7.2 小水力発電事業の展開過程

図5-3には、小水力発電事業の事業者であるかみむら小水力株式会社（以下、かみむら小水力）が設立されるまでの展開過程を示している。その過程は大きく3つの段階に分けることができる。第1段階は、飯田市による上村地区への積極的な働きかけの段階である。第2段階は、上村地区のなかに住民組織が立ち上がり、事業の検討が進んでいく段階である。そして第3段階は、住民のなかから担い手が現れ、小水力発電事業の具体化が図られていく段階である。

第1段階は、まず小水力発電事業の候補地として、小沢川が定められるところから始まる[30]。候補地の選定において、飯田市は2009年度に環境省から受託した「小水力発電による市民共同発電可能性調査」によって市内を4つの区域に分けたうえで、各区域におけるいくつかの河川について概略調査を行った。そのうえで、2010年度に総務省が主管し、長野県から受託した「緑の分権改革推進事業」では対象を小沢川にしぼって、より踏み込んだ調査を行った。その後の展開過程との関係から、この調査は2つの点で注目される。その1つは、調査の結果として、認可地縁団体が主体となることを念頭に置いた発電事業を提言したことである。もう1つは、この調査では飯田市の依頼に対して上村地区が全面的に協力したことと、再エネ審査会メンバーA氏がコーディネーターとなって、上村地区での発電事業に対して理解を深めるための情報発信を行ったことである。

第2段階は、いよいよ住民組織の立ち上げである。ここから、上村まちづくり委員会を介した動きが見られるようになる。まず、2011年度に上村まちづくり委

---

30) なお、小沢川などでは大正末期において製材に使用する目的もあって、小水力発電所がいくつか存在していた。詳しくは上村史編纂委員会（2008）を参照。

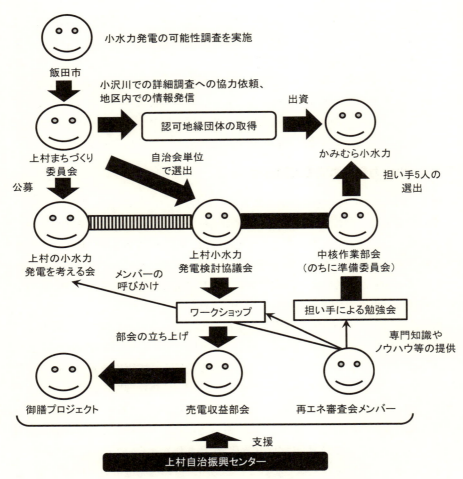

図5-3 上村地区における小水力発電事業の展開過程

員会が公募して「上村の小水力発電を考える会(以下、考える会)」を発足させた。この会は6回開催され、小水力発電の基礎知識の共有化を図ったり、小水力発電の先進地域への視察を行ったり、上村地区での小水力発電事業を念頭に置いた諸論点(工事概要、水車選定、管理体制、事業場所、市民出資など)が議論された。そして、上村地区を構成する4つの自治会それぞれで住民報告がなされて、会は閉じられた[31]。

表5-3　検討協議会と中核作業部会のメンバー構成

メンバー	検討協議会	中核作業部会 (後に準備委員会)	所属自治会
A	○(会長)	○	程野
B	○(副会長)	○(副委員長)	
C	○	○	
D	○		
E	○		
F	○	○(事務局次長)	
G	○		
H	○		
I	○	○(事務局次長)	
J	○		
K	○	○	中郷
L	○		
M	○		上町
N	○	○(委員長)	
O	○	○	
P	○		
Q	○	○(事務局長)	
R	○	○	下栗

(出所) 上村自治振興センター提供資料より作成。

　翌2012年度には、上村まちづくり委員会の特別委員会として、考える会を母体とした「上村小水力発電検討協議会(以下、検討協議会)」が設立された。この検討協議会は、小水力発電事業のための合意形成の場として位置づけられたことから、考える会のような公募ではなく、4つの自治会から委員を選出することに

---

31) 上村全体に関わることについては、このように4つの自治会ごとに住民への説明会や、それに基づいた合意形成を図ることが原則となっている。これは旧上村時代の時から変わらないが、後の展開過程においてもこの原則を踏まえたことが、上村地区において小水力発電事業を正当化させるうえで重要なことの1つであったと考える。

した。その結果、**表5-3**に示しているように、事業予定地がある程野自治会と、上村地区の中心地にある上町自治会からの選出が主となった。

　その後の展開過程との関係から、この検討協議会が行ったことで注目されるのは、次の2つである。その1つは、住民が主体となって小水力発電を行うために、上村まちづくり委員会が認可地縁団体を取得して事業主体になるという方向性を打ち出したことである。もう1つは、事業によって得られた売電収益を地域で活用するための検討を本格的に始めたことである。具体的には、検討協議会のメンバーの呼びかけによって、再エネ審査会メンバーB氏をコーディネーターとしたワークショップが設けられた。そして、2013年度中に4回のワークショップが開催され、そこでの成果をもとにして後に売電収益部会が設けられ、上村地区の伝統食を盛り込んだ上村御膳を提供していく「御膳プロジェクト」が立ち上がったのである。

　第3段階では、検討協議会のメンバーのなかから、小水力発電事業の立ち上げや、上記したような売電収益の活用を具体化させる中核作業部会（なお、後に準備委員会に名称変更）のメンバーが選ばれることになる。中核作業部会のメンバー構成は、すでに言及した表5-3に示しているが、これを見ると委員長と事務局長はいずれも上町自治会に所属しており、事業予定地のある程野自治会ではないことが注目される。

　さて、この中核作業部会による進行において、大きな役割を果たしたのが「担い手による勉強会」である。その発端は、2014年9月に行われた第5回作業部会において、再エネ審査会メンバーC氏から再生可能エネルギーの事業体を設立するにあたって、旗振り役、調整役、および推進役の3人のリーダーが必要であるという助言が行われたことである。これを受けて、同月に行われた第6回作業部会で、検討協議会のメンバー3人をリーダーとして選出した。そして、このリーダーたちに対して、再生可能エネルギーの事業体設立に向けて設けられたのが、「担い手による勉強会」であった。

　この勉強会が果たした役割は決定的であった。なぜなら、上村まちづくり委員会が認可地縁団体を取得して事業主体になるという、これまでの方向性が転換される契機となったからである。このような転換の必要性は、勉強会の第1回が開催された2014年10月において、再エネ審査会メンバーC氏から示されたものであった。そこでは、認可地縁団体に多額の借金を抱えさせることを避ける一方で、

事業体については法人を別に設立し、認可地縁団体はこの法人に対して出資などを行うことで事業に関与することが助言された。

　上村まちづくり委員会も、同じように小水力発電事業のために多額の借金を抱えることを懸念していたので、このような方向性の転換に賛同した。そして、上村まちづくり委員会は、2015年8月に認可地縁団体の許可を得た。他方で出資を受ける小水力発電の事業体については、この勉強会を経て上記した3人のリーダーを含む担い手5人によって、2016年9月にかみむら小水力が設立された。そのうえで、このかみむら小水力に対して、認可地縁団体となった上村まちづくり委員会から出資が行われたのであった。

5.7.3　展開過程における関係性の特徴

　以上のように、上村地区の小沢川小水力発電事業を担う、かみむら小水力ができるまでの展開過程を追うと、そこには山本地区のようにまちづくり委員会を母体としながらも、それだけには留まらないダイナミックな関係性を見出すことができる。その特徴としては、次の4つがある。

　第1に、他の認定事業と比べて、飯田市や上村自治振興センターがより積極的な支援を行ってきたことである。その背景には、上村プロジェクトを起点とする飯田市再エネ条例のモデルとしての位置づけが、この事業に対して与えられてきたこともある。しかし、その意図するところは、飯田市に編入合併される前の旧上村が森林、道路、および観光を基軸とした「行政依存の村づくり[32]」であったことを踏まえれば、より一層明確なものになる。つまり、再生可能エネルギー事業を通して、上村地区を「行政依存の村づくり」から「住民主体のまちづくり」へと大きく転換させるために、飯田市や上村自治振興センターが積極的な支援を行ってきたのである[33]。

---

[32] 旧上村における村づくりについては、上村史編纂委員会（2008）と同（2009）を参照。
[33] 上村自治振興センターによる支援のうち、とくに注目されるのは、後にかみむら小水力の社長となるD氏を巻き込んだことである。D氏は検討協議会の途中段階から、当時の自治振興センターの所長による要請を受けて参加することになった。この背景には、今後の作業を進めるにあたって、飯田市のみならず長野県や国土交通省の出先機関との交渉が相次ぐことから、旧上村役場において役職経験を持っているD氏の存在が不可欠であると、所長が判断したことがある。

第2に、再エネ審査会メンバーによる積極的な関与である。メンバーの関与は、第1段階からすでに始まってはいたが、第2段階以降からより本格化していく。そのうえで注目されるのは、すでに展開過程のところで述べたように、小水力発電の情報発信、事業体の立ち上げ、そして売電収益の活用のそれぞれにおいて、異なるメンバーが専門知識を活かしながら関与してきたことである。そして、このような再エネ審査会メンバーの関与は、第1の特徴として指摘した、飯田市や上村自治振興センターによる積極的な支援が土台となって実現できたことは言うまでもない。

　第3に、おひさま進歩エネルギー株式会社の関与である。再び表5-1に戻ると、山本地区における太陽光発電事業を例として、認定事業の多くは公共的団体等としておひさま進歩エネルギー株式会社が協力している。これに対して、小沢川小水力発電事業では、かみむら小水力が公共的団体等として協力しており、おひさま進歩エネルギー株式会社は表には出てきていない。上村まちづくり委員会においても、おひさま進歩エネルギー株式会社の関与について議論はなされたが、出資者としての関与ではなく、かみむら小水力の社外取締役として原氏を迎えることで、再生可能エネルギー事業に関するノウハウやネットワークを活かす道を選択した。

　第4に、上村まちづくり委員会のなかで起こった変化である。上村まちづくり委員会の構成は既述した通りであるが、それ自体は他地区と大きく異なるものではない。しかし、飯田市に編入合併される前の旧上村では、住民組織としては生活安全委員会の前身組織と公民館の分館のみしか存在しておらず、ここにも「行政依存の村づくり」が垣間見られる。つまり、上村地区においてはまちづくり委員会を組織することが、住民主体のまちづくりへの転換という点で、小さくはない変化だったのである。

　そして、この上村まちづくり委員会のなかに、特別委員会として小水力運営協議会（準備委員会の後継組織）、御膳プロジェクト、および上村地区内にある公共施設の活用を若者の仕事づくりにつなげる、お仕事づくりプロジェクトが設立されている。これらの特別委員会は、いずれも小水力発電事業に関連したものであるが、他の委員会と比べて性別や年齢に多様性が見られており、上村における住民主体のまちづくりの新たな展開が、小水力発電事業の立ち上げを契機に生まれてきていることを示唆するものとして、今後の動向が注目される。

5.8 おわりに

　本章では、エネルギー自治を規範としてではなく、この概念のモデルとして位置づけられている、長野県飯田市における実態から見てきた。再エネ関連条例のなかでも先進的であるとされている飯田市再エネ条例は、条例制定前における飯田市の再生可能エネルギー事業の展開や、それを含めた特徴のある住民主体のまちづくり、さらにはこれらを支えてきた公民館活動や自治基本条例が反映されたものである。

　飯田市におけるエネルギー自治では、このような条例制定前における「自治力から再生可能エネルギーへ」というベクトルが、条例施行後において「再生可能エネルギーから自治力へ」と変化してきているところが注目される。

　現在までのところでは、山本地区の太陽光発電事業のように、まちづくり委員会を中心とした既存の住民自治をめぐる関係性が、このベクトルの特徴に反映されているものが多い。それゆえ、後者のベクトルが進むなかで、前者のベクトルもその一部において影響を及ぼしているところが少なくない。他方で、上村地区の小水力発電事業は、まちづくり委員会を母体としながらも、かみむら小水力や御膳プロジェクトなどが立ち上げられており、これらは後者のベクトルが色濃く出てきている点で注目されるものである。そのうえで、いずれの地区についても飯田市だけでなく、まちづくり委員会の事務局でもある自治振興センターも重要な役割を果たしてきた。

　飯田市におけるエネルギー自治の次の段階は、前者と後者のベクトルを双方向にしていくことにあると、私たちは考える。このような方向性を実現するためには、山本地区の場合であれば、まちづくり委員会と同じくまちづくりに取り組んでいる外部の団体、なかでも山本小学校PTAや杵原学校応援団以外との関係性を、再生可能エネルギー事業を通してどのように創り出していくのかが問われる。他方で、上村地区の場合であれば、御膳プロジェクトなどの特別委員会による取り組みを、まちづくり委員会を構成する他の委員会における活動や、それらを通した上村地区における住民主体のまちづくりの実現に、どのようにつなげていくのかが問われる。

　そして、それらの関係性を媒介するものとして、飯田市における地域自治組織

の特徴でもある、自治振興センターや地区館が果たす役割については、今後も注目していかなければならない。いずれにせよ、このことを含めた再生可能エネルギーを通した新たな関係性の構築こそが、飯田市におけるエネルギー自治の可能性をさらに広げていくことに変わりはないのである。

謝辞

本章の内容に関わるヒアリング調査の準備と資料の提供においては、飯田市ムトスまちづくり推進課課長の桑原隆氏と長野県教育委員会企画幹（元飯田市公民館副館長）の木下巨一氏に多大なご協力をいただいた。また、ヒアリング調査では山本地域づくり委員会と山本自治振興センター、ならびに上村自治振興センターの関係者の方々にもご協力をいただいた。さらに、本章の草稿をもとに報告を行った本書に関する研究会、ならびに関西公共政策研究会においては、有益なご意見やご批判を多数受けることができた。この場を借りてお礼申し上げたい。もちろん、内容に関する誤りはすべて筆者らに帰するものである。最後に、本章はJSPS科研費（JP16H03008、JP16K17379）の成果の一部でもあることを付記する。

参考文献

浅野純一郎（2014）「地方都市における地域自治区レベルの土地利用管理とその課題に関する研究―飯田市を対象として―」『日本建築学会計画系論文集』第79巻第704号、2219-2229頁。

飯田市上村まちづくり委員会（2015）『平成26年度自然エネルギー地域発電推進事業報告書』

飯田市地球温暖化対策課（2012a）『新しい公共が担う地域エネルギー戦略報告書』

飯田市地球温暖化対策課（2012b）『平成23年度小水力市民共同発電事業（新エネルギー推進リーディング事業）調査報告書～全量売電型小水力市民共同発電事業モデルの構築に向けて～』

尾形清一（2016）「再生可能エネルギー関連条例の現状と課題」『政治社会論叢』第4号、13-28頁。

小川博（2018）「地域環境権を行使してエネルギー事業　地域環境権条例と上村プロジェクト」農山漁村文化協会編『むらの困りごと解決隊　実践に学ぶ　地域運営組織』農山漁村文化協会、47-51頁。

おひさま進歩エネルギー株式会社（2012）『みんなの力で自然エネルギーを～市民出資による「おひさま」革命～』南信州新聞社出版局。

上村史編纂委員会編（2008）『上村史　歴史編』
上村史編纂委員会編（2009）『上村史　特集編上』
白井信雄（2015）「サステイナブル・シティ飯田市の研究」樋口一清・白井信雄編著『サステイナブル地域論―地域産業・社会のイノベーションをめざして』中央経済社、140-187頁。
白井信雄（2016）「再生可能エネルギーによる地域社会の構造的再生の理論的枠組みの設定と有効性の確認〜長野県飯田市の取組みの分析〜」『サステイナビリティ研究』第6号、5-19頁。
高橋洋（2016）「『エネルギー自治』の理論的射程」『都留文科大学研究紀要』第83集、65-83頁。
竹内政弘（2018）「『分権型エネルギー自治』発展に果たす飯田市の取り組み」『住民と自治』第657号、22-25頁。
田中克己（2014）「『分権型エネルギー自治』を志向する飯田市の環境政策」『計画行政』第37巻第4号、18-23頁。
中山琢夫・ラウパッハ・スミヤ ヨーク・諸富徹（2016）「日本における再生可能エネルギーの地域付加価値創造―日本版地域付加価値創造分析モデルの紹介、検証、その適用―」『サステイナビリティ研究』第6号、101-115頁。
西城戸誠・尾形清一・丸山康司（2015）「再生可能エネルギー事業に対するローカルガバナンス―長野県飯田市を事例として」丸山康司・西城戸誠・本巣芽美編著『再生可能エネルギーのリスクとガバナンス―社会を持続していくための実践―』ミネルヴァ書房、157-178頁。
牧野光朗編著（2016）『円卓の地域主義―共創の場づくりから生まれる善い地域とは』事業構想大学院大学出版部。
三浦哲司（2017）「『参加と協働の二重構造』が制度設計されたのはなぜか―長野県飯田市の地域自治区制度を例に―」『同志社政策科学研究』第19巻第1号、123-133頁。
水上貴央（2016）『再生可能エネルギービジネスの法律と実務』日本加除出版。
諸富徹（2015）『「エネルギー自治」で地域再生！―飯田モデルに学ぶ』岩波書店。
諸富徹（2018）「地域発エネルギー自治の先進性―根幹を成す住民自治―」『住民と自治』第657号、16-21頁。
八木信一（2015）「再生可能エネルギーの地域ガバナンス：長野県飯田市を事例として」諸富徹編著『再生可能エネルギーと地域再生』日本評論社、149-170頁。
八木信一・荻野亮吾・諸富徹（2017）「関係性のなかで自治制度を捉える〜長野県飯田市の地域自治組織を事例として〜」『地方自治』第835号、2-23頁。

山下英俊・藤井康平・山下紀明（2018）「地域における再生可能エネルギー利用の実態と課題―第2回全国市区町村アンケートおよび都道府県アンケートの結果から―」『一橋経済学』第11巻第2号、175-221頁。

第6章 | スノーリゾート地域の再生に向けた小水力発電の可能性
長野県白馬村を事例に

太田隆之

6.1 はじめに

　固定価格買取制度（FIT）が導入されて以降、再生可能エネルギー（再エネ）は国内に広く普及した[1]。地域では再エネの導入は未だ重要な課題であるが、既に導入した地域では活性化に向けた再エネの利活用方法を検討する「第2段階」に入っており、再エネを利活用した地域の再生、活性化のあり方が今後の課題の1つに位置づけられている（2015年度「環境白書」など）。

　再エネを導入した地域もこうした課題を共有しているであろう。山下らによる調査から、再エネの導入を目指す地域には、活性化を目的とした「地域経済貢献型」といえるタイプがあり、このタイプに当てはまる地域は大都市圏から離れた周辺地域ほど認められる傾向があることが明らかにされた（石倉・山下、2015など）。他方で、これらの地域には「増田レポート」で「消滅可能性」が高いと名指しされた地域が少なからずあり（増田編、2014）、「消滅」を回避することが主要課題の1つになっていると考えられる。「増田レポート」以降の地域の本質的な課題の1つとして「持続可能な地域」の実現があることを考えると、後述するように持続可能性を有するとされる再エネは、地域にとって重要な資源の1つだとい

---

1) 資源エネルギー庁のホームページによると、FITの下での年間の買取電力量は2012年度（7月〜3月）の55億9021万kWhから2017年度（4月〜12月）の531億6223万kWhまで伸びた。それぞれのデータは同期間になされた買取量であるが、2012年度の規模と比較すると、2017年度のそれは約9.5倍に増加している（資源エネルギー庁ホームページ「固定価格買取制度情報公開用ウェブサイト」）。このように広く再エネを普及させたFITに対し、諸富は最も成功した公共政策手段の1つだと評価している（諸富、2015）。

って過言ではない。実際、「消滅」論を批判しながら「田園回帰」に注目した地域づくりの議論を展開する藤山は、再エネをベースにした地域再生のあり方を1つのそのモデルとして提示している（藤山、2015）。「地方消滅」が提起される中で、地域における再エネをめぐる状況が「第2段階」に入った現在、各地方では「消滅」を回避して「持続可能な地域」を実現するための資源の1つとして再エネを利活用することが模索され始めており、どのように再エネを利活用すればこの目的を実現できるか、ということが主要課題に位置づけられつつあるといえよう。

　本章が注目するスノーリゾート地域は、再エネを最も必要とする地域の1つである。昨今、観光は訪日外国人客の増加と彼らの旺盛な消費を背景として地域活性化の観点から再び注目されており、また観光関連産業は「消滅」する可能性が高いとされた過疎地域を支える主要産業の1つとなっている[2]。しかし、観光には「観光のダイナミズム」といいうる観光需要の不安定な変動があり、観光地は常にこのダイナミズムに左右されている（太田、2016）。本章が注目するスノーリゾート地域は、冬季に観光需要が集中する地域であるとともに、1990年代をピークに迎えて以降国内のスキー・スノーボード人口が減少し続けてきたことで長らく厳しい状況に直面してきた（スノーリゾート地域の活性化に向けた検討会、2017）。他方で、これらの地域は再エネのポテンシャルが高い地域の1つでもある（永続地帯研究会編著、2013）。本章で議論するように、再エネは持続可能性を有するとされていることから、スノーリゾート地域を含めた周辺観光地、そして過疎地は、再エネをうまく利活用していくことができれば、今後「消滅」を回避するための方向性や道筋を見出すことができるのではないかと考える。

　本章では観光需要の変動によって地域全体が影響を受けるスノーリゾート地域、そして周辺観光地で再エネの利活用をめぐる現状を把握、検討していく。そしてこうした地域で「消滅」を回避し、「持続可能な地域」の実現に向けた再エネの利活用のあり方を検討したい。このテーマに取り組んでいくにあたり、長野県白馬村の事例に注目する。白馬村は日本を代表するスノーリゾート地域の1つであるとともに、「観光のダイナミズム」に直面し、「消滅可能性」が高いとされる地域の1つに挙げられた。こうした中で村の農業用水に小水力発電が導入され、

2）総務省地域創造力グループ過疎対策室（2018）によると、2015年における過疎地域における第3次産業への就業状況は全体の61.6％となっている。

2015年から稼働している。村で導入された小水力発電の事例検証を行うことを通じて、再エネのポテンシャルも高いところが多い周辺観光地、過疎地で「持続可能な地域」実現のための再エネの利活用に関する示唆を得たい。

6.2 再エネと地域再生・活性化に関する先行研究のサーベイ

白馬村の事例検証に取り組んでいくにあたって、地域再生や活性化を視野に入れて展開されている再エネに関する先行研究から視点を得ていく。地域レベルでの再エネをめぐる研究で主要テーマの1つとして議論されてきたのは、持続可能性を有するとされる再エネが地域にもたらす効果や、こうした効果が地域の再生や活性化に資する可能性である。事例研究を通じて、再エネには二酸化炭素の排出を抑えるなどの環境保全効果だけではなく、様々な社会的経済的効果を地域にもたらすことが明らかにされてきた（del Rio and Burguillo, 2008, 2009など）。一例として一連の研究成果は表6-1のようにまとめられている。

表6-1から、再エネは地域に対して様々な効果をもたらすことがわかる。挙げられた効果はそれぞれ地域での持続可能な発展の実現に結びつきうる内容だといえよう[3]。本章が注目する観光地も再エネが導入された地域の事例研究が行われてきたが（Michalena and Tripanagnostopoulos, 2010など）、議論された内容は概ね表6-1の中に含まれる。こうした再エネがもたらす諸効果は、「消滅」の危険が提起され、持続可能性という点で大きな課題に直面している地域にとって重要な意味がある。

ここで問題になるのは、再エネが表6-1のような諸効果をその地域において十分に発揮するようにするためにはどのように利活用されるのが望ましいか、ということである。再エネを導入すれば自動的にこうした諸効果が地域にもたらされる訳ではなく、これらの効果が発揮されるように利活用されることが必要になるであろう[4]。

このテーマに取り組むにあたって切り口は複数あると考えるが、筆者は再エネ

3）無論、再エネはその地域に好ましい効果ばかりをもたらす訳ではない。ゴンザレスらは再エネがもたらす負の効果もまとめている（González et al., 2017, table3, p.466）。
4）筆者は以前この論点に関わる研究を行った。太田（2014）を参照されたい。

表 6-1 再エネがもつ有益な効果

局面	影響	内容
環境	温室効果ガスの削減	再エネを用いることで温室効果ガスの排出が削減される。
社会	雇用創出	風力発電が実施されれば環境保全を行いながら持続可能性に寄与する仕事(green jobs)が生まれる。
社会	エネルギー源の多様化と安全なエネルギー供給・依存	石油の動向に左右されずにエネルギー源が確保され、安定供給などがなされる。
社会	社会統合、社会発展	再エネの導入は伝統的な農業活動を代替することで、若者の社会経済的な見通しを改善する可能性があり、人口増加や社会関係の改善に寄与しうる。
社会	所得創出	雇用創出がなされ、地域経済が発展することで所得格差が縮小される可能性がある。
社会	エネルギーへのアクセス	世界ではエネルギーにアクセスできない人々が少なからずいる。基本的な権利としてクリーンエネルギーの供給や地域の発展を促すことを認める合意が形成されている。
社会	地域の発展	持続可能な内発的発展の議論では、地域資源を利用することが地域の発展を促進するとされる。
社会	その地での人口の固定化、貧困削減	再エネを導入して雇用が生まれれば、その地で雇用機会が失われずにそこで所得が得られ、地域経済が活性化され、大都市への人口流出が起こらなくなっていく。
経済	イノベーション	クリーンで効率的な技術が生まれ、広がれば経済に利益がもたらされる。
経済	地域産業の展開	風力発電などが実施されると、それに対する投資を通じて地域産業に発展の機会が提供される。
経済	自治体予算	再エネのプロジェクトが始まれば様々な経済活動を引き出すことで自治体に税収などが生まれる機会が創出される。
経済	土地貸借	風力発電などが動き出すと土地へのニーズが高まり、土地貸借がなされて地代収入が生まれる。
経済	資金(cash flow)創出	風力発電などが動き出すと所得が生まれ、資金創出の機会につながっていく。
経済	周辺地域の経済的発展と新しいサービスへの需要	風力発電などが周辺地域で実施されれば、雇用や税収などが生まれ、職業訓練がなされることで新しいサービスへの需要も生まれる。これらを通じてこうした地域の経済に発展の機会が生まれる。

(出所) González et al. (2017), pp.465-6, table2より筆者作成。

第6章 スノーリゾート地域の再生に向けた小水力発電の可能性

が地域にもたらす収入、もしくは再エネを導入することで地域に留まる資金と、それらを利用した投資に注目したい。理由は以下の通りである。

昨今、人口減少が進展する中で地域再生、活性化を図るために投資が重要だという指摘がなされているが、再エネはそうした資金をもたらす地域資源の1つとして挙げられており（諸富、2018；枝廣、2018）、冒頭で触れたように地域からもこのことが期待されてきた。再エネが地域にもたらす資金は主に2種類ある。第1に、FITの下で発電した電気を電力会社に売電することでその地域にもたらす売電収入である。2012年にFITが導入されて以降、現在までに太陽光発電の買取価格が見直されたが、2018年度現在、それ以外の再エネについては、電気の買取価格、買取期間ともには制度導入時と変わっていない。周辺観光地で再エネが導入されて売電されれば、20年間にわたって一定程度のまとまった資金が地域にもたらされる。第2に、再エネを利用して地域でエネルギー供給を行えば、従来地域外に流出していたエネルギーコストがその地域に留まる。これまでに域外に流出するエネルギーコストは大きな額に及ぶことが明らかにされており、再エネによるエネルギー供給が地域で行われれば、これまで域外に流出していた資金が地域に生まれることになる（藤山、2015など）。筆者は、再エネを導入、利活用して発生するこれらの資金を地域の再生、活性化のための原資の1つとして活用、投資することが、表6-1に挙げた諸効果を地域で十分に発揮するための1つのポイントになると考える。

再エネを導入することでその地域に生まれる資金をどう活用するか、どのように投資するかということを検討する際に、カーリーらによって提唱された「エネルギーに基づいた経済発展論（Energy-Based Economic Development, EBED）」は示唆ある議論だと考える（Carley et al., 2011, 2012; Carley and Lawrence, 2014）。彼女らは、政策立案者や利害関係者等の参画の下で政府が経済発展とエネルギー計画を統合し、エネルギー効率を高めたりエネルギー源の多様化を図ることなどを通じて、雇用創出や経済発展に寄与していくことを提唱した。ここで言及されるエネルギーには再エネが含まれている。概要を**図6-1**に示した。

カーリーらが提唱するEBEDのポイントは主に2つある。第1に、再エネを含むエネルギーをベースにした経済発展を考える場合、従来の経済パフォーマンスの改善を図ること、そしてエネルギー政策も低炭素化の推進などエネルギー利用についてのパフォーマンスの改善を図ることを志向している点である。彼女ら

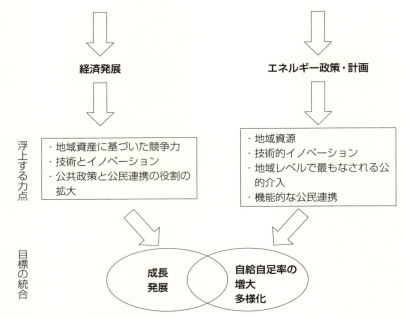

(出所) Carley et al.（2011), Fig.1, p.286.

図6-1　EBEDの概念図

の議論によると、両者は相互に関連づけられてきて久しいが、質の面からの経済発展や温暖化防止などを達成しながら持続可能な発展や低炭素化社会を実現していくためには、両者を視野に入れ、統合しながら共通の目的や戦略を立て、目的の実現に取り組んでいくことが必要になる。その際、取り組んでいく中でフィードバックを常に行いながら、双方の分野のパフォーマンスを改善していくことを目指している。

　第2に、EBEDでは地方政府もこれを追求する主要な主体の1つに挙げられている点である。EBEDではケーススタディとしてアメリカ、デンマーク、ブラジル、ルワンダ、カンボジアの事例に注目して検証しながら、当然のように地方政府の取り組みとその重要性を議論しながら、図に示したコンセプトを地方レベルでも展開している。他方、日本ではエネルギー政策は従来国が扱う分野であったこともあり、こうした視点はまだ端緒についたばかりの状況である。再エネをめぐって導入から有効な利活用のあり方を模索する段階にある現状にある日本

では、EBED の議論は示唆に富む内容になっているであろう。

彼女らは EBED の実現を支援する政策として技術イノベーション政策、技術採択・商業化政策、起業政策、産業成長政策、労働力開発政策、気候・環境政策などを挙げており、議論の視野は広い。但し、そうであるが故に、政策論としては大枠を示すにとどまっている。以降、白馬村の事例検証を行っていく上で、本稿では EBED のコンセプトに注目しつつ、村の特徴や課題に注目しながら検討していく。

6.3　白馬村の現状[5]

6.3.1　白馬村の現状

本章が注目する白馬村の現状について述べる。白馬村は長野県の大北地域の一画にあり、白馬岳をはじめとした山岳資源と5つのスキー場を有する日本を代表するスノーリゾート地域の1つである（白馬村観光局ホームページ「白馬村のスキー場」；スノーリゾート地域の活性化に向けた検討会、2017）。村の経済構造を就業構造から把握すると、2015年の国勢調査より第1次産業従事者が5.8%、第2次産業は14.0%、第3次産業は77.7%となっており、村経済は第3次産業、すなわち観光関連産業に支えられている。

他の農山村地域と同じく、白馬村でも人口減少が進んでいる。2018年9月1日現在の人口は8,763人となっており、ピーク時の2004年の9,552人から800人弱ほど減少している[6]。高齢化も進んでいる。2015年の国勢調査によると、生産年齢人口は58.6%で1985年の66.8%から約8%減少する一方、高齢化率は上昇しており、1985年の12.9%から2015年には29.4%となった（白馬村ホームページ「白馬

5）本節の内容の詳細は太田（2018）を参照のこと。
6）村の人口動向をめぐって、近年、外国人住民数が増加することで人口減少が緩和される事態が起きている（『日本経済新聞』2018年4月2日付朝刊記事）。この背景には、冬季のインバウンド振興が一定程度成功し、外国人がランドオペレーターとして定住したことがある。しかし、外国人住民数は冬季に増えるものの夏季に大きく減少する傾向があり、日本人の人口は減少しているという（2017年3月13日および同年5月17日白馬村総務課回答）。結果として人口減少傾向は続いており、村の課題は変わっていない。

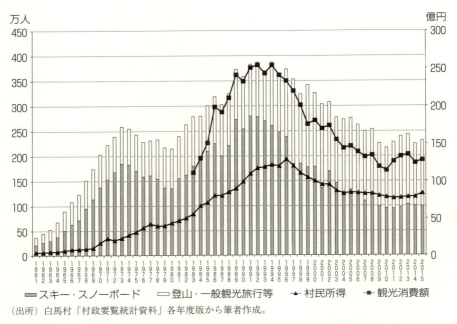

図6-2　白馬村の観光客数・村民所得・観光消費額の推移

（出所）白馬村「村政要覧統計資料」各年度版から筆者作成。

村の人口」）。村は「増田レポート」で「消滅可能性が高い」地域の１つに挙げられており、今後、村を存続させるため人口増加を目指す方向で施策を展開し、若者をターゲットにした移住・定住を促進して生産年齢人口を厚くすることを目標に掲げている（白馬村、2015）。

　人口減少が進み、「消滅」の可能性を示された背景には、スノーリゾート地である村を支えてきた観光経済が停滞状況から長く抜け出せていないことがある。これは村が「観光のダイナミズム」の一要素である「観光地のライフサイクル」を経験しており、停滞期から抜け出せていないと説明することができる。

　冒頭で触れたように、スキー・スノーボード人口は1990年代にピークを迎えて以降全国的に減少し続けており、白馬村の観光も同様に推移してきている。**図6-2**にデータが入手できた限りにおいての村の観光入込客数と観光消費額、そして村民所得の推移を示した[7]。

　図6-2より、村の観光客数がスキー・スノーボード客の増減と軌を一にしてきていることがわかる。こうした村の観光客の動向から、村がスノーリゾート地

第6章　スノーリゾート地域の再生に向けた小水力発電の可能性

表6-2　白馬村の総人口と20～39歳の人口ならびにこの層の総人口中の比率の推移

	1980	1985	1990	1995	2000	2005	2010	2015
総人口数	7131	7918	8356	8906	9492	9500	9205	8929
20～39歳の人口数	2055	2291	2079	2243	2457	2193	2028	1580
総人口における20～39歳の比率	28.8%	28.9%	24.9%	25.2%	25.9%	23.1%	22.0%	17.7%

（出所）国勢調査各年度版より筆者作成。

としてライフサイクルを経験していることがわかる。ここで重要なのは、こうした観光動向が認められる中で観光消費額、更に村民所得も同様に推移してきている点である。このことを念頭に置いた上で、村の人口動向も確認しよう。表6-2に村の総人口と青年層にあたる20～39歳の男女の人口数、そして青年層の総人口中の比率の推移を示した。

表6-2より、年により変動はあるものの、青年層の人々の数も冬季観光が成長する1980年代から1990年代にかけて増加し、その後スキー・スノーボード客が減少する中でこの層の人々も減少してきたことがわかる。2015年には1,500人台まで落ち込み、総人口中の比率も20％を割るに至った。先に村がスノーリゾート地としてライフサイクルを経験していることを確認したが、このことは村全体の観光動向、更に村経済、人口動向にも影響を及ぼしているのである。

上述したように、白馬村は「消滅可能性」が高い地域の1つに挙げられたが、要因の1つとして、青年層の人々が減少して層として薄くなっていることがある。そして、この背景に村が「観光地のライフサイクル」を経験し、近年観光地として停滞傾向が抜け出せない状況にあり、村の持続可能性に影響を与えている。村の課題はこの点にあり、これに取り組んでいくことが「持続可能な村」の実現につながっていくことになる。

6.3.2　白馬村の農業の現状

次に、小水力発電が導入された村の農業の現状について確認する。まず村農業

7）村民所得は村税の課税所得に基づいて公表されるデータで、給与所得、営業所得、農業所得、その他の所得の4つの所得から構成される（2017年3月13日白馬村総務課回答）。

の生産動向を把握しよう。2016年度の村の農業産出額は6億2000万円で、うち米が5億円を占めており、次に野菜が8000万円となっている（農林水産省ホームページ「市町村別農業産出額（推計）」）。白馬村の農業は米の生産に特化しているといってよい。

村における農業の位置づけと今日までの村の農業の経緯について述べる。農業はかつて村経済を支える主要産業であったが、1960年代から村内で本格的にスキー場開発が始まって以降、縮小の一途をたどっていった。過去の国勢調査のデータを見ると、1960年の村における第1次産業従事者の比率は70.7%であったが、1970年に54.2%、1980年に20.9%となり、2015年には5.8%となった。代わって成長したのが第3次産業である。1960年の第3次産業従業者比率が19.4%であったのが1980年に58.5%に、1995年には72.2%と7割を占め、今日までこの比率を維持している。村民所得の内訳の推移をみても、1950年代において村民所得の5～6割を占めていたのは農業所得であったが、年々比率を落とし、近年は村民所得中0.1～0.3%まで小さくなった[8]。2015年の農林業センサスから直近の状況を把握すると、2010年から2015年にかけて総農家数が694戸から532戸に減少、販売農家、自給的農家いずれも減少している[9]。販売農家における農業従事者数も同時期に1,120人から630人に減少、平均年齢も57.8歳から61.1歳に上昇している。農業でも高齢化の進行と担い手の減少が認められる。

このように農業が縮小していく背景には、これまで、村が豪雪地帯であるとともに一部に過湿田地帯があって農業生産にあまり適した土地柄でなかったこと、国の農業政策において減反が推進されてきたことなどが挙げられてきた（村島ほか、1977；白馬村神城土地改良区、1985；「白馬の歩み」編纂委員会編、1994, 2003）。加えて、スキー場開発が進んでスノーリゾート地化する中で農業関係者は戦略的に対応し、農業を縮小しながら生産活動を変容させてきたことも指摘しなければならない。

白馬村は地理学のスノーリゾート地研究などにおいて早くから民宿が展開され

---

[8] 村政要覧統計資料によると、1957年度の農業所得は約2億6500万円で、村民所得約4億1000万円中64.4%に達していた。その後給与所得、営業所得が伸びて村民所得が成長するものの農業所得は伸びず、2015年度は約1045万円で村民所得中0.1%となっている。

[9] 関東農政局「関東農業地域別データファイル農家編」のデータに基づく。

てきた地域の1つとして注目されてきた（石井、1977など）。これらの研究から、スキー場開発が本格的になされる前後から農閑期である冬に民宿を営む農家が増えるとともに、それらの農家は、民宿の経営と両立が可能で民宿に食糧を供給するための米作りに生産活動を特化していったことが明らかにされてきた。

　こうした生産活動の変容が起こった要因の1つに、年間を通じて稼得機会を得ることがあったといえる。冬季の観光が成長し、夏季にも観光客が来るようになると、1970年代には民宿からの収入が農業を上回る農家や、農業から旅館業へシフトする農家が相当数おり、農業の縮小傾向に拍車がかかったという（小谷、1978など）。観光経済が成長する中での村農業のこうした対応には、村がスノーリゾート地化する中で通年で稼得機会と雇用を確保し、農業生産活動は民宿等の小規模宿泊施設に対する米や野菜といった食糧を供給する機能に特化する「生計戦略」があったといえよう。現在の農業の生産活動が米作りに特化するに至ったことを確認したが、この背景の1つにこうした「戦略」があったと考える。

　しかし、こうした村に認められる従来からの戦略も、村がスノーリゾート地としてライフサイクルを経験する中で、再度検討することが必要な状況になっている。図6-3に今日までの村の農家数、そして農家からの転換が多かった民宿など小規模宿泊施設数の推移を示した。

　図6-3より、今日まで一貫して農家が減少していること、そして民宿など小規模宿泊施設は1970年代から90年代にかけて増加するものの、その後減少してきたことがわかる。こうした動向の背景には、前節で確認したスノーリゾート地としてライフサイクルを経験してきたことが影響していると考えられる[10]。こうした動向から、これまでのように農業と観光を組み合わせて生計を立てる「戦略」は、スノーリゾート地として村が成長することを前提として成立してきたといえよう。スキー場を中心にスノーリゾート資源がライフサイクルを経験し、これに合わせて観光経済、そして村経済の停滞が長引く中で農家、そして民宿など小規模宿泊施設が減少してきたことは、地域の観光経済の成長を前提としたこの戦略に限界があったことを示している。

---

10) 実際、村が実施した民宿などの小規模宿泊施設へのアンケートによると、これらの施設の経営が思わしくないことが最大の課題として挙げられている。また、後継者問題も主要課題の1つとして挙げられている（白馬村、2016、151頁）。

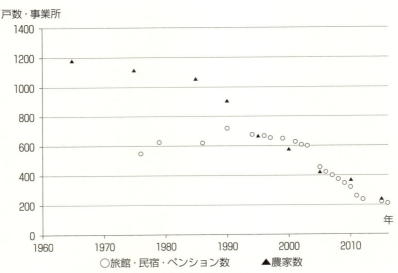

図6-3　白馬村の農家と民宿等小規模宿泊施設数の推移

6.4　白馬村の小水力発電と再エネをめぐる行政計画の現状

6.4.1　小水力発電の導入と利用状況

　第3節では「観光地のライフサイクル」を経験する村の現状について述べた。こうした状況の中で、長野県の助言、支援を受けながら村は村内を流れる平川から取水する白馬村土地改良区の農業用水で小水力発電を導入し、2015年から発電を始めた[11]。小水力発電導入の経緯と概要について述べる。
　まず導入の経緯について述べる。村土地改良区が管理する農業用水で小水力発電の可能性があると注目されたのは、長野県が2009年度「緑の分権改革」で実施

---

11) 取水施設である平川頭首工は1982年に県営灌漑事業で造成され、現在330haの農地を灌漑している。土地改良区の現在の組合員数は777人で、20代から70代までの組合員がいるものの高齢化が進んでいる（2016年12月8日白馬村農政課回答）。

した小水力発電導入の可能性の調査である。小水力発電の対象地となった地域の農業用水は約800mで、この区間の有効落差は29.4m、そして年間を通じて取水が認められる許可水利権が設定されていたため、小水力発電の可能性が高いと判断されたという。県からの助言もあって、土地改良区では2010年度から小水力発電の可能性に関する検討を始め、一連の調査を経て、この農業用水は県内の農業用水における小水力発電の実現可能候補地点の１つに挙げられた（長野県環境部環境政策課、2011、3-11頁；『信濃毎日新聞』2016年10月６日付朝刊記事）。

東日本大震災ならびに福島第一原発事故以降によって国のエネルギー政策の見直しがなされる中、以上の調査結果を受け、白馬村の平川地区は県による2012年度「土地改良施設エネルギー活用事業」において唯一の小水力発電事業として着手された。2013年度に小水力発電所の建設がなされて2015年４月に完成（図６－４参照）、完成後から試験運転と売電を始めた[12]。

導入された小水力発電の最大出力は180kWで使用水量は0.54〜0.8㎥/s、FITのもと１kWH/34円（税抜き）で中部電力に売電されている。１日あたりの売電収入は９万円、年間で4000万円程度になる。売電収入は村土地改良区に収められ、土地改良区内の農業施設の改修、更新、維持管理の経費に充てられる。これらの施設は主に昭和50年代に作られたもので、漏水や機能不全箇所が見受けられるという。そうした施設に支出することで農業の生産性向上を図っていくという（2016年12月８日白馬村農政課回答）。

小水力発電の売電収入の規模と利用状況を土地改良区の財政から把握しよう。土地改良区には一般会計の他に３つの特別会計があり、小水力発電の売電収入は今回の導入により新たに設けられた小水力発電特別会計（特別会計）に入れられている。**表６－３**に2015年度、2016年度の一般会計と特別会計の歳入、歳出のデータを、**表６－４**に特別会計のこの２年度分のデータを、**表６－５**に一般会計の２年度分のデータを示した。いずれも決算額である。

表６－３より一般会計、特別会計ともに2016年度の決算額が2015年度のそれよりも大きくなっていることがわかる。この要因は小水力発電の売電収入にある。表６－４に示した特別会計の歳入をみると、小水力発電導入１年目の売電収入額

---

[12] 小水力発電所は国50％、県35％、村15％の負担で建設された（2012年10月白馬議会だより102号）。

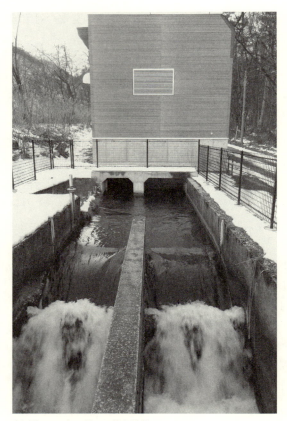

(出所）2016年12月15日筆者撮影。

図6-4　農業用水と建設された小水力発電所

が約3000万円弱、2年目は約4000万円弱になっている。表6-5より、一般会計における主要自主財源である組合費は約1000万円弱であることから、売電収入はこれを大きく上回っていることがわかる。また、表6-4によると、特別会計の2016年度の歳入に前年度特別会計からの繰越金が2700万円強計上され、特別会計の規模が更に大きくなっている。次に表6-4の歳出を見ると、小水力発電事業における管理運営にかかる経費につき、試運転であった2015年度は約190万円、本格的に稼働した2016年度は諸費と発電所管理に関する経費が伸びて約550万円となった。2016年度の歳出で目をひくのは一般会計への繰出金約1800万円で、こ

第6章　スノーリゾート地域の再生に向けた小水力発電の可能性

表6-3　2015年度、2016年度の一般会計と特別会計の比較

白馬村土地改良区財政		2015年度	2016年度
一般会計	歳入	14,721,104	30,908,369
	歳出	14,372,121	27,978,127
小水力発電事業特別会計	歳入	29,136,694	67,053,725
	歳出	1,866,732	23,555,358

（出所）白馬村土地改良区2016年度後期ならびに2017年度後期の「土地改良区だより」より筆者作成。単位は円。

表6-4　2015年度、2016年度の特別会計の内容

歳入

項目	2015年度	2016年度
発電収益	29,133,972	39,765,332
預金利息	2,722	431
繰越金	n/a	27,269,962
雑収入	n/a	18,000
合計	29,136,694	67,053,725

歳出

項目		2015年度	2016年度
直接費	人件費	1,240,020	951,360
	修繕費	n/a	399,600
	諸費	122,807	2,305,427
資本費	一般管理費	193,930	194,400
管理部門費	発電所維持管理費	309,975	1,604,571
	一般会計繰出金	n/a	18,100,000
合計		1,866,732	23,555,358

（出所）表6-3と同じ。単位は円。

表6-5　2015年度、2016年度の一般会計の内容

歳入

項目	2015年度	2016年度
組合費	9,691,927	9,988,199
県・村補助金	2,080,000	1,360,000
繰入金	8,744	18,105,054
繰越金	2,924,339	348,983
諸収入	16,094	1,106,133
合計	14,721,104	30,908,369

歳出

項目	2015年度	2016年度
総務費	2,979,158	7,776,202
神城ほ場費	9,936,435	14,283,924
平川かん排費	1,456,528	5,853,201
飯森ほ場整備費	0	64,800
予備費	0	0
合計	14,372,121	27,978,127

（出所）表6-3と同じ。単位は円。

れが最も大きい経費になっている。

　他方、表6-5に示した一般会計の2016年度の歳入をみると、特別会計からの繰入金が最も大きく当年度歳入の約6割を占めており、これが一般会計の額を大きくした。表6-5の当年度の歳出をみると、特別会計からの繰入金は神城ほ場整備、平川かん排費の合算額とほぼ等しい額であり、いずれも2015年度のそれぞれの額より大きくなっていることから、土地改良区内の農業施設の整備、維持管理は今後加速化していくであろう。ほか、一般会計の他の項目をみると、歳入では県と村からの補助金が減り、歳出については総務費が倍以上に大きくなっている。小水力発電は、歳入面では補助金への依存度を小さくするとともに、組合員の増加を図ることが難しい中で大きな財源をもたらしたこと、そして歳出面では農業施設の整備等の取り組みを加速化し、大きくしたことがわかる。小水力発電を導入したことのインパクトは一般会計に如実に現れている。

　次に、小水力発電の売電収入を村の農業予算と比較しよう。2016年度の農業予算は約1億3651万円となっており、そのうち農業振興の経費である農業振興費は約3950万円、農地整備の経費である農地費は約4683万円となっている[13]。2016年度の小水力発電の売電収入は、同年度の農業振興費とほぼ同額、そして農地費の約98.5％に相当する額であり、村の農業予算の一費目にあたる規模となっている。村の農業予算は2015年度から2016年度にかけて削減されており、その中で農業振興費も農地費も小さくなっている[14]。こうした状況を踏まえると、相応の売電収入をもたらす小水力発電は村農業にとって意義があるだろう。

6.4.2　村行政における再エネの位置づけ

　観光地であり、「観光地のライフサイクル」をはじめとした「観光のダイナミズム」を経験する村では、小水力発電を含む再エネをどのように位置づけているであろうか。ここでは村行政における再エネの位置づけを把握していく。表6-6に近年の行政計画における再エネの位置づけをまとめた。

　表より、村の計画で再エネは村づくり、そして循環型社会といった環境保全の

---

13)　白馬村「平成28年度一般会計歳入歳出決算書」に基づく。
14)　「平成27年度一般会計歳入歳出決算書」をみると、2015年度の村財政における農業予算は約1億9500万円で、農業振興費は約5130万円、農地費は約8990万円となっている。

第6章　スノーリゾート地域の再生に向けた小水力発電の可能性

表6-6　白馬村における近年の再エネをめぐる行政計画

年	計画名	再エネが盛り込まれている計画内の目標	再エネに関する基本方針	計画内容	他の目標・項目との関係
2006年	白馬村第4次総合計画	「優れた資源と人を活かした活力ある経済を築く」	・新エネの導入、活用の検討。 ・エネルギーの安定供給と地球環境に配慮した循環型社会の創造を目指した新エネビジョンの策定。	再エネの利活用に向けた研究を進める。	雪利用による栽培方法の研究、特産品開発の推進。
2007年	白馬村地域新エネルギービジョン	・地球温暖化対策、環境保全 ・新エネルギーの導入、化石代替燃料確保 ・地域の未利用資源の活用	地域づくりの資源として利活用。	村内の再エネの利用可能性の調査、把握。 試験的導入を含むプロジェクト案の提示。 先行事例の調査、検証。	雪冷蔵・冷凍を用いた農作物の保存、農作物のブランド化。
2015年	白馬村総合戦略	「地域の資源と人を活かした『しごと』を創出する」	新エネの利活用。	・ペレットストーブ購入補助、ペレット販売量 ・小水力発電導入量 ・温泉や融雪など自然エネの実用化	農業生産への小水力発電の活用による地域循環型経済の活性化。
2016年	白馬村第5次総合計画	「自然、魅力ある自然を守る村」	・地球環境問題への対応。 ・村の自然環境の保護、循環型社会を目指す。	・ペレットストーブ購入補助、ペレット販売数量 ・小水力発電量 ・低公害公用車両数 ・温泉、雪等の地域特有の資源の活用についての研究	記述なし。

（出所）各計画より筆者作成。

テーマのもとで、地域づくりのための地域資源の1つとして利活用するという位置づけがなされてきたことがわかる。しかし、再エネの課題として、再エネの村への普及と試験的な導入、調査研究が一貫して掲げられ続けてきた。2015年以降は小水力発電の導入量と木質バイオマス発電に関わるペレットについて具体的な数値、記述が示されているものの、村の主要産業である観光や、小水力発電が導入された農業との関係は明示されていない。村づくりのための資源の1つに位置づけられているものの、現状では、小水力発電は農業で試験的に導入され、利用されている状況にある。それをどう利活用して「持続可能な村」を実現していくか、ということについて具体的な内容を欠く計画であったといえる。

　他方、村の主要産業である観光、そして農業はこれまでの行政計画の中で相互に結びつけられてきた。近年では、2006年の第4次総合計画で経済振興のテーマで観光と農林業の連携が掲げられ、2016年に策定された観光地経営計画でもこの内容が維持されている。具体的には、観光分野では通年・長期滞在型観光の実現に資する分野の1つとして、また特産品開発を担う地場産業の1つとして農業を位置づけている。他方、農業では一貫して農産物の特産品化、ブランド化が掲げられており、それが観光振興にも資すること、また観光と連携を図ることで農業経営基盤の強化を図ることが掲げられてきた。そして、2016年に策定された第5次総合計画では、観光と農業を中心に年間を通じて安定的な雇用創出に取り組むことで人々の定住を可能にすることを目標の1つに掲げられている（白馬村役場、2006, 2016；白馬村、2016）。このように、村の計画の中で両者は結びつけられながら地域振興に資していくことが目指されてきた。

　以上、再エネ、ならびに観光と農業の村の計画における位置づけについて述べた。観光と農業は主要な地場産業として把握され、両者は結びつけられることで村の振興を図るための推進力として位置づけられている。他方、小水力発電を含む再エネは概して地域づくりのための試験的導入、利用という位置づけに留まり、具体的な利活用が示されず、他分野との連携の視点にも乏しい。無論、一連の計画は小水力発電が本格的に稼働する前に立てられたものであることに留意すべきであるが、再エネが2節で述べたような諸効果を発揮する可能性があることを考えると、再エネの現在の位置づけには改善の余地があるであろう。

6.5　白馬村で導入された小水力発電の検証と村への提案

　以上、白馬村の現状と課題、そして導入された小水力発電とその利用、行政計画上の位置づけについて述べてきた。本節ではこれまでの内容を踏まえて、導入された小水力発電の地域再生への可能性を検討するとともに、村への提案を試みたい。

　白馬村で導入された小水力発電の特徴として次の3つが挙げられる。第1に、小水力発電は売電収入という農業振興に関わる貴重な財源を村にもたらした。国、長野県、村の負担で建設された小水力発電で得られたエネルギーは売られ、その収入は土地改良区財政に全額納められ、土地改良区が管理する農業施設の改修、維持管理等に充てられている。これまでの売電収入は約2900万円、約3900万円で土地改良区の組合費よりも大きく、最も大きな自主財源となっている。村の農業予算と比べても一政策経費にあたる。村からの補助金が減りながら、それを上回る売電収入が納められることで土地改良区財政の歳入は純増となり、財政規模は大きくなった。売電収入が充てられた土地改良区内のほ場整備等の取り組みには従来よりも大きな額が充てられていることから、今後これらの取り組みは加速的に進んでいくであろう。また、財源に余裕が出たことで総務費など農業施設の維持管理以外の経費も大きくなっていることから、売電収入は土地改良区の各活動を支え、強化している。小水力発電の売電収入は村の農業予算が削減される中で村の農業を支える財源の1つになっている。

　第2に、売電収入は農業振興に投資されている。昭和50年代に建設された村土地改良区の各農業施設では至る所で機能不全箇所が見られ、農業の生産性向上を図る上で阻害要因になっている[15]。農業施設の改修等に充てられる小水力発電の売電収入は、村の農業振興に投資されているといえる。

　第3に、村の行政計画において小水力発電を含む再エネの位置づけは試験的導入、利用に留まっており、村の主産業である観光、そして農業との関連を欠いた内容になっている。再エネは地域づくりのための資源の1つとして位置づけられてきたが、計画上、少なくとも過去10年間は試験的に導入し利用することが課題

---

[15] こうした問題は全国的に起きつつある。國光（2016）などを参照のこと。

として掲げられ続けた。

　1、2点目の特徴を有する小水力発電は、村にとって有意義であり、「観光地のライフサイクル」を経験する村で認められる農家の減少、担い手不足といった諸課題に対しても貢献することが期待されるであろうし、このことを通じて村経済の停滞、そして青年層をはじめとした人口の減少に対しても貢献することが期待される。しかし、3点目の特徴はそれらの期待をやや損なう内容であり、表6-1に示した持続可能性に関する諸効果の発揮を阻害しかねない。では、小水力発電はこれらの諸課題に対してどう取り組んでいくことが期待され、それが有する諸効果をどのように発揮することができるであろうか。

　まず、村農業が有する意義について確認しよう。3節で確認したように、村農業の規模は村経済全体からみれば極めて小さい。しかし、農業は観光地である村において特産品開発を通じて観光振興に資する産業の1つであり[16]、また、昨今では「小さな農業」であっても十分に稼得機会が得られ、地域づくりにおいて意義があることが議論されている（西田、2016など）。村では農家民宿の数が減少しているが、民宿を営みながら農家としても生産活動を行うことは、食材調達に係る経費を削減できたり、宿泊客が農産物の顧客となればその農家民宿に稼得機会をもたらすなど、農家民宿の経営にも寄与する（山崎・原、2008, 2014）。こうした諸点を踏まえると、現状はかつてよりもかなり規模が小さくなった農業であるが、地場産業の1つとして村の産業活動の一端を支えうるという点で相応の意義があろう。小水力発電は売電収入を通じてそうした農業をハード面から支えようとしているといえる。

　しかし、このことだけでは小水力発電が「持続可能な村」の実現に寄与していると評価することはできない。村では農業の担い手が年々減少しており、ハードの整備をしても、担い手不足への対応と同時に人材を育成しないと、農業振興を図ることが難しいからである。

　これまでの村の総合計画をみると、農業の担い手不足や人材育成への支援を含み、農業振興について様々な取り組みを行ってきている。しかし、村の計画では

---

[16] 総合戦略の策定にあたって村が実施した住民アンケートで、産業振興における村が取り組むべき課題の1つとして特産品開発を挙げる住民が2番目に多かった（白馬村、2015、24頁）。

第6章　スノーリゾート地域の再生に向けた小水力発電の可能性

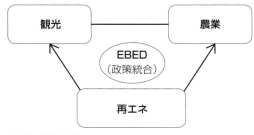

（出所）筆者作成。

図6-5　EBEDに基づいた村の計画における再エネと観光・農業との関連づけ

　小水力発電を含む再エネと他分野の関連がまだなく、今回導入された小水力発電も農業予算の一政策経費に匹敵する売電収入をもたらすにも関わらず、計画上再エネは試験的利用に留まっており、かつ村農業との関連が不明確である。このまま農業振興が図られるのであれば、小水力発電はそれが有する持続可能性に関する効果を十分に発揮できないことになろう。目下村の農業予算は年々削減され、農業振興のための政策は今後更に縮小していくことが予想される中で、小水力発電はそれが有する潜在的な可能性を含めて十分に有効活用されるべきである。

　こうした事態に対して、筆者は次の提案をしたい。まず、村の行政計画で地域づくりのための資源の1つに位置づけられている再エネを、現在の試験的導入、利用の位置づけから積極的に活用する資源として位置づけ、既に相互に関連づけられている観光と農業の関係に組み込んでいくことを提案したい。このとき、2節で述べたEBEDの発想をベースにして、行政計画の農業分野には小水力発電の売電収入を活用した農地整備、などの項目を立てていく。このコンセプトを**図6-5**に示した。

　その上で、従来の村行政の農業予算と小水力発電の売電収入を村全体の農業財政と捉え、村行政の農業予算の組み替えも行うことも提案したい。農業施設の改修、維持管理には村行政の農業予算の農地費が既に充てられており、更に、小水力発電を導入したことで、20年間にわたって土地改良区内の農業施設の改修等のための財源を新たに得た。これらのハードの整備等を進める際には、村行政の農業予算だけを唯一の財源として捉えるのではなく、この売電収入も視野に入れてスケジュールを（再）検討し、村行政の農地費の対象も見直していく。

　この過程で、村行政の農業予算に余裕が生ずるならば、担い手不足や人材育成、

また特産品開発やブランド化に係る経費に回していく。こうすることの趣旨は2つある。1つは、これらの取り組みが村農業の課題の1つとして挙げられており、それに対応していくことを旨とする。もう1つは、2節でEBEDはパフォーマンス改善を志向することに触れたが、予算の組み替えを行ってこれらの経費を厚くすることで米に特化する村農業のあり方を少しずつ変え、そして担い手不足等に対応していくことを通じて「小さな農業」を強化し、農業分野のパフォーマンス改善を目指すことを旨としている。

村行政の農業予算は削減される傾向にあることから、こうした組み替えは容易ではないかもしれない。しかし、小水力発電を導入したことで農業予算の一政策経費に匹敵する財源を得たことをハード面の整備等だけに活かすのではなく、予算の組み替えを行って村農業が直面する担い手・人材育成問題にも対応できるのであれば、小水力発電は村行政の農業予算を通じてソフト、ハードの両面から農業振興を支えることができ、村農業の課題により広く対応することができるであろう。そして、こうした対応がなされることで農業分野に少しでも雇用創出の可能性が生まれるのであれば、産業構造に多様化が図られることを通じて、「観光地のライフサイクル」下にあって人口減少が進む村の課題にも少なからず寄与することが考えられる。このことは、観光経済の規模が大きい村において、それが変動することにより被る影響を緩和することにもつながるであろう。このように、売電収入をきっかけに村行政の農業予算の組み替えができれば、小水力発電が有する持続可能性に関する諸効果がより広く発揮されるであろう。

以上、農業と小水力発電の関係について述べた。EBEDのコンセプトに基づいて再エネを村づくりの基盤に据え、村内の各取り組みと関連づけることは他の分野でも可能である。図6-5に示したように、村の計画上の再エネの位置づけを高めるとともに、観光などの分野とも関連づけていく。そして、それぞれの分野で再エネを積極的に導入し、そこから生ずる資金を各分野が直面する課題に対応するように投資し、利活用する取り組みを盛り込んでいく。再エネを計画でも具体的な取り組みにおいても1つの基盤として位置づけ、利用していくことを通じて、「観光地のライフサイクル」からもたらされる影響を緩和して「消滅」を回避し、「持続可能な村」を目指すことが可能になると考える。

第6章　スノーリゾート地域の再生に向けた小水力発電の可能性

6.6　おわりに

　本章では日本を代表するスノーリゾート地域の1つである長野県白馬村で導入された小水力発電に注目し、導入、利活用の状況を検証した。村は「観光のダイナムズム」の1つを構成する「観光地のライフサイクル」を経験する中で村経済が停滞し、青年層をはじめに人々が流出し「消滅」の可能性が提起された。そうした中で導入された小水力発電であり、大きな売電収入をもたらすことで農業振興に資することが期待されるものの、村の行政計画では再エネが試験的導入、利用に留まっており、農業、そして観光と有機的な関係がないまま単発的に農業施設に投資されることで、持続可能性を有する小水力発電がもつ諸効果が十分に発揮されない可能性があることを指摘した。

　こうした課題に対し、本章ではEBEDをベースに次の提案をした。小水力発電については、ここから得られる売電収入をきっかけに村行政の農業予算の組み替えを図り、ソフト、ハードの両面から農業振興を支援していくように小水力発電を位置づけ、利活用していく。村行政については、現在の行政計画における再エネの位置づけを高め、観光や農業とを関連づけていくこと、そして再エネをそれぞれの分野の具体的な項目に落とし込み、再エネを利活用することで得られる資金を各種課題の改善のために投資するなど積極的に活用していくことを提案した。

　以上の提案には、小規模ながら村の振興に資し、観光を支える農業を維持することを目的とするだけではなく、一連の取り組みを通じて意欲的な農業者の育成や支援も行い、村農業の強化を図ることにも挑戦するというやや積極的な意味合いも含ませている。これは、米作りに特化することで観光を支え、補完する農業という従来のモデルを維持しつつも、このモデルから質的な転換を図ることを目指していくことも意図している。これらのことを通じて、観光一辺倒といえる村の産業構造を多様化することで「観光のダイナミズム」から受ける影響を緩和するとともに、農業から村の「消滅」の回避にアプローチしていくことを目指してはどうかと考える。

　このことを考える際に、村にはモデルになる農業事業者がいる。有限会社ティーエムである。6.3.2節で確認したように、村の農業は年々規模が縮小している

が、その中で米やブルーベリーなどの生産や特産品開発に積極的に取り組み、ブランド化を図っている。更に、都市部からアルバイトに来ていた村のファンである若者を巻き込んで会社を設立して今日まで農業に取り組んでいる（李、2010；信州白馬しろうま農場ホームページ；2016年12月15日ティーエム社長津滝俊幸氏ヒアリング）。こうした活動を行っているティーエムは、上述した積極的な農業の展開、そして農業を通じた「消滅」の回避と「持続可能な村」の実現に資する取り組みをしているといえよう。導入された小水力発電がこうした事業者を支えるように機能することができれば、村の農業における稼得機会や雇用の増加が可能になり、スノーリゾート地である村で、農業から「持続可能な村」の実現に向けたアプローチが可能になるであろう。

　冒頭で述べたように、周辺観光地ならびに過疎地は「消滅」の可能性が指摘されながら、他方で再エネのポテンシャルが高いとされる地域も少なからずある。そうした地域で「消滅」を回避し、「持続可能な地域」を実現するための投資を検討する上で、白馬村の事例、そしてEBEDのコンセプトは示唆があると考える。

参考文献
石井英也（1977）「白馬村における民宿地域の形成」『人文地理』29(1)、1-25頁。
石倉研・山下英俊（2015）「都道府県単位で見た再生可能エネルギー利用の特徴と課題：全国市区町村アンケートの結果から」『一橋経済学』8(1)、63-98頁。
永続地帯研究会編著（2013）『地図で読む日本の再生可能エネルギー』旬報社。
枝廣淳子（2018）『地元経済を創りなおす』、岩波書店
太田隆之（2014）「農山村地域における小水力発電導入による地域再生効果の検証：長野県馬曲温泉を事例に」、『水利科学』第58巻第3号、111-154頁。
太田隆之（2016）「『観光のダイナミズム』からみた観光地の現状と課題：東伊豆地域を事例に」『静岡大学経済研究』20巻4号、129-152頁。
太田隆之（2018）「『観光のダイナミズム』下にあるスノーリゾート地域の現状と課題：長野県白馬村の事例検討」『静岡大学経済研究』23巻2号、13-50頁。
環境省編「環境白書」2015年度版。
國光洋二（2016）「老朽化する農業社会資本の経済影響」『地域学研究』46(1)、21-40頁。
小谷達男（1978）「地域開発政策としての観光開発」『応用社会学研究』19、33-65頁。
スノーリゾート地域の活性化に向けた検討会（2017）「『スノーリゾート地域の活性化に向けた検討会』最終報告」

第6章 スノーリゾート地域の再生に向けた小水力発電の可能性

総務省地域創造力グループ過疎対策室（2018）「平成28年度版　過疎対策の現況（概要版）」

西田栄喜（2016）『農で1200万円！』ダイヤモンド社。

藤山浩（2015）『田園回帰１％戦略』農山漁村文化協会。

増田寛也編（2014）『地方消滅』中公新書。

村島由直・伊藤精晤・木村和弘（1977）「観光開発と農林業経営：長野県白馬村の事例から」『信州大学農学部演習林報告』14、1-43頁。

諸富徹（2015）「再生可能エネルギー政策の『市場化』」『経済学論叢』67(3)、583-608頁。

諸富徹（2018）『人口減少時代の都市』中央公論新社。

山﨑真弓・原直行（2008）「農林漁家民宿の女性経営者が感じている満足と課題」『香川大学経済論叢』86(4)、487-529頁。

山﨑真弓・原直行（2014）「持続可能な農家民宿の実現について」『香川大学経済論叢』87(1・2)、187-199頁。

李春成（2010）「白馬村の革命児　（有）ティーエム（しろうま農場）代表取締役社長　津滝俊幸」『農業経営者』18(7)、12-17頁。

Carley, S., Lawrence, S., Brown, A., Nourafshan, A., Benami, E. (2011) "Energy-Based Economic Development," *Renewable and Sustainable Energy Reviews* 15, pp. 282-295.

Carley, S., Brown, A., and S. Lawrence (2012) "Economic Development and Energy: From Fad to Sustainable Discipline?," *Economic Development Quarterly* 20(10), pp. 1-13.

Carley, S. and Lawrence, S. eds, (2014) *Energy-based Economic Development*, Springer: New York.

del Río, P. and M. Burguillo (2008) "Assessing the impact of renewable energy deployment on local sustainability," *Renewable and Sustainable Energy Reviews* 12, pp.1325-1344.

del Río, P. and M. Burguillo (2009) "An empirical analysis of the impact of renewable energy deployment on local sustainability," *Renewable and Sustainable Energy Reviews* 13, pp.1314-1325.

González, Mario O. A., Gonçalves, J. S. and R. M. Vasconcelos (2017) "Sustainable development: Case study in the implementation of renewable energy in Brazil,"

Journal of Cleaner Production 142, pp.461-475.

Michalena, E. and Y. Tripanagnostopoulos (2010) "Contribution of the solar energy in the sustainable tourism development of the Mediterranean islands," *Renewable Energy*, Vol. 35, pp.667-673.

参考資料

関東農政局「関東農業地域別データファイル農家編（長野県）」、http://www.maff.go.jp/kanto/to_jyo/kadf/index.html、2018年9月10日閲覧。

資源エネルギー庁ホームページ「固定価格買取制度情報公開用ウェブサイト」、http://www.enecho.meti.go.jp/category/saving_and_new/saiene/statistics/index.html、2018年9月8日閲覧。

『信濃毎日新聞』2016年10月6日付朝刊記事「白馬の平川左岸、小水力発電所が稼働　県のモデル事業　農業用水を利用」

信州白馬しろうま農場ホームページ　http://tm-hakuba.com/、2018年9月10日閲覧。

長野県環境部環境政策課（2011）「平成21年度『緑の分権改革』推進事業報告書　再生可能エネルギー導入可能性調査（小水力発電）」

『日本経済新聞』2018年4月2日付「訪日増、定住促す効果も　人口減を緩和」

農林水産省ホームページ「市町村別農業産出額（推計）」各年度版、http://www.maff.go.jp/j/tokei/kouhyou/sityoson_sansyutu/、2018年9月10日閲覧。

白馬村神城土地改良区（1985）「県営ほ場整備事業神城地区しゅん工記念誌」

「白馬の歩み」編纂委員会編（1994）『白馬の歩み　第4巻　観光・登山・スキー編』

「白馬の歩み」編纂委員会編（2003）『白馬の歩み　第3巻下　社会環境編』

白馬村観光局ホームページ「白馬村のスキー場」、https://vill.hakuba.nagano.jp/ski/ski.html、2018年9月10日閲覧。

白馬村ホームページ「白馬村の人口」、http://www.vill.hakuba.lg.jp/somu/population/population.html、2018年9月3日閲覧。

白馬村「村政要覧統計資料」各年度版（概要を含む）

白馬村「一般会計歳入歳出決算書」平成27年度版、平成28年度版。

白馬村（2007）「白馬村地域新エネルギービジョン」

白馬村（2015）「白馬村総合戦略」

白馬村（2016），「白馬村観光地経営計画」

白馬村役場（2006）「白馬村第4次総合計画」

白馬村役場（2016）「白馬村第5次総合計画」

第 7 章 **再生可能エネルギーと地域金融**
小水力発電の実践を通じて得られる示唆

井上博成

7.1 学生として小水力発電事業化への関わり

7.1.1 岐阜県高山市における学生兼事業者としての取り組みのきっかけ

　筆者の出身地は、岐阜県高山市である。岐阜県高山市は、人口が2018年4月現在で88,566人の自治体であり、全国的には観光地「飛騨高山」として高山陣屋をはじめ、古い町並み、合掌造りなどが有名である。また高山市は、自治体としては日本一の面積を誇り（2177.61平方km）その約92％が山林となっており、自然条件に恵まれた場所であるといえる。

　筆者の再生可能エネルギーの事業化に関わる原体験は東日本大震災をきっかけに、地域固有の自然資本をベースとして地域に根付く事業と、その事業を通じてより地域の価値を最大化できる取り組みができないか、といった問題意識からであった。

　同時に「高山市に環境に特化した総合大学（知の拠点）を設立したい」、という高校時代から抱えていた思いであった。高山市に来る大きな目的は観光がメインである。そのため観光産業を中心とする産業が主産業である。一方教育の拠点の大学があるかと言えば、四年制大学や大学院は、面積広しといえど存在しない。筆者は観光のみを訪問動機にするのではなく、環境においても先進的な地域とし、かつ知の拠点となるような総合大学が設立できないか？　その拠点を中心に新たな産業形成ができないか、と考えていた。

　その思いに対して当時の担当教官の植田和弘先生から「大学をつくりたいのであれば自身でお金を貯め、設立したらよい」と指導を受けたことをきっかけに、

自ら資金を貯めるべく高山での再生可能エネルギーに関連した事業化に関わるようになっていった。

　高山市との取り組みのきっかけは、高山市長に自然エネルギーを活用したまちづくりの提案をさせて頂いたことによる、京都大学と高山市との間での研究開始であった。研究の中で高山市に豊富に存在する自然資本を活かし、より地域に付加価値をもたらすような事業（地域主導型事業）がどのようにして形成できるのかを着眼し、高山市にある自然資本をどう生かせるのか？　という点をベースに高山市の担当者と研究を進めた。

　その検討を通じて「自然エネルギーを通じたまちづくり検討委員会（当時の委員長：植田和弘先生）」を高山市内に設立することができた。検討委員会では木質バイオマスを中心とした取り組みを推進してきた。こちらについても事業化が行われ、一定の成果を見ている。

　一方、今回の分析の対象となる小水力発電事業についてのきっかけは、トヨタ財団からの助成研究からであった。本研究においては、日本全国における小水力発電事業の事例を整理し、また可能であれば事業化検討を行うとする内容であった。本研究を経て、高山市において事業可能性のポテンシャルを発見することができ、現在進めている小水力発電の事業化へ進むこととなる。

　このようなプロセスを経て、筆者は飛騨高山に豊富に存在する水を活用して小水力発電事業の事業化を行っている。本章においては、金融（事業主体と金融機関の視点）から取り組みを概観するとともに、伴う金融をより身近に感じて頂き、ご自身が事業を行われる際の参考になればと考えている。

7.1.2　小水力発電事業化における重要要因の定義

　小水力発電とは文字通り、水の力を利用し発電を行う発電設備である。最終的な発電所建設に至るまでを事業化視点で重要要因を整理した際の項目は**表7-1**のように考えている。

　これらの重要指標と各項目を対応させながら岐阜県高山市の事業についてみていきたいと考えている。

7.1.3　岐阜県高山市における小水力発電事業について

　筆者は岐阜県高山市において現在発電所の建設を進めている。ちょうど着工し

第7章　再生可能エネルギーと地域金融

表7-1　小水力発電事業実施における重要要因

小水力発電事業実施における重要要因	
政治的要因	
①政策	
再エネ支援策	固定価格買い取り制度（FIT）、RPS、補助金　等
②許認可・受容性	
各種許認可（行政）	建設・操業の各段階で必要な許認可の特定、取得状況（下記例）（日本）河川法、事業用電気工作物、一般電気工作物、自然公園法、自然環境保全法、鳥獣の保護および狩猟の適正化に関する法律、文化財保護法、土地収用法、農地法、農業振興地域の整備に関する法律、森林法、水産資源保護法、国土利用計画法、国有財産法、砂防法、地すべり等防止法、建築基準法　等
地元地権者・周辺住民等	自治会における同意書、既存農業用水利用許可書、各種条件等々
電力購入契約	プロジェクトの相手方の権利義務関係の検証
技術・インフラ的要因	
③再エネ導入の電力インフラ	
グリッド（系統）	送電線・配電線の整理状況、再エネへの受容度
④再エネ導入のその他インフラ	
防災技術、道路敷設、橋等	砂防堰堤、治山、国道、県道、市道、林道　等
⑤技術	
機械・設備	事業予定地に適したものか、メーカー、納期、保証、
事業実施主体・計画・資金調達要因	
⑥事業主体形成	
ビークル	どのような器を活用して事業を構築しているか（株式会社、合同会社、信託、社団　等々）
責任者	ビークルの管理者、主幹事企業
プレイヤー	社内での事業実施体制。また地域住民など。
サポーター	E（設計）P（調達）C（建設）の主体。また地域住民が含まれるケースもコミットによって有り得る。
アレンジャー	地域や金融機関、関係するすべての人への調整役
ファイナンス	株主構成、業務執行役　等
⑦事業計画	
全体のスケジュール	開発〜稼働までのスケジュール管理ができているか（各許認可申請・取得、設計、機器納期、工期、資金調達、支払い等）
契約	プロジェクトの相手方の権利義務関係、特にO＆Mコントラクターの業務範囲、インセンティブとペナルティ条件の検証
⑧資金調達	
資金調達先の選定と時期	エクイティ、メザニン、デットのバランスと資金使途のタイミング、地域の色をどこまで反映ができているか？
■コーポレートファイナンスの場合	
企業の財務諸表と取り組み	企業現状。貸出上限
■プロジェクトファイナンスの場合	
事業性評価の実施	調査結果などが踏まえられているキャッシュフローとなっているか？予算は妥当か？

（出所）井上博成・Alexander 竜太 Keeley（2018）「日本における小水力発電事業の普及に係る障壁と課題―事業主体の視点から―」『日本エネルギー学会誌』（97）247頁より引用。

(出所) 2016年11月28日発刊「高山市民時報」

図7-1 着工した際の誌面

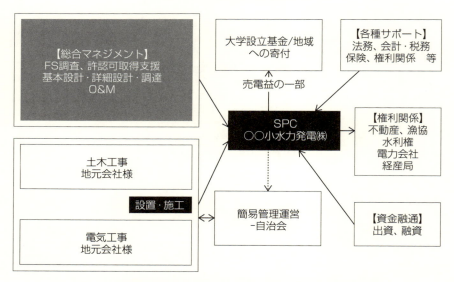

図7-2 岐阜県高山市における小水力発電のステークホルダー図

た際の地域での記事が上記である(**図7-1**)。
　また本発電所建設に至るまでのステークホルダーは**図7-2**の通りである。図7-2の中心に小水力発電の事業主体(ビークル)がある。高山市では株式会社形態を採用している。

本事業主体から様々矢印が伸び、多様な関係者の中で事業が構築されている。

・総合マネジメント

　表7-1⑥事業主体形成における役割としては、サポーターを示している。事業における各種調査（事業可能性調査：FS調査）から許認可取得、設計業務、調達から、保守管理（O&M: operation & management）などを行う。

　マネジメントを通じて、表7-1⑤技術の担保をはじめ、設計時に③再エネ導入の電力インフラとの調整や、④再エネ導入のその他インフラ（防災や道路、橋など）との調整を行う。

・簡易管理運営

　表7-1⑥プレイヤーが該当し、地域の方々にご協力をお願いする形として運営を進めている。もともと地域に住んでいるため地形にも詳しく大変心強い。

・土木／電気工事など各種工事関連

　高山市においては地元業者に発注を行っている。与信形成のために地域外部の事業主体などにリスクを負ってもらうケースなども存在する。

・権利関係

　表7-1②許認可・受容性が該当する。自治会単位・農業用水などの利水者との合意に始まり、不動産を始め、漁業協同組合、電力会社、経済産業局などとの調整が発生する。

・各種サポート

　これら各種許認可関係をはじめリスクをケアする保険など各種業務フォローをお願いし、表7-1⑦の事業計画、⑧資金調達関連を推進していく。

・大学設立基金／地域への寄付等

　これは事業理念の担保である。私であれば高山の大学設立基金への寄付、また他の地域であれば地域課題解決のために売電益の活用方法を担保することである。

・資金融通

　事業を実施するにあたり、小水力発電事業は金額も多額となる。そのためその事業にかかる資金調達方法には一定の配慮が必要となる。

　次章においては、本項のテーマである資金調達について高山での事業とも絡めながら紹介をしていきたいと考えている。

7.2 再生可能エネルギーと地域金融に関する先行研究

7.2.1 地域金融機関に関する再生可能エネルギーに対する組織行動

　本項では、地域における資金需要に対して考察を行いたいと考えている。

　地域の観点からの事業化プロセスにおいて、長野県環境部温暖化対策課（2012）は、地域活性化事業においては、地域の資金（地方銀行、信用組合、信用金庫、JA、労金、市民ファンド）によって活動が行われることを要件に挙げている。FIT（Feed In Tariff: 固定価格買い取り制度）は必要条件で、地域で十分条件としての資金や主体の問題を論じている。

　寺林（2013）は、現状のFIT制度の下で、太陽光を始めとして、FIT施行前から変わらず大企業を中心とした事業主体が多く、中央（外部資本）への利益の流出が問題であることを指摘している。地域としてどう事業主体を掲げ、地域内での再投資を行える構造をつくるかは重要な課題となっている。

　この考え方は筆者も共通しているところであり、都市部の事業主体が取り組むよりも地域の事業主体が取り組みを進め、地域で資金調達を行うことは、地域活性化の観点からもより大きな波及効果をもたらすことができると言える。

・事業主体と金融について

　地域から事業を立ち上げる際に、どのような事業主体が適しているかといった考察は多く存在する。協同組合に焦点を当てたもの（石田、2013）や、様々な主体の比較分析（寺林、2013）が存在する。事業レベルに応じた組織の形成が不可欠であり、事業レベルに応じた資金調達の必要性が説かれている。

　また、地域という事業主体について着目したものとしては、市民・地域共同発電所に関する報告書（豊田、2013）がある。この発電所は、電力買い取り財源を負担する国民・社会に利益が還元される普及方式を取ることが重要とされ、企業が取り組む場合にも市民、地域に参加・協力を求め、地域に利益が還元されるCSR的対応が必要であるとしている。地域の市民共同発電所は、2013年9月現在で115の団体によって458施設建設されている。規模は地域単位でそれぞれではあるが、資金調達にあっては、寄付を始め、疑似私募債（金銭消費貸借契約）や私募債、組合債、出資（投資信託、匿名組合出資）、自治会積立費、組合出資

(LLP、企業組合) など様々な資金調達の手法が紹介されている。

　これらの事例の多くは、地域の金融機関を通さず直接的に、市場から資金を調達している。ただ、おおよそ76%が10kW～50kWの比較的小規模な太陽光発電事業が中心であり、風力を始め、太陽光でもこの規模50kWを超えると匿名組合や公募債などが資金調達の中心となっている。報告書の中でも指摘されているが、事業規模の拡大に応じて、地域金融機関（間接金融との連携は欠かせないといえる。

　高（2013）らが指摘するように、地域の中小企業の多くは、収益力が十分でない企業が多く内部留保の蓄積が難しい上に直接金融で資金を調達することが難しい。直接金融は、不特定多数が資金提供者となるための情報開示のための資料作成や株式公開などの作業が発生し、地域の零細企業にとっては容易ではなく、結果的に、地域では金融機関を中心とした間接金融に依存する構図になっている。事実多くの文献で間接金融が地域の中小企業においては主流であることがわかる。

　資金調達について、市民共同発電所では直接金融での資金調達が多くを占める一方、今後規模の大きさに応じて金融機関との連携を指摘していることがわかる。

　小水力発電所は、発電所の規模にもよるが投資額は数億円のロットで発生してくる。リスクの高い資金の一部を直接金融で補うことが重要ではあるが、多くの部分は間接金融に依拠するケースが多くなることが想定され、現に高山では多くの割合で間接金融を採用している。

　このように、事業規模に応じた適切な金融が必要であり、事業規模に応じて、その方法論は様々である。

　また事業主体に関係して、組織の問題がある。小規模発電の事例では、NPO法人がもっとも多く、他にも地縁組織や任意団体、企業組合などが散見される。また、寺林（2013）は、株式会社・合同会社・一般社団法人・協同組合などを中心に整理をしている。

　それぞれの組織体にそれぞれのメリットがある。寺林（2013）によれば、主に、株式会社は、事業組織として一般的なものとされ、金融機関の借り入れや社債発行など資金調達手段も多彩である。しかし設立コストや機関設置などを勘案すると他の組織形態と比べて容易ではないこともあり、ある程度大きな事業を扱うことが前提となる。

　また合同会社は少数の出資者によって運用することが想定され設立コストも株

式会社と比べて優位であり、定款の自治性も高いため小規模な事業に向いている。ただし、パススルー課税（構成員課税）が認められておらず法人と出資者で二重課税を被る点などが課題となることがあるが、二重課税問題は匿名組合契約などの市民ファンドを利用することで解決できる。しかし匿名組合契約を行うためには第二種金融商品取引業者としての金融庁の登録が必要であり、登録にあっては、ハードルが存在する。

　非営利組織では、事業目的の制限がなく登記のみで設立が可能な一般社団法人は、有力な候補である。しかし、非営利組織ゆえに出資金の利益分配が認められていない。また、金融機関から融資を受けることも不可能ではないが、困難であるなど組織単独では資金調達面の課題が多いことが指摘されている。

　また、それぞれの事業組織（株式会社、合同会社、協同組合）が特別目的会社（SPC）として株式会社や合同会社を設立することも考え、この場合に、再エネ事業の負債への責任を隔離できる点がメリットとして挙げられる。こうした組織については、プロジェクトファイナンス（後述にて詳細説明）などコストの高い資金調達を前提としており、小規模事業を想定した時に必ずしも有効とは言えない。また新たに組織を立ち上げて事業を行う場合、そもそも責任隔離を考えなくてもよいのでこの方式を考える可能性は低い。

　小水力発電においては、一つの発電所建設にあたり、数億円という資金の調達が不可欠でありその場合には、組織形態ももちろんながら、間接金融との接点が増えるといえる。すでに一部用語として触れたが、間接金融の調達方法には、大きく二つの方法が存在する。

・プロジェクトファイナンス
・コーポレートファイナンス

　これら二つのファイナンス形態について下記にて説明を行う。

　プロジェクトファイナンスとは、特定のPJ（事業）に対するファイナンスであり、そのファイナンスの利払いおよび返済の原資を原則として当該PJ（事業）が生み出すキャッシュフロー／収益に限定し、またそのファイナンスの担保をもっぱら、発電PJの資産に依存して行う金融手法である。ある事業から上がってくる売上だけで借入を返済していくという形である。

　一方、コーポレートファイナンスとは、ある事業について行った借入がその売上だけでは返済できないときには企業が実施するその他の全ての事業収入をもっ

て返済することを指す。

　ノン／リミテッド・リコース性（無もしくは限定償還請求型）がプロジェクトファイナンスの特徴で、コーポレートファイナンスはフルリコースファイナンス（完全償還請求型）である点に両者の大きな違いがある。つまり、どの程度ファイナンスの返済が他事業（もしくは他人）まで訴求するか否かといった点が違いとなる（幸、2014）。

　Ryan H. Wiser, Steven J. Pickle（1998）らが指摘するように、プロジェクトファイナンスにはいくつかのデメリットを指摘することができる。小規模案件ではプロジェクトファイナンスの場合、弁護士などの組成コストが小さくないために費用倒れになりかねない上、多くの借り入れコスト、多くの制限的な借入契約など業務の処理に多くのコストがかかる。小規模案件の場合、コストが多くかかるとその分を事業で吸収しきれないため、相対的に値段が高くなる。

　キャッシュフローの安定性と事業リスクの極小化がプロジェクトファイナンスを行うポイントで、プロジェクト自体の信用力を源泉としている。プロジェクトファイナンスの本質は、出資者（スポンサー企業）と銀行など金融機関との事業リスクの分担が中心であることを指摘している。このように金融機関からのファイナンスによって企業側からすると様々な資金調達方法があり、組織や事業に応じて一つ一つ対応することが求められる。

　また、竹ケ原（2012）は、組織において地域展開という条件を付与すると、出来るだけ地域に根差した事業を多数実現すべきとするアクターの問題や、地産地消とエネルギーの関係を指摘している。また従来型手法の官ないしは民のみがすべてのコストとリスクを負って事業を行う形態から、追求すべき手法としてそれぞれのリスクをよく管理できる主体を集めることが重要であると指摘している。

　さらに、飯田市（2012）では、再生可能エネルギー事業で事業主体が円滑に資金調達を行う為の必要項目として5点を挙げている。
（1）事業の安定性の確保
（2）出資者の有限責任性
（3）地域への配当の保持
（4）補助金の利用可能性
（5）公益（地域益）的性格の確保
　これらの視点は、重要であり、今後地域における再生可能エネルギー事業の推

進に応じて、どのような組織形態をとり、どのような資金調達を行っていくかという視点を提供している。つまり、資金調達の多様さは組織形態や理念に依存する。

以上、事業主体や資金調達の多様性について先行研究のレビューを行った。

事業主体と金融について総括すると、主に、地域での事業主体は、事業規模に応じた適切な主体を選択する必要がある。その組織は上述の通り様々な条件に依存して存在する。またその立ち上げる組織によって資金調達の手法は多様であり、寄付を始め、疑似私募債（金銭消費貸借契約）や私募債、組合債、出資（投資信託、匿名組合出資）、自治会積立費、組合出資（LLP、企業組合）、金融機関からの融資など様々な資金調達の手法が存在する。間接金融においてはコーポレートファイナンスとプロジェクトファイナンスが存在し、事業規模や与信形成により方法論は様々である。

小水力発電事業においては資金調達も多額となることから、間接金融に依拠する必要性が出てくる。次項においては、間接金融の主体である地域金融機関について洞察を行いたい。

7.2.2　地域金融機関（間接金融）の特徴

小水力発電事業においては、前項でふれたように間接金融（地域主導型事業であれば地域の金融機関）との接点が重要になる。本項では地域における金融機関について検討を進める。

地域金融機関について、木村（2004）は「地域金融とは『地域（国内のある限られた圏域）の住民、地元企業及び地方公共団体等のニーズに対する金融サービス』と捉えることができる」としている。そして「地域金融機関とは『一定の地域を主たる営業基盤として主として地域住民、地元企業及び地方公共団体などに対して金融サービスを提供する金融機関』と捉えることができる」としている。またこれら金融機関は「一定の地域を主たる営業基盤としていることからその地域を離れては営業が成り立たない、いわば地域と運命共同体的な関係にある金融機関」とし「このような地域金融機関としては地方銀行（第二地方銀行協会加盟行を含む）及び協同組織金融機関があげられよう」と規定している。

地域に依拠して活動する地域金融機関であるが、深刻な問題がある。それは銀行が地域内にいかにお金を貸しているかといった預貸率の低さである。深尾

第 7 章　再生可能エネルギーと地域金融

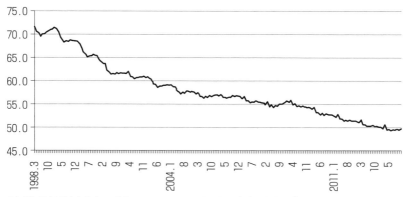

（出所）「市民性を支える「市民コミュニティ財団」の定義と役割」『龍谷政策学論集』(3) 2、73-83 ページより引用。

図 7 - 3　信用金庫の預貸率（1998年〜2013年）

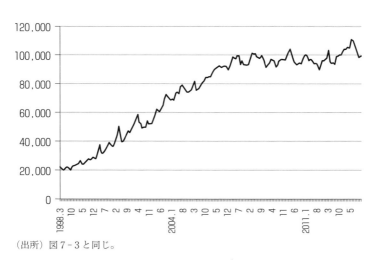

（出所）図 7 - 3 と同じ。

図 7 - 4　信用金庫の国債購入残高（1998年〜2013年）

（2014）が指摘するように、地域の銀行の預貸率は年々減少しており（**図 7 - 3**）、地域への貸し出しが伸びず、国債の購入に対する投資割合が年々高まっている。（**図 7 - 4**）。

　これらも構造的な問題である。地域内で資金が循環した時の波及効果を考えれば、地域内での再投資は大きなメリットになる。これらの点からも地域の金融機

関や地域の人たちがお金をまわすのかが、地域の経済効果、活性化において重要である。

しかし、これは地域金融機関の貸し出し先の少なさという悩みの裏返しでもある。地域での貸出の増加を考えると、資金的なニーズが地域内に必要となる。

効果の非対称性の議論で「馬を水飲み場から離せば水を飲めないようにすることができる。しかし馬を水飲み場へ連れていっても水を飲ませることは必ずしもできない」とも喩えられることがあるが、いかに金融機関が健全でも、地域の企業にビジネスモチベーションが無いことや、地域資源発掘や市場開拓の智慧・ノウハウ・情報が足りないなどで、地域に潜在的な資金需要がない場合は、金融機関や他の資金供給者の果たし得ることには限界が存在する。

一方、地域金融機関の一つの役割として「馬を水飲み場近くに招くと同時に水質を改善し飲みやすい環境をつくること」、つまり地域金融機関は地域の企業に対し、生産的投資機会の情報や付加的な総合的サービス（企業運営に資する様々の知恵やノウハウ・アドバイス等の提供や、代替的な担保や借入手法を新たに考案することなど）を通じて、地域活性化に資すると考えることもできる。

このような中で、現在、地域の資金需要としての再生可能エネルギー事業が存在し、地域金融の貸し出し態度も大きく変化してきている。寺林（2013）は、既存の企業が再エネ事業を行う場合には、通常の審査と担保要件によって融資ができるので、審査ノウハウの乏しい地銀でも融資が出来、キャッシュインフローが読めるので、大きなリスクにならないとしている。

金融機関が再エネ事業に対してどの程度融資を行ってきたか、再生可能エネルギーの種別への融資実績について全国の地方銀行・信用金庫を対象としたアンケート調査（対象375行中268行が回答。回答率72％）がある。

その報告書によれば、担保以上の金額を融資しているケースも目立ち、特徴的なのは固定価格買い取り制度開始前後の１年間を比較すると、地方銀行・信用金庫の融資件数は約６倍、融資実行額は約50倍になったことである（**図７-５、図７-６を参照**）。

地域ファイナンスの増加のトレンドがみえるが、図７-５が示す通り、当時にはその多くが太陽光である。太陽光以外の発電は、設置年数が太陽光に比べ長く要する事から、当時はまだ他電源においては、小水力も例外なく融資案件に結びついている姿は明確ではない。太陽光偏重なのは事業実装への年数が短いことも

第7章 再生可能エネルギーと地域金融

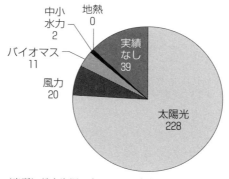

（出所）総合資源エネルギー調査会、新エネルギー小委員会第一回配布資料、資料番号3、58頁より引用

図7-5　再エネ融資実績（金融機関数）

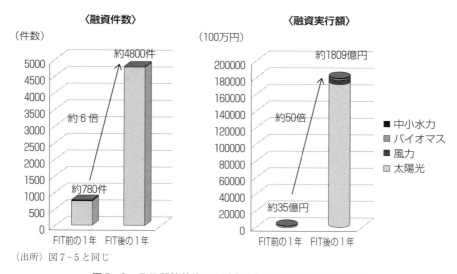

（出所）図7-5と同じ

図7-6　FIT開始前後での融資件数及び融資実行額の推移

起因している。

また、資金調達フェーズにおいては時期の問題があるが、FIT政策のインパクトを図る上でも、FIT前後の分析は重要である。

栗原・宇都・青木（2009）らは、FIT以前の再生可能エネルギーのファイナ

ンスの実態調査とキャッシュフローモデル分析を行っている。ここでの問題意識は、「本当に収益性のある事業として成立するのか、補助金があるがそれが十分なインセンティブとなっているのか、さらに銀行からの融資は受けられるのか」という視点である。

分析の結果として、FIT以前の融資の多くに、コーポレートファイナンスが行われたことが指摘されている。再エネ事業者の多くは、コーポレートファイナンスや補助金が多くを占め、プロジェクトファイナンスは風力発電を中心に適応されていたものの、その件数は少なかったとされている。

一方、プロジェクトファイナンスが行われなかった理由として幸（2014）によれば、新規PJ実施の際に親会社から事業を分離し責任も切り離すという考え方は日本の商慣行にはなかった点や、プロジェクトファイナンスの膨大な契約書類が馴染まなかったこと、また、コーポレートファイナンスベースの資金調達が簡便で低コストであり親会社の財務体質の劣化について考慮する必要もなかった点を挙げている。併せて、コーポレートファイナンスは、会社が資産をもっていることも要因となっており、会社の有する資産によってファイナンスが実行されることから、資産を持っていない資本では、推進すべきプロジェクトも実施できなくなる可能性も存在していた。

その中で、現在プロジェクトファイナンスが行われるようになった背景として、FITの担保により前提としてのキャッシュフロー（事業収支）が予想しやすくなりその点でプロジェクトファイナンスに適した事業となっていることを挙げている。ストラクチャリング（取引スキームの検討）キャッシュフローモデル、書類作成作業、プロジェクトの事業性を見極める能力、リスク分析の手法などは従来からの金融方式でもあるコーポレートファイナンスやその他のファイナンス業務でも必要な作業で応用転用が出来、ファイナンスリテラシーの向上にもつながることを指摘している。

プロジェクトファイナンスはリスクの高いものとして認識されているが、企業ニーズに対応した商品でもあり、これは地域銀行としても備えておくべき機能の一つである（幸、2014）。さらに、リスクファクターが明確化されむしろ貸手にとってはコントロールしやすいリスクであるともいえる。また、金融機関にとっても厚い利鞘となる。

このように、FIT前後で金融の方法においても、ファイナンスの形態に変化

が見られる。FIT 以前は太陽光発電については事業化が難しく、行政のバックアップがあって推進された。また豊田（2013）らも、FIT 前後でアンケートの回答の中身において、「単純に資金調達をどうするかというレベルから出資法などの法律に対応しながらどのような形で資金を調達し20年間資産を管理しながら返還・返済していくのか、より高度なレベルで検討が求められるようになっている」とし、アンケートの回答の内容が FIT 前後で大きく変わったことを指摘している。

地域内でファイナンスを通じた所得を生むためには、地域の人々でエクイティ（出資）を集めて事業主体を立ち上げ、その組織に対して地域金融機関が融資を実行するというのが望ましい。小水力発電事業においては、太陽光発電とは異なり、事業組成に至るまでに地域調整をはじめ各種検討すべきリスクが一定存在しておりその部分のファイナンスは、融資ではなくエクイティ（出資）で調達を行う形となる。

また前述したように、事業規模が小さい場合の資金調達においては様々な方法論で調達が進んでいるものの、今後、地域で実装可能な、かつ地域で事業として継続できるレベルの事業構築を行う場合には、豊田（2013）も指摘するように、それなりの資金調達を伴う再生可能エネルギー事業が多くなる。その中にあって、寺林（2013）は地域金融機関が融資を行うべき理由として下記を挙げている。

①融資規模の適正さ。これは地域金融機関が地元中小企業の資金需要や大手が取引対象としない資金需要にこたえることを主にしているためである。
②地域経済への貢献。そもそもの存在意義であり、銀行としての事業存続の要件になっている。また地域の資金内循環に寄与するためである。
③地域のコーディネーターの役割。プラットフォームの創出に寄与できる可能性。
④リレーションシップバンキング。（以下、リレバン）
⑤気候・風土は地域に依存。再エネの審査項目である気候風土は地域によって異なる。「環境金融」や「金融機関の社会的責任」について、地域社会をベースに実践する主体。地球温暖化のようなグローバルな環境問題への取り組みだけでなく、里山保全や生物多様性保全のようなローカルな環境保全活動など地域密着型の環境貢献。

④で指摘しているリレバンとは、金融機関の貸出態度の一つである。貸手の事

業チェック能力は重要になってきており、貸出前にどのような審査態度を取るかは地域金融において重要である。

リレバンとは主に、中小企業向け貸し出しについて、また地方銀行や信用金庫・信用組合等中小の銀行・協同組織金融機関を念頭において語られることが多い。(筒井・植村、2007)

渡辺・上杉 (2008) らによれば、リレバンとは、金融機関が顧客との間で親密な関係を長く維持することにより顧客に関する情報を蓄積しこの情報をもとに貸出等の金融サービスの提供を行うことで展開するビジネスモデル（関係依存型金融）と似通った概念とされている。つまり、銀行と借手の間の親密な取引関係を通じて銀行がソフトな情報を蓄積し、様々なメリットを生み出すことを指す。

この手法の長所は、エージェンシーコストを削減でき、銀行に企業の内部情報を収集させ融資契約についても弾力的な再交渉を可能にすることができる。また、金融機関はある種の独占レントと信用リスクの軽減を図ることができ、情報の非対称性の問題が軽減し、資金提供が促進されることにある。リレバン自体は貸し出しのアベイラビリティや金利・担保などの貸し出し条件の決定に重要な役割を果たすといわれている（堀江、2008）。一方、この手法の短所は、まず、サンクコストを要することが挙げられる。

第2に、ホールドアップ問題であり、悪い噂がたつことを金融機関が回避したい、将来的な回復期に少しでも融資を回収したいというインセンティブが働く場合に融資を継続せざるをえなくなることなどを指す。

第3に、ソフトバジェット問題 (Berger and Udell, 2003) がある。これは貸出先がそれまで付き合っていた先に限定され、新しい発掘や創業支援などを通じての貸し出しを増やしていくことが難しくなることが挙げられる。

多胡 (2010) は、特に、リレバン型の地域密着型金融の重要性を指摘しており、地域の金融機関は、今後、下記のような動きを主体とした在り方を論じている。

それらは大きく三つの行動に集約される。

まず、地域事業者の「本業支援」、プラス与信面でのモニタリングを厳格に行い、その上で、地域金融機関における「組織運動」を通じて、地域金融機関における「継続運動」が必要である。

これはリレバンサイクルとして、着実にモニタリングを行い、特段の過大な融資コストを計上することなく、長年にわたって持続的な利益を計上し、その結果

としてつみあがる内部留保（すなわち中核的な自己資本）をバッファーとして地域経済に深くコミットし続けるというリレバンサイクルをつくることが必要と述べている。その中での特にそのような行動原理に基づく金融機関内の意思統一の必要性も述べている。

　地域密着金融とはビジネスマッチング、ABL、M&Aなどの件数を競い合うものではなく、本業支援を組織活動、継続運動として遂行し続け、その活動を地域事業者・地域住民が認識しその価値を正当に評価しない限り、地域における共栄共存モデルは存在しないとしている。

　しかし、これらを行うには実際には障壁も多く存在している。それは、金融機関病（多胡、2007）と指摘されるように、事業審査のノウハウの欠如であり、前例や他金融機関と横並びの対応である。また再生可能エネルギーは全般的に初期投資が多額ということもある。小水力で数百キロの発電でも数億の事業規模となる。一時的でも貸倒引当金に計上するとなれば経常利益や自己資本比率など経営指標への影響は免れない。また、再生可能エネルギー事業は投資回収が長期となる。

　これらに対しての対策として、初期段階から参画し事業者と成功体験やノウハウの共有をすることで審査能力の向上を図ることができると考えられている。また、事業者側の信用力の強化として経営コンサルタントの活用や契約書の策定支援、また経営管理会社に日常的な操業・保守作業が委託できる事や会計監査法人により業務運営や決算等がチェックされること、ならびに自然災害リスクの管理として信用力あるメーカーや品質保証をしていることや、損害保険会社との自然災害等に対する損害保険契約などが計画されていることを示すことなどを挙げ、これらによって信用力の強化を目指すプロセスも大切である（寺林、2013）。

　また対策の一つとして、小規模分散型の再エネ事業を支援する目的で、政府や自治体、民間事業などが協力して投資育成会社や地域ファンドを設立し新規事業にエクイティ（出資）を出すようなスキームが考えられる。これらによって出資金を確保することで新規事業に地域金融機関からの信用も増す。政府系の金融機関でもすでに、環境省関係では一般社団法人グリーンファイナンス推進機構が設立されている。また農林水産省関係でも農林漁業成長産業化ファンド（A-FIVE）などが設立されており、これらの役割も期待される。

　また地方自治体の取り組みとしての制度融資も役に立つ。低利融資や利子補給、

保証協会への保証料補給などが受けられるため事業者によって有用である。また利用できる事業者を地域の人と区切ることで地域からの資金流出を防ぐことができる。また、地元の金融機関が窓口になることで地域金融機関にとってはリスクを負わずに融資経験を積むことができるとしている（寺林、2013）。

このように多様な資金調達を考える時には調達の多様化や公的金融の在り方を十分考える必要性がある。しかし Norbert Wohlgemuth（2000）らが指摘するように、再エネプロジェクトのファイナンスの構造変化が生じ、競争的になった時に、そのような公的な支援は必要なくなるとも指摘している。

以上、再生可能エネルギーの事業開発において、地域金融機関を中心に地域ファイナンスを整理してきた。

地域ファイナンスの考察を通じて分かった点は下記の通りである。

地域においては、間接金融、とりわけ金融機関からの融資が多くを占めていることから、地域金融機関の視点から分析を行った。固定価格買取制度開始前後の１年間を比較すると、地方銀行・信用金庫の融資件数は約６倍、融資実行額は約50倍という貸出態度における変化も見られ、今後の地域において重要な役割を果たすことが期待される。また、地域に根差すからこそ、リレーションシップバンキングの姿勢が求められる。地域の企業や自治体と共に議論を重ね、飲み水を飲ませる環境づくりへの貢献等を通じて、地域内でリレバンサイクルを創りだしていくことが必要である。また金融機関の信頼性の向上にあっては、行政の参画や行政関連組織からの出資等を通じて、信頼性を増すこともできる。

地域金融を通じた事業化によって豊かになる投資先を生み出し、事業の目的に応じて適切なファイナンスが行われることが必要である。その中にあっては特に、地域金融機関の働きが重要であることが明らかになった。

7.3　小水力発電事業における地域金融の果たすべき役割
　〜先行研究と実践から見える課題と今後の展望〜

これまでの7.2.1項、7.2.2項の先行研究や地域金融とりわけ間接金融の重要性を踏まえ、実際の小水力発電事業における地域金融の果たすべき役割とその課題と展望についてまとめたい。

まず、地域において、小水力発電事業を行うには、規模の大小があれど、数百キロ単位の発電所であれば、数億円単位での融資が必要となる。その場合には

7.2節での研究からも分かるように間接金融、つまり金融機関が資金の出し手として重要となる。

地域金融機関としては、事業者の熱意に共感し、共にこの事業を進めたいと思える融資先であることが役割を発揮する大前提となる。

その際に、金融機関として果たすべき役割としては、理論と実践を通じて、大きく3点に整理することができる。

①融資審査での知見蓄積を通じた事業の整理と最終的な資金供与

融資の意思決定の際には必ず稟議が必要となる。その際に、事業者と共にリスクの整理を行うことは大前提となる。その際に、事業の理念を共に理解し、事業に潜むリスクを整理して、リスクに対して事業者がどのようにケアを考えているか、その考え方の妥当性を検討していく形になる。そういった融資審査での知見蓄積を図るプロセスは事業者においても大変有意義である。むしろ事業者も気づけなかったリスクに気づけ、事業が更なるフェーズへと昇華されることも多々ある。また事業における資金繰りなどの詳細の把握についても同様である。事業が必ずつぶれないよう、また仮につぶれる可能性の要因を数字で把握し、そのプロセスを共に確認する作業は事業者においても重要となる。そしてそれらの審査を通じて資金供与を行える環境を醸成することがまずは大きな役割となる。

②事業上で起きてくる各種ステークホルダーとの調整支援

小水力発電事業は前章でふれてきたように、リードタイムが短く普及拡大した太陽光発電事業に比ベステークホルダーとの調整が数多く存在し、長期となる可能性が高い。その場合において、地域に根付く地域金融機関ならではの支援を行うこともできる。それは各種存在するステークホルダーに対しての調整を支援することである。

例えば高山においても地域金融機関の信頼というのは大変厚い。もちろん、稟議が前に進み、事業に対しての融資を前提とした場合であるが、信頼の厚さを通じて、町内会との調整の支援、土地所有者との調整支援、漁業協同組合との調整支援、行政機関との調整支援といったステークホルダーとの関係性向上である。またそのプロセスは、地域金融機関においても事業をより深く理解する上でも重要なプロセスとなり、リスクについての把握を考えると、事業者にとって大きな励みとなることはもちろんであるが、融資の実行に際してのリスクケアに対しても現場で知見を得ることができるため、地域金融機関にとっても大変重要な要素

となる。

③モニタリングを通じた本業支援

また、小水力発電事業を行う事業者には本業を別に持ち、小水力発電事業を行うというケースが飛騨高山でも散見される。そういった場合には、小水力発電事業での事業支援を行いつつ、関係性を深め、本業を行う企業も支援する、といった地域を豊かにする投資先を生み出し地域全体を活性化するような取り組みまで昇華させることも重要な役割である。

こういった取り組みは、リレーションシップバンキングの加速を生み出し地域に新しい投資先を作ることができるきっかけとなるもののため、地域の成長においても重要な取り組みである。

以上、小水力発電事業における地域金融機関の役割について考察を行った。もちろん事業そのものを確実にハンドリングし、形にする力量が事業者側にあることが大前提である。あくまで事業組成の汗をかく当事者は事業主体の中心人物である。金融機関の役割は、上記で整理を行った資金提供者の役割を始め、ステークホルダーとの調整、更なる本業支援といった面である。この役割はあくまで伴走者であり、伴走者に事業推進のそのものの本丸を預けることは、事業構築の本筋ではない。

つまり、事業主体の中心たる人物は確実な事業実施に対して相当な覚悟・責任を持つ必要があり、事業実施に対しての覚悟の度合いやその魅力を周りの伴走者は見聞きし、支援したいと最終判断を行えば、様々な支援をもらえるということになる点は十分留意する必要がある。

参考文献

池尾和人（2010）「金融市場と市場型金融の将来」『財務省財務総合政策研究所「フィナンシャルレビュー」』（101）、5-21頁。

石田信隆・寺林暁良（2013）「再生可能エネルギーと農山漁村の持続可能な発展―ドイツ調査を踏まえて―」『農林金融』2013年4月号、38-53頁。

岩佐代市（2009）『地域金融システムの分析―期待される地域活性化への貢献』中央経済社。

井上博成・Alexander竜太Keeley（2018）「日本における小水力発電事業の普及に係る

障壁と課題―事業主体の視点から―」『日本エネルギー学会誌』(97)、245-251頁。
植田和弘 (2013)『緑のエネルギー原論』岩波書店。
大崎貞和 (2014)「2014年金融・資本市場の課題」『月刊資本市場』(341)、34-41頁。
岡部光明 (2012)「現代金融の特徴、評価、課題:基本に立ち返った考察」『国際学研究』(42)、57-80頁。
木村温人 (2004)『現代の地域金融「分権と自立」に向けての金融システム』日本評論社。
資源エネルギー庁 (2014)「総合資源エネルギー調査会　新エネルギー小委員会第1回配布資料」経済産業省資源エネルギー庁。
(http://www.meti.go.jp/committee/sougouenergy/shoene_shinene/shin_ene/001_haifu.html, 2018年9月8日)
水口剛 (2011)『環境と金融・投資の潮流』中央経済社。
大門信也 (2011)「震災復興のための再生可能エネルギー事業のあり方を考える―ローカルなマネーの活用可能性と諸課題」『政策研究』97、17-28頁。
高慶元 (2012)「中小企業金融に関する考察:関西の中小企業を中心に」『環日本海研究年報』(19)、106-127頁。
竹ケ原啓介 (2012)「ファイナンス」、倉阪秀史編『地域主導のエネルギー革命』本の泉社、第3章第2節、157-167頁。
竹ケ原啓介 (2012)「再生可能エネルギーのファイナンスと地域展開の可能性」環境政策セミナー:再生可能エネルギーとグリーンエコノミー。
(http://133.87.26.249/dspace/bitstream/2115/50804/1/2_takegahara.pdf, 2018年9月8日)
多胡秀人 (2010)『地域活性化とリレーションシップバンキング』社団法人金融財政事情研究会。
筒井義郎・植村修一 (2007)『リレーションシップバンキングと地域金融』日本経済新聞出版社。
寺西俊一・石田信隆・山下英俊 (2013)『ドイツに学ぶ地域からのエネルギー転換―再生可能エネルギーと地域の自立』家の光出版。
寺林暁良 (2013)「小規模型の再生可能エネルギーと地域金融―事業組織の形態と地域金融機関の役割に着目して―」『一橋経済学』7(1)、83-100頁。
寺林暁良 (2013)「期待される地域金融―ドイツと日本の比較から」、寺西俊一・石田信隆・山下英俊編『ドイツに学ぶエネルギー転換―再生可能エネルギーと地域の自立』家の光協会、第4章、135-168頁。

寺林暁良・安藤範親（2013）「電力固定価格買取制度への地域金融機関の対応―再生可能エネルギーをめぐるファイナンスの動向」『金融市場』24(1)、24-29頁。

寺林暁良・安藤範親（2013）「再生可能エネルギー事業の現状と地域金融機関の取り組み」『リージョナルバンク』63(7)、12-19頁。

寺林暁良（2014）「エネルギー転換を支える金融機関―GLS銀行の取り組みと日本での展開可能性」『環境と公害』43(4)、29-35頁。

豊田陽介（2013）『市民・地域共同発電所　全国調査報告書2013』市民・地域共同発電所全国フォーラム2013。

長谷川勉（2013）「ソーシャルバンクに関する研究―ドイツ・イタリアの協同組織金融における新しい可能性」『日本大学商学部商学研究』29、5-23頁。

平野吉伸（2010）『地域金融機関の資金運用とリスク管理』金融財政事情研究会。

深尾昌峰（2014）「市民性を支える「市民コミュニティ財団」の定義と役割」『龍谷政策学論集』(3)2、73-83頁。

堀江康熙（2008）『地域金融機関の経営行動　経済構造への対応』勁草書房。

三菱総合研究所（2014）『平成25年度新エネルギー等促進基礎調査（再生可能エネルギーに係る税制措置等による政策効果に関する調査）報告書』

諸富徹（2013）「『エネルギー自治』による地方自治の涵養―長野県飯田市の事例を踏まえて―」『地方自治』2013年5月号（No.786）、2-29頁。

藪下史郎（2002）『中小企業金融入門』東洋経済新報社。

幸富成（2014）『スマートエネルギー社会のファイナンス論』エネルギーフォーラム。

渡辺努・上杉威一郎（2008）『検証　中小企業金融』日本経済新聞出版社。

Aslani, Alireza and Ali Mohaghar（2013）"Business structure in renewable energy industry: Key areas," *Renewable and sustainable Energy Review*（27）pp. 567-575.

MacDougall, Shelly（2012）*FINANCING, GOVERNMENT SUPPORTS, AND MANAGING RISK*, Acadia Tidal energy institute.

Mostert, Wolfgang（2008）"Mainstreaming Framework Conditions for Environmental Finance - the Role of the Public Sector," *KfW Financial Sector Symposium Berlin*, December 4-5, 2008.

Sonntag-O'Brien. V. and E. Usher（2006）"Mobilizing Finance for Renewable Energies'in D. Abmann, U. Laumanns and D. Uh eds., *Renewable Energy: A Global Review of Technologies, Policies and Markets, Earthcan*, pp.169-195.

Wiser, Ryan H. and Steven J. Pickle（1998）"Financing investments in renewable energy: the impacts of policy design," *Renewable and Sustainable Energy Reviews* (2), pp.361-386.

Wistenhagen, Rolf (2007) *A Behavioral Finance Perspective on sustainable Energy Investment Decisions,* Melanie Katharina Oschlies.

Wohlgemuth, Norbert (2000) "FINANCIAL SUPPORT OF RENEWABLE EERGY SYSTEMS: INVESTMENT VS OPERATING COST SUBSIDIES," *Proceeding of the Norwegian Association for Energy Economics (NAEE) Conference, Towards an Integrated European Energy Market,* Bergen/Norway, 31Aug-2Sep 2000.

Wright, Daniel G., Prasanta K. Dey and John Brammer (2014) "A barrier and techno-economic analysis of small-scale bCHP schemes in the UK," *Energy* (71) pp. 332-345.

第8章 | 日本の山村における地域電化と地域社会、住民の対応—1909〜1968—

西野寿章

8.1 はじめに

2011年3月12日の東京電力福島第1原子力発電所事故直後から、日本の電力システムをめぐって様々な議論がなされるようになった。その第1は、原発依存から再生可能エネルギー導入による分散型エネルギーシステムへの転換であった。第2は、発送電一貫の地域独占、総括原価方式で経営されている9電力体制の再考、第3は、第1の点と再エネ導入に連動したエネルギーの地産地消の推進、そして第4は、消費者のエネルギー選択とエネルギー自治の推進であった。

第1の点の再生可能エネルギーの導入は、2012年に再生可能エネルギー固定価格買取制度（FIT: Feed in Tariff）が制定されたことに伴い、太陽光発電を主体として急速に増加し、小水力発電、バイオマス発電にも取り組まれるようになった。その際、電力会社は、総括原価方式に則り、買取価格を電気料金に転嫁するため、電気料金が実質値上げとなっていることや9電力が送電線網への接続に消極的であることなど、再生可能エネルギーの本格的普及には政策的に解決しなければならない課題が多い[1]。

第2の点は、2015年に発送電分離、広域系統運用機関の設置を決定し、2016年には電力自由化が実施された。電気の小売自由化は徐々に行われていたが、2016

---

1) 2020年には、これまでの原価と報酬から電気料金を決める総括原価方式が適用されなくなり、同時に固定価格買取制度による発電所からの電気調達費用が激変緩和措置の収量によって高くなる。前者は、9電力の傲慢経営に終止符を打つ点で有効であるが、後者は、安く再生可能エネルギーが購入できなくなることによって、その普及にブレーキがかかる可能性があり、懸念される。

年には全面自由化された。しかしながら、新規に参入した新電力会社は、独自の送配電線を保有しているわけではなく、また多くは発電所も所有しない電気の小売業者である。新電力会社の多くは、日本卸電力取引所から電気を購入し、9電力の送電線を使用するために託送料を9電力に支払い、需要者に販売している。消費者から見て電力自由化によって起こった現象は、割安プランの提供合戦であって、自由化がどのような課題の解決に結びつくのか不明である。また、発送電分離は、2020年には9電力会社の発電部門と送配電部門とに切り離されるが、9電力内を分社化する形式的な分離に留まり、実質的には9電力体制とほとんど変わらないものと予想される[2]。

　第3の点は、身近にある自然エネルギーを地域で利用することによって、電気の地域自給をめざすものである。固定価格買取制度によって再生可能エネルギーが急速に普及したことは成果だと言えるが、問題は発電した電気は、すべて9電力に販売しなければならず、実感できる電気の地産地消の実現は難しい。そして、第4のエネルギー自治の推進は、様々な「地域電力」の取り組みはあるものの、現行の制度が障壁となって、その推進には限界がある。なぜならば、ある一定の地理的範囲を1つの地域単位として発送配電を行うことが不可能だからである[3]。

　こうした条件下において、地域ぐるみで再生可能エネルギーの普及を推進してきた長野県飯田市の例は注目される。飯田市では、東日本大震災発生10年前の2001年から地球温暖化問題に対応して、太陽光発電による再生可能エネルギーの普及を進めてきた。飯田市では、政府の補助事業を受ける一方、市民共同出資によって太陽光発電事業を進めてきた点は注目され、また地域金融機関の参画も注目される。諸富徹は、飯田市の取り組みから、「エネルギー自治」の実践による自立的、自律的な経営主体の確立が求められると指摘している[4]。飯田市の取り

2）例えば、東京電力は4つに分割し、東京電力ホールディングス株式会社が本社機能、原子力・水力発電事業を担い、東京電力カフユエル&パワー株式会社が燃料調達、火力発電事業を担い、東京電力パワーグリッド株式会社が一般送配電事業を担い、そして、東京電力エナジーパートナー株式会社が電力・ガス小売事業を担う。

3）日本の電力自由化は、ドイツの託送方式を模倣している。ヨーロッパは送電網が張り巡らされており、例えばドイツのA社がノルウェーで生産された電気を購入し、ドイツのA社契約需要家に届けることができる。この仕組みによって、自ら所有する発電所の規模に関係なく顧客を集めることができる。しかし、地産地消という観点から見ると、ドイツの自由化は必ずしも進んでいるとは言えない。

第 8 章　日本の山村における地域電化と地域社会、住民の対応—1909〜1968—

組みは、先駆的事例として注目され、市民共同出資型での取り組みも地方分権という観点から注目される。しかしながら、飯田市だけを供給区域とした電気供給事業は現行の仕組みでは不可能となっており、地域で発電した電気を地域で使用することはできない。飯田市の取り組みは、こうした制限のある中で、最大の可能性を求めてきたと評価できよう。

ところで、近年、多くの新電力会社が登場してきたとはいえ、戦後は国策によって設置された9電力と、沖縄返還後に設立され、1976年に沖縄県全域に配電を開始した沖縄電力を加えた10電力が地域独占、発送配電一貫体制の下、電気を供給し、10電力では開発困難な大規模電源開発については、国策会社である電源開発が担ってきた。今後、発送電分離が行われても、こうした大枠は大きな変化がないものと見られる。それは、各電力会社が開発してきた電源や張り巡らされた送配電網は、原子力発電の導入に伴って巨大なシステムとして構築されてきたからである。

しかし、10電力は、白紙の状態から電力会社が設立されたわけではない。沖縄電力を除いた9電力の前身は、1938年に国家総動員法と共に公布された電力管理法によって700以上の電灯会社、公営電気に出資させて、1942年に設立された国策会社である9配電会社であった。戦後、1951年の電力再編成によって誕生した9電力は、ほぼ9配電会社の地域的枠組みを踏襲している。

電力管理法が制定される前年1937年の電気事業者は732を数えた。その内訳は、民営610社、122の公営電気であった。公営の中には、青森県や富山県など6つの県営電気[5]と京都市、東京市、大阪市など16の市営電気[6]のほかに、郡制廃止に伴い郡営から組織改変した一部事務組合である10の電気組合[7]、23の町営電気、そして67の村営電気事業が存在していた[8]。主に山村地域に展開した町村営電気の最初は、1909（明治42）年に町有林など基本財産を財源として設立された岐阜県明知町営電気であった。

4）詳しくは、諸富（2015a）を参照。またエネルギー自治については、諸富編（2015b）を参照されたい。
5）西野（2017a）、69-87頁。
6）西野（2014a）
7）西野（2013a）
8）西野（2013b; 2013c）

戦前の電気事業は、基本的には市場原理によって発達した。県営や市営は、戦前の市制下では安定した財政基盤が築けなかったことから、電気事業の高い収益性に注目して、自主財源を確保する狙いがあったが、電気組合、町営、村営は、電灯会社が配電区域に含まれないか、地域全域に配電されないことから、主に山村において内発的に設立されたものであった。例えば、岐阜県には全国の町村営電気のおよそ3割に当たる25の町村営電気が集中的に存在していたが、開業年の早い自治体は、町村有林の立木売払代や積立金、地域住民の寄附によって地域電化を達成していた[9]。電気の来なかった山村を中心とした地域では、自ら財源を生み出して電気事業を経営し、自主財源を生み出していた。

　戦後、1951年に現在の9電力体制が確立されたが、全ての地域に電気が供給されていたわけではなかった。1954年の未点灯部落調査結果によると、5戸以上の集落の未点灯戸数は145,314戸、同様に離島では20,505戸であった[10]。岩手県は、北海道に次ぐ15,554戸の未点灯戸数があった[11]。1952年に農山漁村電気導入促進法が制定され、未点灯地域の電化が推進され、岩手県では1968年にほぼ全域に電気が供給されるようになったが[12]、北海道紋別郡雄武町と枝幸郡枝幸町では、両町全域が北海道電力の供給区域となる1968年まで、自治体共同の電気組合（一部事務組合）によって、北海道電力が供給していなかった集落への電気供給を行っていた[13]。さらに、戦前、集落レベルで設立された電気利用組合の多くは、9配電会社設立時に統合の対象外だったことから、戦後、農業協同組合を設立主体に変更しながらも、1970年頃まで存続していた[14]。なお、自治体が直接住民に電気供給を行っていた最後は、1968年に北海道電力への移管を完了した雄武町と枝幸町の合同の電気組合であった。

　すなわち、岐阜県旧明知町営電気の開業した1909年から雄武町、枝幸町の移管が完了した1968年までの59年間、主に山村では行政が電気事業を経営し、住民は

---

9) 西野（2018）
10) 北海道農山漁村電気協議会連合会（1973）、30頁参照。
11) 岩手県農山漁村電気導入事業達成記念会（1968）、77頁参照。
12) 西野（2017b）
13) 北海道雄武枝幸町電気組合の設立と顛末については、別稿にて詳述する予定である。
14) 例えば、1927年に設立された愛知県設楽町田峯集落の田峯電気利用組合は、戦後、段嶺電気利用農業協同組合と改称して、1968年まで存続していた。

寄附金や負担金を拠出して地域電化を達成していた例が見られた。東京オリンピックが終わり、所得倍増計画に沸く太平洋ベルト地帯とは対照的に、僻地性の強い山村地域では地域電化に官民が労苦を共にしていた。こうした、主に山村における主体的な電化史は、原発事故後に議論されるようになったエネルギー自治を考える素材を提供しているように思われる。そこで本章では、エネルギー自治の歴史を振り返りつつ、今日のエネルギー問題を考える素材を提供したい。

8.2 戦前の山村における公営電気事業の設立と地域社会、住民

戦前の山村において、自治体の区域が電灯会社の供給区域として認可されていても、全ての区域に供給されないことが多々あった。それは家屋が分散していて、投資効率が悪いからであった。電気事業は収益性の高い事業であり、必ず利益は確保できたが、水力発電所の建設をはじめ、配電設備の整備に莫大な費用を必要とし、戦前の山村自治体財政では、それに必要な財源の確保が容易にできなかった。そのため、住民が初期投資費用の全部、あるいは一部を負担した例が見られた。

戦前の山村社会は、地主小作制度下におかれ、所得格差が激しく、小作層の暮らしには厳しいものがあった。ここでは、長野県の伊那地方に展開した3つの村営電気と1つの電気利用組合を事例として、どのような過程を経て、地域電化が実現したのかについて、紙数の関係から概略を説明することにする。戦前の伊那地方は、長野県でも有数の養蚕地帯であった。電気が導入される以前は、石油ランプが唯一の照明であったが、たびたび火災の原因となり、石油ランプの手入れに時間を要していたことから、安全な電気の導入が求められていた。

8.2.1 長野県旧上郷村営電気事業の設立過程と住民の対応[15]

長野県旧上郷村（戦後、町制施行、現飯田市、以下、上郷村）に村営電気が開業したのは、1933（昭和8）年のことであったが、村営電気設立をめぐっては、18年にわたって官民一体となった闘争が繰り広げられていた。それは、旧上郷町の1976年版町勢要覧に「団結の歴史」と語り継がれるほどの歴史に残る出来事と

---

15) 詳しくは、西野（1989; 1990）参照。

なっている。

　現在の JR 飯田線の前身である伊那電気鉄道（以下、伊那電）は、辰野町から天竜川に沿って鉄道路線を南下させ、鉄道敷設のための財源を得るために、電気事業を兼業していた。1916（大正5）年9月、伊那電から上郷村に点灯需要家数の調査依頼があった。同年10月から工事が開始されたが、電柱が建てられたのは幹線に沿った地域だけであった。村は伊那電に幹線外の地域はいつ点灯するのかと問い合わせた際、伊那電は「会社ノ営業状態ニ随ヒテ点灯スルモノナリ」と回答した。当時の上郷村は、天竜川の中位段丘面を通る幹線に沿って中心集落が形成されていたが、上位段丘面、下位段丘面にも農家が分散的に分布していた。

　上郷村では、伊那電にとって条件の悪い集落への配電に際しては、多額の寄付を要求してくると考え、同年11月には区長会において村営電気事業を行うことを決議した[16]。上郷村では、明治末期に村営電気事業が計画されたものの、財源の確保の問題から断念していた。1917（大正6）年4月の村議会において決議された長野県知事、逓信大臣等への陳情書には「将来ノ自治体ハ各種有利ノ事業ヲ経営シ逐年増大シ行ク経費ヲ補フノ途ヲ講ゼバレバ自治ノ振興農村ノ発展ハ期ス可カラズト奉存候」と述べられており、村営電気経営の目的には、電気事業経営によって自主財源が確保できれば、地域を発展させることができると述べていた。その際、創設費用は住民からの寄付金によると明記され、当時の財政状況では、村営電気創設に必要な財源が捻出できる状況になかったことが理解される。その後、上郷村営電気問題は、官製化に抵抗する青年会の活動に組み込まれ、複雑さを増幅させたが、記録によれば、村営電気問題をめぐる村民大会が5回開催されたことは注目され、村議会の議論に留まらず、村全体でこの問題に対応していた様子がうかがわれる。

　1924（大正13）年2月に上郷村と伊那電は、全集落に配電する協定を結び、同年9月にはほぼ全域に伊那電によって配電された。そして、1933（昭和8）年11月には、伊那電が整備した配電網を村が買収し、発電所を持たない受電方式によって村営電気が開業した。初年度の開業資金は12万3956円88銭であった。この内、81,500円は起債によったが、残りの4万円余りは、1926年3月から積み立ててき

---

[16] 戦前の電灯会社には、公益事業者としての認識はなく、電灯会社によって条件の悪い地域が配電を望んだ場合には、寄附金や労働力の提供を求めた事例が多く確認される。

た村有林収入積立金、村費積立金、村民指定寄付金（電灯1灯当たり月3銭、電力1馬力当たり月30銭）であった。開業資金に対する自主財源率は34.1％に留まったが、村民も寄付金を積み立てて、村営化に備えた点は注目される。

8.2.2　長野県旧中沢村営電気事業の設立過程と住民の対応[17]

　1919（大正8）年5月、長野県旧中沢村（現駒ヶ根市、以下、中沢村）に村営電気が開業した。中沢村において、村営電気事業計画が決議されたのは1913年8月のことであった。当時の村長は、その動機を「伊那電ノ供給区域トナルトキハ漸次有利ナ箇所ヨリ点灯シテモ全村一様ニ点灯ヲ見ルコトアタハズ　依テコノサイ村営電気ヲオコシ村内一様ニ電灯ノ恩恵ニ浴スル措置トルコトヲ必要トスル」と述べている。

　中沢村は、標高600mの天竜川左岸の段丘面から標高1000mの山間部に至る広大な村域を持っていた。こうした地理的条件は、送配電に費用を要し、電灯会社が中沢村を供給区域とした場合に全村一斉点灯が容易でなかった側面もあったが、村営電気決議の直接的影響を与えたのは、中沢村営電気が決議された1カ月前に中沢村の対岸にあった旧赤穂村（現駒ヶ根市）で発生した「赤穂騒擾事件」も多分に影響を与えていたとみられる。

　1911（明治44）年に、電気事業の収益を独自財源として自治を発達させたいと、のちに自治の発達に尽力した福沢泰江村長が村営電気設立の出願をしたものの、一足先に供給区域の許可申請をしていた長野電灯に認可が下ったことから、赤穂村と長野電灯、長野県、国が対立し、村営実現のために不点灯同盟が設立された。長野電灯が住民を切り崩して一部に配電を開始したことを発端として、1913年7月には電気供給を受けていた民家への投石、破壊、放火が行われ、56人が罪に問われる事件が発生している。この事件は、中沢村が電灯会社の供給区域に組み込まれた場合に、収益主義によって、地域内に混乱が発生することを示唆し、このことが村長の動機に現れているともみられる。

　中沢村は、1913年9月に電気事業経営許可申請、起債申請を長野県、逓信省、郡役所に行ったが、いずれも許可されなかった。1913年度の中沢村歳入決算額は17,592円68銭となっており、その77.6％は村税であり、国と県からの交付金は

17）詳しくは、西野（2006）

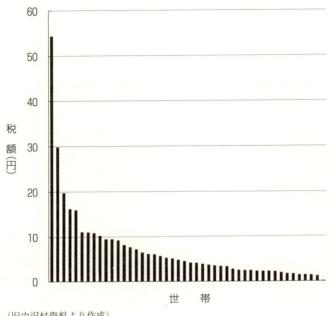

(旧中沢村資料より作成)
図8-1　1922（大正11）年の県税戸数割額からみた中沢村A集落の階層構造

3.4％に過ぎなかった。一方、歳出は51.9％を小学校費が占め、財政を圧迫し、役場費を加えると財政的余裕はなかった。村営電気事業の創業費は、1年間の歳入額に近い15,000円と見積もられていたことから起債が認められなかった可能性があるが、理由は定かではない。

　起債を認められなかった中沢村は、住民の指定寄付と基本財産、財産収入、一般財源によって資金を調達することになった。中沢村営電気は水力発電所を建設し、創業期である1918（大正7）年と1919年に要した70,925円の財源内訳は、指定寄付金91.5％、基本財産6.6％、一般財源1.9％と、ほとんどを指定寄付金が占めている。電気事業による収益が生み出されるようになった1920年以降は、寄付金が財源となることはなく、1925年になってようやく村債が投入されているが、創業期の資金の大半が住民の寄付金に依存していた事実は驚かされる。

　戦前の農山村は、地主小作制度下に置かれ、土地を所有していない小作層は苦しい生活を余儀なくされていた。図8-1は、1914年の中沢村A集落の県税戸数

第8章　日本の山村における地域電化と地域社会、住民の対応—1909〜1968—

割額を示したものである。税額が最も多い地主（54円28銭）と最も少ない小作（10銭）の納税額には、歴然とした違いがあり、小作層にとって寄付金は重く伸し掛かった。

　中沢村では、村営電気創設のための寄付金を集落単位で徴収した点に特色がある。例えば、1920（大正9）年1月に議決されたB集落からの「寄付採納」によれば、B集落が所有している部落有林の内の1町5反1畝から赤松1,750本、檜50本、唐松180本を伐採売却した994円50銭をB集落の工事費用として寄付している。こうした寄付方式は、各世帯への寄付金負担を集落の財産が肩代わりして、著しい階層性を補う役割を持っていたと捉えることができる。中沢村では、全ての集落において同様の対応をして、全村一斉に点灯したのであった。

8.2.3　長野県旧三穂村営電気事業の設立と住民の対応

　1922（大正11）年4月、長野県旧三穂村（現飯田市、以下、三穂村）に村営電気が開業した。その契機は、旧上郷村、旧中沢村とは異なり、伊那電気鉄道が三穂村を供給区域から外したことにあった。下伊那郡南部を供給区域としていた南信電気は三穂村を供給区域に組み入れようとしたが、三穂村はそれに応じず、郡長の後ろ押しを得て村営電気事業計画を推進した[18]。

　三穂村では、村民大会を開催する一方、1919年3月には、村営電気事業創設費3万円の半分は電灯料で償却し、半分は1919年度の村税徴収率によって10カ年以内の年賦によって寄付（指定寄付）することを承諾する「誓約書」を全世帯（303世帯）から提出させている。三穂村営電気の創設費は、水力発電所を建設したことから、当初の3万円から11万8640円にまで膨らんだが、その全てを村民の指定寄付と篤志寄付で調達した点は注目される。

　図8-2は、保存されている「村営電気寄付金台帳」に基づき、寄付金額の上位100番目までの指定寄付金額を示したものである。それによると、最高額は1番目の7,616円55銭、2番目は3,875円67銭と続き、100番目は344円42銭となっていた[19]。最高額を指定された家は、三穂村一番の地主資産家であった。一方、指定寄付額の最低は4銭となっており、山村地主の地域社会に果たしていた役割の一端を知ることができる。

18）三穂村史編纂刊行会（1988）、358頁。

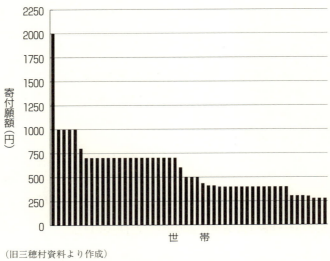

figure 8-2 三穂村営電気 寄付願額 上位50名

当時、養蚕と製炭、若干の稲作を生業としていた三穂村において、指定された寄付金を実際に寄付するのは、容易なことではなかったことが理解される[20]。『三穂村史』によると、指定寄付金は1920年から1923年にかけて8回にわたって徴収したとあり、その合計は9万65円37銭となっており、不足分は篤志寄付金を募った[21]。こうして、全額村民の指定寄付金、篤志寄付金によって村営電気事

---

19) 1919年の7,616円を消費者物価指数によって2017年価値に換算すると1521.72倍の1158万9414円になる計算がある。三穂村の最大の資産家は1千万円を超える寄付を求められたことになる。これによると、実際に納めたと思われる2,000円は304万3439円にあたる。なお、同様の計算によって三穂村の1937年当時の電灯料金を換算すると、20w電灯1灯1カ月定額50銭は925円となる。現代の生活に照らし合わせると、電灯料金は安いものではなかった。(やるぞう.net 消費者物価計算機1902-2017 https://yaruzou.net/historical-prices-1932 最終閲覧日2018年5月7日)

20) 戦前の指定寄付について、大島美津子は郷土愛なり、町村の名誉心として喚起され利用され、徴税より強い強制力すら持ったと述べている(大島、1994)。また金澤史男も半強制的に徴収されたであろう寄付金は、あらゆる村民に賦課される逆進的な性格を持つ追加的租税にほかならないと述べている(金澤、1991)。この点については、別稿にて実証分析を行い考察する予定である。

21) 三穂村史編纂刊行会(1988)、361頁。

業が開始され、1923年度以降、1931(昭和6)年を除いて、利益は毎年一般会計に繰り入れられ、繰入金が最高額となった1929年度では歳入の9.2%を占めていた。村営電気事業は、地域電化に留まらず、村に自主財源をもたらしていた。

8.2.4 長野県旧龍丘村電気利用組合の設立と住民出資

1915(大正4)年3月、長野県旧龍丘村(現飯田市、以下、龍丘村)に有限責任龍丘電気利用組合による電気供給が開始された。戦前の電気利用組合は、電気の来ない山間集落において住民の出資に基づいて設立され、電力の国家管理直前の1937(昭和12)年では全国に244組合が存在した[22]。その規模は実に多様で、中には町村営電気事業に匹敵する規模を有していた組合もあった。龍丘電気利用組合は、日本で最初の電気利用組合として設立され、全村に配電した点で村営電気と同様の性格を持っていたが、電気利用組合は協同組合であることから、出資者に配当が行われていた点で村営電気とは異なる。

設立の動機は、岐阜県の電灯会社が龍丘村において水力開発計画を持ったことに始まる。時の村長は、他の地域に地域資源が利用されるのであれば、村で活用すべきと考え、村当局とも協議し、有志で電気利用組合の設立することにした。村民(需要家)は1口35円を5年間の割賦で出資した。水力発電所、配電設備の建設費用は、出資金と銀行からの借入金によって賄われた。

表8-1は、龍丘電気利用組合の組合員(加入世帯)数、払込出資額、配当金、組合員率をまとめたものである。それによれば、組合員数は2年度以降から増加し、配電が開始されて5年目の1920(大正9)年に組合員率は85.8%、1925年では98.5%に達していた。そして、組合員への配当は、電気供給が開始されて以降、1920年から1922年までの3カ年度は無配当であったが、それ以外の年度は配当を実施している[23]。龍丘電気利用組合では、電気需要の増加に伴い、1924年から南信電気から受電するようになり、電気自給率は79.2%(1929電気事業要覧)となるが、組合員は電灯、電力の利便性を享受するだけでなく、収益に応じた配当を得ることができたのであった。

---

22) 西野(2008; 2009)
23) 産業組合中央会(1929)

表8-1 龍丘電気利用組合 組合員数、出資口数の推移

年次(年度末)	組合員数	出資口数	払込済み出資額(円)	配当金	組合員率
1913(大正2)	26	26	91	-	
1914(大正3)	323	544	3,847	-	
1915(大正4)	429	652	8,837	-	
1916(大正5)	497	755	15,869	476	
1917(大正6)	613	887	22,491	1,349	
1918(大正7)	645	921	29,189	1,887	
1919(大正8)	670	948	30,853	2,112	
1920(大正9)	667	948	32,603	-	85.8
1921(大正10)	711	1,709	40,254	-	
1922(大正11)	730	1,752	48,026	-	
1923(大正12)	749	1,800	56,036	2,801	
1924(大正13)	778	2,229	63,125	3,784	
1925(大正14)	783	2,260	70,074	4,552	98.5
1926(昭和元)	790	2,280	77,628	5,428	
1927(昭和2)	793	2,305	79,554	4,772	96.7

資料：産業組合中央会（1929）『電気利用組合に関する調査』、国勢調査。

8.3 戦前の山村に設立された電灯会社における住民出資形態[24]

　戦前の電気事業は、需要の多い都市部から発達し、都市部に立地した電灯会社の配電が及ばない山村地域では、前節で紹介したような町村営電気や電気利用組合によって電気が供給されたが、山村地域だけを供給区域とした民営電灯も設立された。ここに紹介する上之保電気は、長良川支流津保川源流部に位置する岐阜県旧上之保村（現関市、以下、上之保村）に合資会社として1919（大正8）年に設立され、1922（大正11）年6月には株式会社となった。供給区域は、上之保村全域と隣接した旧西和良村（現郡上市）の一部であった。上之保村の人口は1920年では866戸4,455人となっており、養蚕を主な生業とし、林業、製材も行われていた。
　合資会社上之保電気の出資者は、上之保村の有力者3名と隣接した菅田町（現下呂市金山町）の有力者1名であった。最大の出資者は、菅田町の有力者であっ

24）詳しくは、西野（2014b）参照。

た。株式会社になった1922年以降における上之保電気の経営状況をみると、1929年まで順調な経営が続いていた。払込資本利益率は、1922年は3.0％であったが、1924年には10％に上昇し、1926年から1928年までは7.5％を維持していた。配当率は1922年6％、1923年と1924年は8％、1926年から1928年まで7.5％、1929年5.5％となっていた[25]。この配当率は、岐阜県内の上之保電気と同様に山間地域だけに電気供給を行っていた白鳥電気や下呂共立電気と比較すると必ずしも高い配当率ではないものの、山村地域における電気事業は、民営電灯でも経営が成立していたことを示している。1930年以降は、配当率は極端に低くなり、1931年では3.8％を実現していたものの、1932年は無配当、1933年から1937年までは平均で1.8％と低くなっている。これは、1929年の米国の株価暴落をきっかけとした世界大恐慌の影響を受けたと推測される。

上之保村の電気普及率は、1927（昭和2）年には93.8％に達するが、1930年には84.6％まで下がっている。これは、1929年から1930年にかけて引用世帯数が52世帯減少したことに起因する。世界大恐慌は、主に米国への輸出に依存していた日本蚕糸業に大打撃を与えた。当時、養蚕を主な生業としていた上之保村の養蚕農家にもこうした影響が及んだものと推測される。

上之保電気に特徴的なことは、全2,000株の株主の内訳である。**図8-3**には、1922年における持ち株数別株主数を示した。それによると、1株株主83人、2株株主38人となっており、株主名簿によると、1株株主、2株株主はすべて上之保村民である。発行株の69％は上位2名が保有しているが、株主数の80％はこの1株と2株の保有者となっている。全資本に対する比率は低いものの、このような株主構成となっている点は興味深い。こうした例は、愛知県山間部の小原村に開業した小原電灯においても認められ、やはり多くの村民が1株株主、2株株主として名を連ねている。

このことから、これら1株株主、2株株主は、投資を目的としたものではなく、出資とみることができる。上之保電気の株主の地域分布をみると、ほとんどが上之保村内となっている。1929年では、全世帯の14.4％が1株ないし2株の株主となっていた[26]。この事例からは、山村では地元住民が立ち上げた電灯会社を住民が経営の一部を支える側面のあったことが理解される。投資目的で株主となる

---

25) 1925年はデータがない。

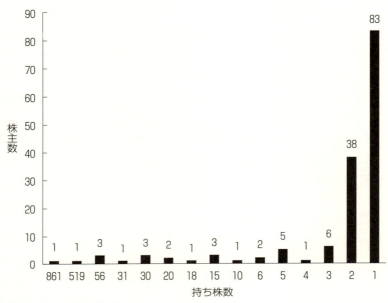

（上之保電気資料より作成）

図 8-3　上之保電気株式会社の創業時（1922）における持ち株数別株主数

都市部の電灯会社とは、こうした点で性格を異にしていたと考えることができる。

　上之保電気は、国策誘導によって1939年11月に名古屋電灯を起源とした東邦電力に統合され、消滅した。国策で進められた電力統制は、地域的個性を持った電灯会社を次々と消滅させ、戦後の9電力へと引き継がれたのであった。

8.4　戦後における山村電化と地域社会、住民の対応

8.4.1　岩手県における山村電化の進展と住民負担[27]

　日本の電灯普及率は、1935（昭和10）年では90.4％に達していたが[28]、全て

26）1929年の上之保村の農家構成によると、自作43.8％、自小作52.5％、小作3.7％となっており、この内の自作層が1株株主、2株株主になったものと推測される。

27）詳しくは、西野（2017b）参照。

の家屋に電灯が灯ったのは、いつのことなのか、これは必ずしも明確ではない。1948（昭和23）年の調査結果によれば、全国で約21万世帯が未点灯であった[29]。都道府県別では、北海道が最も多く、次いで岩手県に多かった。1953年の岩手県の調査結果によれば、1万5千戸余りが未点灯となっており、全世帯に占める割合は8.9％となっていた。1938年末の岩手県には6つの電灯会社と一関町営、葛巻村営があったが、北上山地北部の山間地域を中心として無配電地域が広がっていた（**図8-4**）。1953（昭和28）年時点における未点灯率の著しく高い地域は、旧山根村（現久慈市）の100％を最高に、旧有芸村（現岩泉町）87.3％、旧山形村（現久慈市）84.6％と続き、旧大川村（現岩泉町）48.0％、旧大野村（現洋野町）45.7％と続き、最も低かったのは旧一方村（現岩手町）26.9％であった。

　岩手県にとって、農山村、漁村の電化は、重要な地域政策と位置づけられ、1949年から小水力発電の県単補助を開始していた。全国的に農山村、漁村の電化が進展したのは、1952年に議員立法によって制定された農山漁村電気導入促進法によるところが大きい。同法は、米国の農村電化方式をモデルとして立案され、電化資金を融資する農林漁業金融公庫を発足させ、農業協同組合を事業主体として、電化を推進した。

　岩手県では、1951年度から1967年度までの間に、開拓地に設立された開拓農業協同組合が延べ213、農業協同組合が延べ531、森林組合1、漁業協同組合2、その他（不明）17の計の延べ764組合が電化事業主体となった。また電源別電化地区数は、小水力発電1、風力36、内燃機関9、受電987と、自ら電源を持たないで、岩手県の電気供給を所轄している東北電力からの受電方式がほとんどとなっている。その結果、1965年には未点灯率は0.2％となり、1968年時点でほぼ未点灯地域は解消している。

　1951年度から1967年度までの間において電気が導入された地区数は1,033地区、受益戸数は12,523戸であり、総事業費は11億9970円であった。これらの多くは、東北電力の送電線に接続する配電線延長工事と呼ばれるものであった。その費用負担の内訳は、受益者40.4％、県費22.1％、国費22.0％、市町村費12.7％などとなっており、東北電力の負担は1.7％に留まっている。受益者負担割合を年度別

28）新電気事業講座編集委員会編纂（1977）
29）僻地未点灯解消記念会（1967）

(岩手県(1968)『岩手県農山漁村電気導入のあゆみ』より作成)

図8-4　1953年の岩手県における未点灯率9％以上の地域分布

第8章　日本の山村における地域電化と地域社会、住民の対応—1909〜1968—

にみると、1953年度では86.4％、1954年度79.0％、1955年度80.8％、1956年度86.5％、そして1957年度では80.1％と平均82.6％となっている。それが1958年度では54.6％に下がり、1959年度には35.0％まで減少している。それは、国費と県費が増加し、1960年以降は国費が増加したことによる。

一方、電力会社（東北電力）の負担割合は、1952年度11.5％、1954年度は10.6％となっているが、それ以外の年度は著しく低く、1957年度以降は1％に満たない年度が目立っている。これは、未点灯集落への配電線延長工事費が「電気供給規程」により定められ、東北電力の場合は、7戸以上工事費21,000円未満は電力会社が全額負担したが、21,000円以上39,800円未満は工事費から21,000円を差し引いた額に2.1168を掛けた金額を受益者が負担し、工事費が39,800円を超える場合は全額受益者負担となっていた。

電力会社の全額負担額の上限は、中部電力や関西電力が10,900円であったのに対して、東北電力は7戸以上という条件付きであるものの21,000円に設定されていたのは、山間部に未点灯集落の多い地域事情を反映させたものと考えられるが、総合的にみると、電力会社の負担を極力低減させる方向にあったとも言える。受益者は、配電線延長工事費の受益者負担分に加えて、地域電化の必要資金を借り受ける農業協同組合への出資金も加わり、電灯を導入するために、山村の人達は多額の経済的負担を強いられていた。途中から国の負担金が増加し、山村電化を推進した点は評価されるが、当時の配電線の末端部分は地域住民と地域が整備した。すなわち、本来なら地域独占企業となった電力会社が行うべき配電延長工事が、農山漁村電気導入促進法を背景として、国、県、自治体、農協、住民が必要費用を電力会社の肩代わりをして整備したことになる。しかし、それは決して容易なことではなかった。

例えば、1953年時点では村全体が未点灯だった山根村は製炭で生計を立てていた北上高地の典型的な山村であった。ここに東北電力から電気を購入する受電方式によって電気が導入された。農山漁村電気導入促進法によって融資制度が整えられたものの、事業主体となった山根村農業協同組合は当時600万円の赤字を抱え、その解消は困難となっていた。岩手県久慈地方事務所長から「農業協同組合再建の転機は電気導入が何よりで長期低利資金を借入れることだ」と指導を受け、村当局もその決心をして村民大会を開いて、電気導入の協議をしたとある。村民大会では、老人と若者との間で意見が対立し、3万5千円の個人（世帯）負

担を伴うことに戸惑う村民もいたが、6割の村民の賛成を得て準備が進められたという。しかし、農林漁業金融公庫からは、年間600万円の予算の山根村が600万円の農業協同組合の債務保証とはどういうものかと一蹴されたため、全国農山漁村電気協議会長を務めていた岩手県選出の衆議院議員・野原勝正氏に仲介を依頼して融資を受けられるようになったという。

　実際の導入に際しては、1世帯当たりの負担が大きいことから、平等割3割、電灯数割4割、柱割3割として零細農家の負担を軽減し、東北電力に代用電柱として栗柱の提供を認めてもらって、集落毎に切り出しが行われた。実際には、1～2灯の定額電灯で1万5千円の負担で済み、木炭ブームも農家の負担を後ろ押ししたとされる。各集落には、農業協同組合の下部組織として電化組合を組織し、1953年度28戸、1954年度21戸、1955年度24戸、1956年度55戸と電気導入が進んだ。その後の償還は、国有林開放の臨時措置法によって払い下げを受けた山林の立木を処分して充当したことから、村民の実費負担はなくなったという[30]。

　点灯した集落の人々は、電化生活の喜びを感じる一方で、電化前、電化後の借入金の返済に苦労していた。久慈市の山間部では、電気を導入する際は、資材の負担や運搬作業等で1戸当たり1カ月以上の労力奉仕を行い、一戸町のある開拓集落では、まだ木炭生産が盛んな時期にあって、公庫融資額を返済するために1戸当たり1町歩のカラマツの植林事業や乳牛、緬羊の多頭飼育を計画し、導入当時の集落別借金の返済不能者への対応などの問題に指導者は苦悩するなど、戦後においても未点灯集落の人達の苦労には計り知れないものがあった[31]。

8.4.2　北海道雄武枝幸町電気組合の設立と顛末

　本章において紹介したように、戦前の未点灯地域では、自治体が主体となり、住民の寄付金や集落財産などによって創業資金を捻出して地域電化を進めた。こうした形態は、戦時体制下の電力統制によって配電会社に全てが統合され、一旦姿を消したが、戦後、オホーツク沿岸の山村である北海道雄武町と枝幸町において自治体営電気事業が復活していた。

---

30) 岩手県農山漁村電気導入事業達成記念会（1968）、81-83頁。
31) 『岩手県農山漁村電気導入のあゆみ』には、電気導入に当たった関係者の点灯の喜びと苦悩が多数寄せられている。今では考えられない地域電化の苦悩が伝わってくる。

第8章　日本の山村における地域電化と地域社会、住民の対応—1909〜1968—

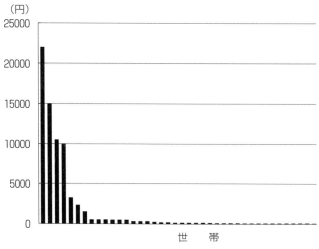

（雄武町資料より作成）

図8-5　雄武町A地区における世帯別出資額

　戦前の雄武町は、札幌市に本社があった雄武水力発電の供給区域となって、市街地は1932（昭和7）年に点灯していた。同発電は、最初の水力発電所が出力不足であったことから、1940年に幌内川水力発電所を建設したが、翌年の豪雨で発電用ダムが決壊し、運転を休止していた。戦後、雄武町では1950（昭和25）年に雄武町電力消費生活協同組合を設立して、幌内川水力発電所の再建運動を展開したものの、資金調達の道がなく、1951年に雄武町電力利用農業協同組合を設立した。雄武町市街地には、北海道配電から引き継いで北海道電力が電気供給を行っていたが、山間集落には配電されていなかった。当時の雄武町世帯数の51.1％に当たる794世帯が組合員となった。図8-5には、雄武町A地区における世帯別出資金を示した。全世帯の出資額がほぼ同額の地区もあるが、A地区は世帯間に著しい違いがあり、最高額は22,000円、最低額は50円となっていた。

　この頃、隣接した枝幸町においても水力発電所を建設して、未点灯地区に電気供給を行う計画を立てていた。北海道では、両町協同事業として行うよう指導を行い、幌内川水力発電所から雄武・枝幸両町に配電することになった。1961（昭和36）年3月には、両町の電力利用農業協同組合を合併し、同年11月には一部事務組合・雄武枝幸町電気組合が設立され、両町1,594戸に配電された。農山漁村

電気導入促進法も後ろ押しして、両町の未点灯問題は解消したが、電気組合の経営は苦難に満ちていた。

　1963（昭和38）年12月の農林漁業金融公庫の「小水力発電事業の調査結果について」（雄武町所蔵資料）は、人件費、修繕費の増加によって年平均5～6百万円の欠損金が発生している状況を捉えて「この事態の発生は当初より、かなりの確実性を以て推測されていたが、貴組合として何らの対策を講ずることなく、欠損金は専ら公庫資金の延滞によって切り抜けてきたように見受けられることは誠に遺憾に存じます」と厳しい評価を行い、今後も同様の態勢で行うならば、公庫資金の完済は全く不可能であることから、受益者負担金の増額や行政の対応を求めている。ここでいう公庫資金とは、1951年から1954年の間に両町が同公庫から借り入れた3億7060万円のことで、欠損金の発生によって、返済が滞っていたのである。そのため、「欠損金は専ら公庫資金の延滞によって切り抜け」る経営を行っていた。住民は、北海道電力より20％高い電気料金を支払っていた。

　通商産業省の調査によれば、1966年度において、雄武町、枝幸町と同様に、「電気供給限界地域」と呼ばれる地域において共同自家用電気施設によって電気供給を行っていたのは687地区、53,261戸にのぼっており、北海道電力管内にあっても、工事費が一定の限界を超えた場合や一定の収益率以下である場合は、工事費の全額を受益者が負担しても、配電線延長による電気供給は行わない場合があった[32]という。1965（昭和40）年7月には、全道農山漁村電気施設者大会が札幌市で開催され、北電移管についての決議を行っている。地域独占の北海道電力が、へき地山間部への電気供給に応じなかったのは、広大な北海道の地理的条件が第一の要因ではあるが、1950年代の設備では供給力に限界があったとされ、そのため北海道では地域政策として共同自家用発電、配電線延長工事による受電方式によって農村電化を促進していた。この大会においては、北海道電力が採算性を問題視していることへの批判が相次いでいた[33]。

　北電移管は、1967年から1972年にかけて687地区で行われた。移管は、北電の経理に及ぼす影響を考慮して、赤字発生額の低い地区から始めたという。雄武町、枝幸町は、北海道における移管対象において受益戸数が最大の1,512戸となって

32）北海道農山漁村電気協議会連合会（1973）、103頁参照。
33）北海道農山漁村電気協議会連合会（1973）、106-107頁。

おり、北海道では穂別町と共に水力発電所を唯一有していた。両町の移管は、初年度の1967（昭和42）年から開始され1968年度で完了している。その際、送配電施設を北電の基準に適した施設に1億8750万円余りを投入して改良・更新し、両町平均の受益者負担額は1世帯当たり4.2万円に及んでいた[34]。移管後は、北電への売電事業のみが行われていたが、施設の老朽化により1974年9月30日に電気組合は廃止され、返済できなかった約7.5億円の借入金は、農林漁業金融公庫、北海道、両町によって処理された。

8.5　おわりに

　本章は、1909年から1968年までの59年間に展開した主に自治体が経営した電気事業の歴史を辿ってみた。公益事業としての認識のなかった戦前の電気事業界の特質により、僻地性の高い山間地域では、自ら電気事業経営に乗り出すしか方法がなかった。しかし、自治体財政は脆弱であったことから、住民から寄付金を集めながら創業費を生み出していた。また山村の電灯会社の設立に際して、住民が1株ないし2株を出資して、その経営を支えた側面のあることも確認された。これらの事例からは、山村の公営電気、民営電気は、住民の参加が重要な鍵となっていたことも浮上してきた。さらに、戦前の公営電気は、いずれも収益をあげて財政基盤強化に寄与した側面も注目される。こうした形態は、戦時体制下の電力管理によって姿を消したが、再編された9電力が未成熟だった1950年代から70年代半ばにかけての時期において、復活していた。

　長野県伊那地方における戦前の公営電気の展開は、電灯会社の多くに公益事業者としての認識がなかったことが背景にあった。しかしながら、戦前の町村制下における自治体財政は著しく脆弱であったこと、戦後のような政府からの手厚い交付や助成が存在しなかったことから、初期投資費用の調達が事業の成否を決定していた。岐阜県の町村営電気の場合、資金調達可能な基本財産を有していた山村では、内発的に電気事業を経営することが可能となっていたが、基本財産の乏

---

34) 1967年当時の4.2万円を消費者物価指数によって2017年価値に換算すると15.8万円となり、高額な受益者負担金を強いられていた。雄武枝幸町電気組合については、未だ資料分析の途上にあり、別稿にて、同電気組合の地域的役割と住民の苦悩についてまとめる予定である。

しい自治体では指定寄付によって住民から資金を調達していた[35]。

　戦前の農山村は、地主小作制度下にあり、貧富の差が著しかった。中沢村や三穂村の事例からは、地主層、上位層が多額の寄付金を拠出して、地域的課題の解決に大きく寄与していたことが明らかになった。戦前の農山村では、地主層や名望家と呼ばれた人達が地域リーダーとなって、地域の振興を進めた[36]。小作層は、これらの地域リーダーが示す方向性に従うしかなく、村落における発言力も著しく乏しかったと捉えられる。そうした中で要請される指定寄付は、低所得の小作層に重く伸し掛かったものと思われる。それでも、住民は電気導入のために可能な範囲で寄付をし、出資もした。それは、住民にとっても電気が導入されることによって生活環境が向上することが期待されたからでもあったと考えることができる[37]。これら住民出資の電気事業は、1938（昭和13）年に制定された電力管理法によって、1943年までに国策会社・中部配電に統合され、消滅したが、戦前の山村における社会資本の整備過程には、今日の地域づくりを考える際に学ぶべきことが多様に含まれていると考えるのは筆者だけであろうか。

　1951年に現在の9電力体制が形成されたが、直ちに管轄地域の全域に配電したわけではなかった。1952年に制定された米国の農村電化方式をモデルとした農山漁村電気導入促進法は、本来、電力会社が行うべき未点灯地域への配電を促進する役割を持ったが、それは地域によっては受益者の重い負担を伴うものでもあった。また、住民が出資金を拠出して設立し、戦前の町村営電気事業を彷彿とさせる北海道雄武枝幸町電気組合は、北海道電力に体力が備わるまでの間、苦しい経営環境の下、住民への配電サービスを肩代わりしていたと言ってもよいが、北電移管時には、多額の設備投資、住民負担を求められた。今や、9電力は巨大資本と化し、経済界に大きな影響力を与えるに至っているが、体力のない時代は、国や地域、住民の協力なくして乗り切れなかったのである。

　住民が寄付金を拠出する、あるいは出資することによって、地域電化を進めた

---

35) 西野（2018）
36) 例えば、高久（1997）を参照。
37) 戦前の地主小作制度をめぐっては、膨大な研究成果があり、論争が繰り返されてきた。一般的に、地主は小作から搾取することによって資産を蓄積してきたとされるが、平野部の稲作農村と、畑作が中心とした山村とでは、地主の性格が異なる面のあることが、本章で取り上げた事例から垣間見える。この点についての考察は稿を改めたい。

姿は、原発事故以降に議論されるようになったエネルギーをめぐる議論、とりわけエネルギー自治の議論には示唆的であろう。現行のシステムでは、こうした形態を実現することができず、一定地域の配電網を自治体が保有し、地域内で発電された電気をその配電網を通して住民に供給し、託送電気も含めた電源の民主的選択をも可能とする真の電力自由化を議論することが必要であり、こうした点こそが規制緩和の論点となるべきであろう。

　筆者は、電力の公営化、配電部門の都道府県営化を主張している。それは電気事業が収益性の高い産業であることから、地方財政を豊かにし、実質的な地方分権を実現しうると考えるからである。戦後、地方交付税制度が導入される以前に、財源確保のために配電事業の都道府県移管を訴えた全国的な行政運動は、背景は異なっているものの、こうした論点を先取りしていた[38]。固定価格買取制度を利用した再生可能エネルギーの導入が盛んに行われ、一企業のビジネスとして展開している例も少なくない。しかし、誰のための、何のための、何処のための電力改革だったのか。原発事故に反射的に反応し過ぎて、電力改革を急ぎ過ぎたように思えてならない。

　本章で紹介した山村の住民は、電気が来ないことから、必然的に電気事業に無関心でいることはできず、それゆえに指定寄付や篤志寄付、出資という形で参加せざるを得なかったが、これらの地域の住民は、日本の電気事業史において、電気を最も身近にしていた人達だったのではないだろうか。エネルギー自治や脱原発の議論が国民的議論にならないのは、国民が直接的に電気事業に関わっていない、関われないからだと言うこともできる。それゆえに、エネルギー自治の推進が地域住民に直接的な利益を供与することに結びつくことを具体的に示すことが重要だと考えられる。日本の分権社会の明確な姿は依然として見えないが、本章で紹介したいわばエネルギー自治の実践史は、現代の我々に地方分権の1つの姿を示唆しているように考えられる[39]。

参考文献

岩手県農山漁村電気導入事業達成記念会（1968）『岩手県農山漁村電気導入の歩み』、岩手県。

38）西野（2017a）

大島美津子（1994）『明治国家と地域社会』岩波書店、283頁。
金澤史男（1991）「第一次大戦前後の行政村の変容」、大石嘉一郎・西田美昭編著『近代日本の行政村』、日本経済評論社、286頁。
産業組合中央会（1929）「電気利用組合に関する調査」、17-18頁。
新電気事業講座編集委員会編纂（1977）『電気事業発達史』、電力新報社、77頁。
高久嶺之介（1997）『近代日本の地域社会と名望家』、柏書房。
西野寿章（1989）「戦前における村営電気事業の成立過程とその条件(1)―長野県下伊那郡上郷村の場合―」、『産業研究』（高崎経済大学附属産業研究所紀要）25-1、52-70頁。
西野寿章（1990）「戦前における村営電気事業の成立過程とその条件(2)―長野県下伊那郡上郷村の場合―」、『産業研究』（高崎経済大学附属産業研究所紀要）26-1、61-85頁。
西野寿章（2006）「戦前における村営電気事業の成立過程と部落有林野―長野県上伊那郡中沢村を事例として―」、『地域政策研究』（高崎経済大学）8-3、103-118頁。
西野寿章（2008）「戦前における電気利用組合の地域的展開(1)」、産業研究（高崎経済大学附属産業研究所）44-1、63-76頁。
西野寿章（2009）「戦前における電気利用組合の地域的展開(2)」、産業研究（高崎経済大学附属産業研究所）442、74-87頁。
西野寿章（2013a）「戦前における電気組合の経営とその特性」、『商学論叢』（福島大学経済学会）81-4、203-223頁。
西野寿章（2013b）「戦前における町村営電気事業の類型化に関する一考察(1)」、『地域政策研究』（高崎経済大学）15-3、181-195頁。
西野寿章（2013c）「戦前における町村営電気事業の類型化に関する一考察(2)」、『地域政策研究』（高崎経済大学）16-1、53-64頁。
西野寿章（2014a）「戦前における市営電気事業の展開と特性」、『地域政策研究』（高崎経済大学）16-2、1-19頁。
西野寿章（2014b）「戦前の山村における電灯会社の展開と住民の対応―岐阜県上之保

39）住民が地域電化に直接関わる例は、戦前の町村営電気事業以外では、主に山間地域の集落単位で設立された電気利用組合があった。筆者の調べでは1937（昭和12）年には244組合あった。例えば、現在の岐阜県郡上市石徹白では、1925（大正14）年に産業組合法に基づいて保証責任・石徹白電気利用組合を設立した。1950（昭和25）年の産業組合法廃止に伴い石徹白電気農業協同組合を設立して、北陸電力の供給を受ける1956年まで経営を続けた。この石徹白において、2014年に全戸出資による石徹白農業用水農業協同組合が設立され、小水力発電に取り組まれている。

電気を事例として—」、『産業研究』（高崎経済大学附属産業研究所）50-1、1-27頁。
西野寿章（2017a）「日本における公営電気事業の系譜と今日的再評価への視点—戦前の県営電気の成立と背景—」、『経済論叢』（京都大学経済学会）190-4、69-87頁。
西野寿章（2017b）「戦後の岩手県における山村地域の電化過程についての覚え書き」、『地域政策研究』（高崎経済大学）19-4、189-207頁。
西野寿章（2018）「戦前の山村における町村営電気事業の展開と地域的条件—岐阜県を事例として—」、『産業研究』（高崎経済大学地域科学研究所）53-1・2、1-19頁。
僻地未点灯解消記念会（1967）『へき地未点灯解消のあゆみ』、27頁。
北海道農山漁村電気協議会連合会（1973）『北海道の農山漁村電化の歩み』、30頁。
三穂村史編纂刊行会（1988）『三穂村史』
諸富徹（2015a）『「エネルギー自治」で地域再生!』（岩波ブックレット926）岩波書店。
諸富徹編著（2015b）『再生可能エネルギーと地域再生』日本評論社。

第9章 | **地域分散型・地域主導型エネルギーシステムとその担い手**
社会的企業（social enterprise）論からの考察[1]

宮永健太郎

9.1 はじめに

9.1.1 問題意識と本章の目的

　日本において、どうすれば再生可能エネルギー（以下「再エネ」と略）の普及・拡大を図り、エネルギー自治や地域再生を推進することができるのか。そして、どうすれば持続可能（sustainable）な地域社会を実現できるのか。それは、自然面での障壁や技術的な障壁に加え、社会経済的障壁や制度的障壁をいかに克服できるかにかかっている。

　もちろん「社会経済的障壁や制度的障壁」と一口に言っても、具体的なテーマは多岐にわたる。本章で考えてみたいのは、「事業の担い手を見出すことができるかどうか」「地域で合意形成がうまくいくかどうか」「人々の協力関係を構築できるか」といった"ソフト面の課題"（諸富、2013c）である。とりわけ、以下2つのテーマに焦点を当てていく。

　第1のテーマは、再エネの普及・拡大やエネルギー自治、地域再生のプロセスの一端を担う、組織主体の問題である。

　従来型のエネルギーシステムを主導してきたのは、巨大発電事業者と中央政府という2つのアクターであった。一方で、地域分散型エネルギーである再エネが普及・拡大していくプロセスは、同時に、それ以外のさまざまなアクターに主体的な活動の場が創出されていくプロセスでもある。あるいは再エネ発電事業に目

---

1) 本章は、宮永（2017）を加筆・修正したものである。

を向ければ、固定価格買取（FIT）制度の導入を期に、事業ファイナンスの主要な形態が補助金・寄付型（非市場型）から出資・融資型（市場型）へと本格的に移行しつつある（e.g. 寺林、2013）。こうした状況下でとりわけ注目されているのが、企業（ビジネス）の役割であろう。

だが重要なのは、"企業"と言った場合の、その具体的な姿である。いわゆるメガソーラー事業の大半は、地域外の大企業がその担い手となっているのが実情である。そのため、事業のイニシアティブも収益による恩恵もその地域と切り離される一方で、生活環境や地域資源に係るリスクのみが地域の側に押し付けられる、という構造を持つことから、しばしば「植民地型開発」と揶揄されている。したがってエネルギー自治や地域再生の推進を見据えた場合、企業やその事業には、単に地域分散型というだけでなく、地域主導型であることも求められる。

こうした状況を意識しつつ、本章は「地域分散型・地域主導型のエネルギーシステムやその移行プロセスを担う主体は、そもそもどのような組織なのか」「その主体に備わるべき条件とは何なのか」といった問題を扱っていく。

第2のテーマは、その組織主体の経営のあり方をめぐる問題である。

メガソーラー事業における「利益は中央・リスクは地方」という非対称な構図の背後には、発電事業者を中心とする諸組織の行動原理の存在がある。したがって、どうすれば地域やコミュニティは組織の意思決定に関わり、それを組織の行動に反映させることができるのか、そしてどうすれば「事業性と地域共同利益を一致させる」（植田、2015、312頁）ことができるのかが、問われなければならない[2]。

そのような認識のもと、本章は「地域分散型・地域主導型エネルギーシステムと親和的な組織主体の行動原理とは何か」「その行動原理は、いかなる意思決定構造を基礎としているのか」といった問題について考察を加える。

以上、本章が扱う2つのテーマについて見てきた。本章の目的は、それらを「社会的企業（social enterprise）」という視角から検討することである。そして、

2）日本の再エネ関連の既存研究では、エネルギーシステムの地域分散性・地域主導性のメルクマールとして、世界風力エネルギー協会（WWEA）による"コミュニティパワー"の要件がしばしば引用される。そしてその中に「地域の利害関係者がプロジェクトの過半数以上を所有する」や「コミュニティに基礎を置く組織が事業の議決権の過半数を所有する」といった条件があるのは、よく知られている。

第9章　地域分散型・地域主導型エネルギーシステムとその担い手

地域分散型・地域主導型エネルギーシステムとその担い手の問題に関して、新たな学術的・実践的知見を生み出すことを試みたい。

9.1.2　分析視角としての「社会的企業」

社会的企業に関する議論は、後の節で本格的に展開するため、ここではさしあたり簡単な導入にとどめておこう。

内閣府の推計によると、平成26年時点で、日本に社会的企業は全部で20.5万社あったという（内閣府、2015）。だがその数字自体は、本章の関心からすれば、どちらかというと二義的意味しか持たない。より重要なのは、推計に用いられた調査基準の方である。容易に想像がつくように、社会的企業の数は、どんな組織を社会的企業と見なすのかによって大きく変わるからである。

ちなみに同調査では、「営利法人（株式会社・有限会社等）のうち、中小企業基本法上の中小企業」「財団法人」「社団法人」「特定非営利活動法人（NPO法人）」の中で、以下の7つの条件を満たす組織を社会的企業と定義する、とされている。

①「ビジネスを通じた社会的課題の解決・改善」に取り組んでいる
②事業の主目的は、利益の追求ではなく、社会的課題の解決である
③利益は出資や株主への配当ではなく主として事業に再投資する
④利潤のうち出資者・株主に配当される割合が50％以下である
⑤事業収益の合計は収益全体の50％以上である
⑥事業収益のうち公的保険（医療・介護等）からの収益は50％以下である
⑦事業収益（補助金・会費・寄付以外の収益）のうち行政からの委託事業収益は50％以下である

本章が社会的企業という分析視角を採用する意図も、こういった性質と関係している。

例えば、株式会社おひさま進歩エネルギー（長野県）や株式会社市民風力発電（北海道）、株式会社自然エネルギー市民ファンド（東京都）といった組織を考えてみよう。彼らは文字通り株式会社ではあるが、かといって一般的な営利企業のカテゴリーに括ってしまうのは、あまり妥当ではない。確かに、発電事業や各種

コンサルティング事業自体は、れっきとしたビジネスである。だが彼らにとって、それ自体は組織の"目的"ではなく、地球温暖化の防止や地域社会の活性化といった社会的目標追求のための"手段"なのだと思われる。これは、ビジネスという手法によって社会的課題にアプローチする、という社会的企業像と大いに共鳴するものであろう。

　それに、次の点も考慮すべきである。先ほど挙げた諸組織は、株式会社である以上、例えば「利益の非分配 (non-profit distributing)」を旨とする NPO とは明確に区別される。しかしだからといって、株式会社の一般的な行動原理である「株主価値最大化」の文脈で、彼らの組織経営や事業を説明することはできないのではなかろうか。こうした点にもまた、社会的企業と相似の関係性を読み込むことが可能である。

　あるいは他にも、本章が社会的企業論を参照する理由が存在する。地域分散型・地域主導型エネルギーシステムの担い手として、既存研究がしばしば注目してきた主体の1つに、ドイツやデンマークを中心に広く展開する再エネ協同組合 (renewable energy cooperatives) がある。ところで社会的企業論のルーツの1つは、後述するように、実は協同組合研究なのである。したがって、社会的企業論の知見を参照することは、既存研究における再エネ協同組合論のブラッシュアップにつながる有益な知見を提供してくれるだろう。

9.1.3　関連先行研究に見る研究状況と本章の特色

　関連先行研究やその到達点に照らした場合、本章の特色は以下2点に見いだすことができる。

　第1に、既存の再エネ研究において、これまでほとんど参照されてこなかった社会的企業論の知見を活用するという点である。

　例えば国外に目を向けると、本章に近い問題関心を有する研究領域として、例えば *Energy Policy* 誌などで時折議論されてきたコミュニティ・エネルギー論が挙げられる (Seyfang et al.,2013; Rogers et al., 2012; Walker, 2008; Walker and Devine-Wright, 2008; Walker et al., 2007)。他方で国内の研究状況としては、再エネ協同組合論（小磯、2015;石田・寺林、2013;石田、2013;寺西他編、2013;諸富、2013b）、あるいは環境社会学を中心とした研究蓄積（西城戸、2015;丸山他、2015;西城戸、2014;丸山、2014; Maruyama et al., 2007）などが、本章のテ

ーマと直接かかわりを有する。しかし、日本の状況を念頭に置いた考察、そして分析枠組みの彫琢といった面で、これらの既存研究は展開の余地を残している。それに対して本章は、社会的企業論の知見を本格的に導入し、地域分散型・地域主導型エネルギーシステムの担い手に関する議論のさらなる拡張を図る。

第2に、実は社会的企業論の側でも、再エネ（あるいは広くエネルギー・環境問題）に関する議論はほとんど参照されてこなかったのだが、本章はささやかながらその現状に一石を投じる。

例えば国外の状況であるが、後述するように、社会的企業論はアメリカとヨーロッパを中心に相当の議論の蓄積がある。しかしその多く（特にヨーロッパ）が、失業・貧困・障がい等に起因する社会的排除（social exclusion）の問題を主に想定してきた。その一方、再エネ分野での考察は van der Horst（2008）などごく少数にとどまる[3]。

次に国内の状況だが、日本の社会的企業論にはいくつかの系譜がある。単純化との誹りを恐れずにあえて大別し、その代表的なものを挙げるならば、アメリカ系のCSR論（ソーシャルイノベーション論）に基礎を置くもの（e.g. 谷本、2006）、ヨーロッパ系の社会的経済論（非営利・協同セクター論）に基礎を置くもの（e.g. 藤井他、2013; 原田他、2010）、そしてアメリカとヨーロッパの双方を視野に入れつつ、主としてNPO論（非営利組織論）に基礎を置くもの（e.g. 塚本、2011; Laratta et al., 2011; 塚本・山岸、2008; 原田・塚本 2006）などが相当する。しかし、大室（2012; 2009）などの例外はあるものの、基本的には再エネの問題を正面から主題化するには至っていない。

以上の2点が、本章の特色である。つまり要約すれば、これまで相互に参照されることが稀だった「再エネ研究」と「社会的企業論」とを架橋し、そこから新たな学術的・実践的知見を生み出そうというのが、本章のねらいである。

3）社会的企業と環境問題の関わりについては、Vickers（2010）による包括的なサーベイがある。加えて近年は、"Sustainable Entrepreneurship"（Kyrö, 2015）、"Energy Entrepreneurship"（Wüstenhagen and Wuebker, 2011）、"Eco-WISE（Ecologically oriented Work Integration Social Enterprise）"（Anastasiadis, 2013）といった新しい用語が次々と生まれているが、学術的にはいずれも萌芽期の段階にとどまる。

9.2 社会的企業論について

9.2.1 社会的企業概念の基礎

　社会的企業論は、経営学・組織論、経済学、社会学、法学、公共政策学などから構成された学際研究領域であり、アメリカとヨーロッパが世界の2大研究拠点となっている。近年は両者の邂逅が進み、違いも相対化してきてはいるものの、それぞれが独自の学術的潮流を形成してきたことで知られている。だがその中身の詳しい紹介は、社会的企業論の各種概説書に委ねることとし、ここでは本章の趣旨にとって必要な視点に限定して、社会的企業論の内容を整理・提示するものとしたい。

　ところで、改めて「社会的企業」とは何だろうか？　その5文字を見てたちまち分かるのは、それが「企業（enterprise）」だということである。その謂いは、主要な活動が財やサービスの生産なのであって、例えばNPOのようにアドボカシーを行ったり、助成財団のように資金配分をしたりすることではない、というものである（Defourny and Nyssens, 2009）。その意味において、社会的企業はまず何よりも経済主体なのである。

　そこで次に問題となるのは、「企業」の前に置かれた「社会的（social）」という言葉の、その具体的な中身である。ここでは主にKerlin（2009）に依拠しつつ、下記5点を挙げておきたい。注目すべきは、組織のアウトプットやアウトカムに加えて、組織のガバナンスに関わる側面も含む、ということである。

①社会的な目標（使命）
　社会問題の解決やコミュニティの集合的利益の実現を目指している
②社会的な財・サービス
　通常の企業にとってあまり一般的ではない財・サービスを市場に供給している
③社会的な意思決定
　地域の団体やコミュニティが意思決定力を保持している
④社会的な利益配分
　組織の利益は主として①のために用いられる（アセット・ロックの適用）

表9-1　社会的企業とその経済的次元・社会的次元・ガバナンス的次元

Dimensions	Criteria
1. the economic dimensions	1-1. A continuous activity producing goods and/or selling services
	1-2. A significant level of economic risk
	1-3. A minimum amount of paid work
2. the social dimensions	2-1. An explicit aim to benefit the community
	2-2. An initiative launched by a group of citizens or civil society organizations
	2-3. A limited profit distribution
3. the governance dimensions	3-1. A high degree of autonomy
	3-2. A decision-making power not based on capital ownership
	3-3. A participatory nature, which involves various parties affected by the activity

（出典）Defourny and Nyssens（2014）をもとに筆者作成（文言は一部改変）。

⑤社会的な事業選択

供給する財・サービスが、あらゆる人々に広く行きわたるようにする

以上をふまえ、本章では Defourny and Nyssens（2014）の整理にならい、経済的次元・社会的次元・ガバナンス的次元という3つの側面から社会的企業概念をとらえるものとする（**表9-1**）[4]。

9.2.2　社会的企業における多元的目標・多元的資源・多元的ステークホルダー

表9-1を眺めると、社会的企業は営利企業、NPO、協同組合などの顔を併せ持った存在であることが見てとれる。事実、社会的企業はこれら諸組織のハイブリッド（hybrid）的存在である、と社会的企業論者たちは定式化してきた。その

---

[4] ただ、彼ら自身注意を喚起しているのだが、これらの基準自体にそれほど強い規範的な意味が込められているわけではない。活動分野から組織形態に至るまで、非常に多様性に富む社会的企業という存在をできるだけ包括的に把握するための枠組みを構築しよう、というのが彼らの意図である。

点をさらに詳しく見るために、社会的企業をめぐる3つの多元性について確認しておく。

（1）**多元的目標（multiple goals）**

　既述の通り、社会的企業は社会的目標の実現を目指して活動する。しかし企業である以上、経済的目標と全く無関係でいることはできない。改めて述べるまでもないが、経済的な採算性を確保できなければ、そもそも社会的目標の実現を果たすこと自体が叶わないからである。つまり社会的企業は、営利企業のように経済的目標だけを追求するのでも、かといって例えばNPOのように社会的目標だけを使命として掲げるのでもなく、「社会的目標と経済的目標の両立（バランス）」を目指すのである。このように、組織としての目標が多元的であるという点に、社会的企業のハイブリッドな性質の一端が表れている。

　ちなみに社会的目標については、次の点も重要である。社会的企業は、伝統的な協同組合が志向してきた「共益（mutual benefits）」だけでなく、NPOが追求すると想定されている「公益（public benefits）」についても実現を目指すケースが少なくない。その意味で、社会的企業は協同組合とNPOのハイブリッド的存在でもある。

（2）**多元的資源（multiple resources）**

　社会的企業は、一般的な営利企業と同様、事業収入の存在をその不可欠の要素としている。しかし同時に、NPOのように寄付金やボランティアのようなインプットが存在するのも、社会的企業を社会的企業たらしめている大きな特質である。つまり、政府からの公的資金も含め、多様な収入源を持つのが社会的企業の大きな特徴なのであって、社会的企業は資源動員のあり方もハイブリッドな性質を帯びている。

（3）**多元的ステークホルダー（multiple stakeholders）**

　社会的企業は、組織の内外に受益者、労働者、ボランティア、寄付者、地元住民、一般市民といった多元的なステークホルダー（stakeholder）を抱えている。それらが組織運営に直接参加したり、あるいは（参加とまではいかなくても）組織の意思決定に強い影響を与えたりするマルチ・ステークホルダー・ガバナンス

が、社会的企業のガバナンスを特徴づけている（藤井他、2013; Campi et al., 2006; Bacchiega and Borzaga, 2001）[5]。

　しかしだからといって、社会的企業のガバナンスは、シェアホルダー（shareholder）と全く無関係というわけではない。もし仮にそれが株式会社の形態をとるのであれば、「社会的目標と経済的目標の両立」の範囲内で、株主への受託責任（stewardship）の遂行がそれなりに求められるからである。こうした意味において、社会的企業はガバナンス形態の面でもそのハイブリッド性を表すことになる。

9.2.3　多元的目標・多元的資源・多元的ステークホルダーと社会関係資本

　ここでもう1つ重要な点は、「多元的目標」「多元的資源」「多元的ステークホルダー」という3つの多元性が相互に関連しているということである（藤井他 2013; Huybrechts, 2013; Hulgård and Spear, 2006; Campi et al., 2006; Defourny and Nyssens, 2006; Evers, 2001）。そして社会的企業論では、その関連構造を理解するためのキーワードとして、社会関係資本（social capital）が注目されてきた。それを最後に確認し、本節の締めくくりとしたい（**図 9-1** も参照）。

①多元的目標と多元的資源の関連性

　すでに述べたように、社会的企業はコミュニティの集合的利益を追求するわけだが、それは別の言い方をすれば、社会関係資本の増進を目標の一部に含むということである。しかし他方で、社会的企業にとって社会関係資本は、例えば寄付金やボランティアを考えてみれば分かるように、事業推進や目標達成のための資源という側面も有している。多元的目標と多元的資源のつながりは、まずこの点に見いだすことが可能である。

　あるいは、両者のつながりは次のように把握することもできる。社会的企業は、社会的目標を掲げる限り、例えば受益者が対価を支払う能力や意思がないケース、あるいは公共財のように受益者から対価を得られないケースであっても、時とし

5）この点は、伝統的な協同組合と対照的である。そのガバナンスを主導するのは、「組合員」という比較的均質なステークホルダーであることが多いのに対し、社会的企業のガバナンスを担うステークホルダーは、多様性に富むのが一般的である。

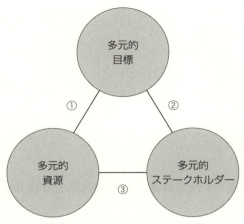

(出典) 藤井他（2013）図3-1などを参考に筆者作成。

図9-1　多元的目標・多元的資源・多元的ステークホルダーの相互関係

て事業活動を行う必要がある（中島、2011）。つまり社会的企業にとって、財やサービスの生産費用をその対価だけで賄うことは一般的な事象ではないのであり、そこで社会関係資本を含むさまざまな資源へアプローチを試みる、というわけである。

②多元的目標と多元的ステークホルダーの関連性

　社会的企業の経営責任を負う運営体（governing body）のメンバーは、地域内外のさまざまな主体から構成されることがある。このことは、マルチ・ステークホルダー・ガバナンスの具現化であると同時に、社会的企業が掲げる目標の多元性も反映している。というのも、社会的企業が掲げる目標は、仮に創設者やリーダー個人のビジョンに由来していたとしても、さまざまな利益を代表した多様なステークホルダーが参加した民主的な意思決定プロセスを基盤としているケースが少なくないからである（Spear et al. 2014; 藤井他、2013）。

③多元的資源と多元的ステークホルダーの関連性

　社会的企業がしばしばマルチ・ステークホルダー・ガバナンスの形態をとるのは、資源動員面での合理性からも説明できる。社会的企業にとって重要な資源の1つである社会関係資本は、多様なステークホルダーを巻き込むことではじめて動員可能性が高まるからである。

9.3 考察

9.3.1 地域分散型・地域主導型エネルギーシステムと社会的企業

　ここまでの議論の中ですでに明らかになりつつあるが、社会的企業という主体、そしてその事業やガバナンスのあり方は、コミュニティ・エネルギー論や再エネ協同組合論が描いてきた組織主体像と大きく重なりあっている。そしてそのことは、地域分散型・地域主導型エネルギーシステムと社会的企業の親和性を示唆するものとなっている。

　実際、若干の先行研究からも、その親和性を窺い知ることができる。例えば、社会的企業と再エネ関連事業の関係を最も早く本格的に論じた van der Horst (2008) は、社会的企業の多くが社会的・環境的価値を奉じていること、国の支援や未活用自然資源が存在していること、社会的技術的イノベーションの余地があることなどをもって、社会的企業にとって再エネは有望な事業分野だと結論づけている。また Huybrechts and Mertens (2014) は、伝統的な協同組合と比べた場合の再エネ協同組合の特徴として、多元的なステークホルダーを巻き込んだり公益を志向したりする点を挙げている。これは、まさに社会的企業論の指摘と一致する。以上のような点から、社会的企業という主体は、地域分散型・地域主導型エネルギーシステムの担い手としての役割を十分発揮しうる、とさしずめ結論付けてもよいであろう。

　だが、その潜在力が実際に発揮できているかどうかは、もちろん別問題である。例えば、日本のメガソーラー事業において、地元 NPO や地元住民出資、地元協同組合による事業がごくわずかであること、そしてその大半が地方自治体の関与する事業であることが、すでに解明されている（石倉・山下 2015; 藤井・山下、2015; 山下、2014）[6]。したがって、本章の趣旨に鑑みた場合、問われるべきは「いかなる社会的・制度的基盤が整えば、社会的企業は活性化し、地域分散型・地域主導型エネルギーシステムの形成に寄与できるのか」という点であろう。こ

---

[6] 最近の注目すべき動向として、小売電気事業などを行う事業体に自治体が出資する「自治体新電力」の増加が挙げられる。本書、第2章5節の稲垣論文を参照。

れは言いかえれば、社会的企業やその活動をめぐる駆動因（drivers）は何か、ということである。そこで以下では、「法人格」「資源動員戦略」「マルチ・ステークホルダー・ガバナンス」という3つの視点から考察を試みていく。

9.3.2 地域分散型・地域主導型エネルギーシステムの担い手とその法人格

　日本の再エネ関連の既存研究が扱ってきたテーマの1つに、法人格の問題がある。例えば寺林（2014）は、再エネ事業において選択可能な法人類型として、株式会社・合名会社・合資会社・合同会社・企業組合・農業協同組合（専門農協）・一般社団法人・NPO法人・認可地縁団体を挙げている。そして、「出資者の有限責任性」「出資配当のための利便性」「法人としての信用（借り入れのしやすさ）」「設立の容易さやコスト」など、主にファイナンス上の論点を勘案しながら、時々の状況に適合的な事業組織を選択していく必要がある、と結論づけている（寺林、2013）。

　しかし日本には、こうした要件をすべて常に満たすような法人類型が存在せず、そのことが再エネの普及・拡大にとって1つのボトルネックとなっているとされてきた。そんな中、有力な選択肢とされてきたのが、協同組合である。協同組合であればファイナンス上の論点の多くは一応クリアできるし、しかも例えば株式会社と違って、出資金の多寡と議決権とが切り離されており、1人1票による民主的なガバナンスも期待できるからである。

　だが日本の協同組合は、例えば「農協は農林水産省所管の農業協同組合法」「生協は厚生労働省所管の消費生活協同組合法」というように、法人格・法律・所管官庁がワンセットで分野ごとの縦割り構造に組み込まれているほか、設立に際しては所管官庁の認可を必要とする。それに対してドイツでは、一般的な協同組合法（Genossenschaftsgesetz）のみが存在し、しかも設立が認証方式に基づいている。そのため、協同組合の活動内容や設立の自由度が高く、しかもそのことが再エネ事業を地域主導型へ誘導するのに寄与している（丸山、2014）。ちなみに石田・寺林（2013）は、日本がとりうる政策的選択肢として、①ドイツのように一般的な協同組合法を制定する、②エネルギー協同組合法を制定し、「エネルギー協同組合」という新たなカテゴリーを設ける、③分野ごとの既存の協同組合法を改正し、それらの協同組合がエネルギー事業をできるようにする、を挙げ

ている。

　以上、再エネ関連研究における法人格の議論を駆け足で要約してきたが、実は社会的企業論の側でも、法人格の問題はホット・トピックの1つとして論じられてきた（e.g. Cooney, 2012）。諸組織のハイブリッド的存在である社会的企業にとって、既存の法人格はいずれも一長一短があり、そこから社会的企業に相応しい法人格とはどのようなものか、という議論が巻き起こったのである。

　ちなみに海外だと、例えばイギリスでは CIC（Community Interest Organization）、アメリカでは L3C（Low-profit Limited Liability Company）や B-corporation、Flexible Purpose Corporation といった法人格が創設され、新たな市民出資を掘り起こす梃子（leverage）となっていくことが期待されている[7]。それに対して日本は、社会的企業の認知度がそれほど高くないこともあって、社会的企業を想定した法人格はいまだに存在しない（Laratta et al. 2011; Sakurai and Hashimoto, 2009）。

　以上をふまえた場合、本章の政策的・実践的含意はさしあたり次のようにまとめることができる。石田・寺林（2013）が提示した選択肢は、いずれも協同組合論の枠内にとどまっていたのに対し、本章は「イギリスやアメリカのような社会的企業向け法人格を新たに創設する」という新たな選択肢を加えることができる、というのがそれである。

9.3.3　地域分散型・地域主導型エネルギーシステムの担い手とその資源動員戦略

　再エネ関連の既存研究では、再エネ普及・拡大の駆動因として、ファイナンスの要素とりわけ「地域住民・一般市民からの出資」と「地域金融機関からの融資」が重視されていた。それに対して本章では、社会的企業論の枠組みを念頭に置きつつ、"資源動員戦略" という視点を提供してみたい。ここでは、（1）地域住民・一般市民からの出資をより呼び込むにはどうすればよいか、（2）社会関係資本の動員はどうすれば進むのか、という2つのテーマを取りあげる。

7）紙幅の都合で、海外の法人格に関する詳しい説明は他の文献に譲る。例えば経済産業省（2015）、内閣府（2011）、塚本・山岸（2008）、塚本他（2007）などを参照のこと。

（1）地域住民・一般市民からの出資

　再エネ事業への出資インセンティヴは、例えば「投資を通じて経済資産を増やしたい」「地球温暖化防止に貢献したい」「自分が住む地域を活性化したい」「地方で頑張る再エネ事業者を応援したい」「エネルギーシフトを進めたい」など、実にさまざまである。それは出資者ごとに異なるし、あるいは1人の出資者の中に複数が共存しているケースもある。再エネ事業が広範な人々の協力を得るには、そういった多彩な経済的・環境的・社会的モチベーションを可能な限り広く受け止める必要があるということが、日本の市民風力発電を事例とした研究からすでに明らかになっている（西城戸、2008; Maruyama et al., 2007）。

　この点をめぐって、社会的企業論の観点から付け加えることがあるとすれば、地域分散型・地域主導型エネルギーシステムの担い手組織が多元的目標を掲げて追求することの重要性であろう。それがあってはじめて、ステークホルダーの多彩なモチベーションの受け皿となることが可能になるからである。

　そして本章は、そこにさらにアカウンタビリティ（説明責任）の必要性も付け加えておきたい。単に多種多様なステークホルダーが組織の意思決定に参加しているというだけでは、マルチ・ステークホルダー・ガバナンスとしては不十分である。逆に、組織の側からステークホルダーに対して、期待されている責務を果たせるのか（あるいは果たせたのか）を能動的に分かりやすく説明することを怠るならば、本当の意味でステークホルダーから信任を得たことにはならない。そしてそれは、地域住民・一般市民からの出資だけでなく、寄付金やボランティアなどの資源動員にも結び付くと期待される。

（2）社会関係資本の動員

　日本の再エネ関連の既存研究において、社会関係資本との関連でしばしば分析対象となってきたのが、飯田市（長野県）の公民館活動である（諸富、2014; 2013a; 八木、2014）。そこにあった問題意識は、煎じ詰めれば、「飯田市が再エネの先進地域となれたのはなぜか」というものであった。その要因の1つとして公民館活動の盛んさが着目され、公民館活動が「社会関係資本への投資」や「住民自治の涵養」と読み替えられるとともに、それがさらにエネルギー自治の基盤づくりへとつながっていく、というストーリーが描かれるに至った。

　そして、本章もまた社会関係資本に注目し、そこに地域分散型・地域主導型エ

ネルギーシステムの担い手組織の資源動員戦略の1つの可能性を見いだしたのであった。その結果、本章は既存の議論に対して、次のような新たな論点を付加することができたと思われる。

　第1に、社会的企業という主体やその活動の活性化を図ることも、社会関係資本の投資に寄与しうるということ。第2に、社会関係資本への投資は、地域分散型・地域主導型エネルギーシステムの担い手組織の資源動員可能性を高めるという意義も有していること。第3に、社会関係資本を地域分散型・地域主導型エネルギーシステムの担い手組織がきちんと活用するには、その組織が地域のさまざまなステークホルダーを巻き込む、つまりマルチ・ステークホルダー・ガバナンスを採用する必要があること、である。

9.3.4　地域分散型・地域主導型エネルギーシステムの担い手とマルチ・ステークホルダー・ガバナンス

　地域住民・一般市民からの出資にせよ、あるいは社会関係資本の動員にせよ、マルチ・ステークホルダー・ガバナンスが資源動員戦略の1つの鍵を握っているということが見てとれた。したがって次に問われるべきは、地域分散型・地域主導型エネルギーシステムの担い手組織においてマルチ・ステークホルダー・ガバナンスが広まるにはどうすればよいのか、という点である。

　考えられる1つの方法は、法人格制度の運用プロセス（法人設立時の認証・認可手続きや設立後の各種チェック手続き）を通じて、マルチ・ステークホルダー・ガバナンスの実践を何らかの形でその組織に課してしまう、というものである。しかしこれは、経営の自由度をいたずらに奪う恐れがあるなど、まず何よりも政策的な実効性自体が疑わしいし、阪神・淡路大震災やNPO法（特定非営利活動促進法）以降積み重ねられてきた、市民公益活動をめぐる制度改革の流れにも逆行する[8]。

　したがって、有力な選択肢としては、間接的にマルチ・ステークホルダー・ガ

---

8) その主眼は、しばしば「角を矯めて牛を殺す」と評されてきた、主務官庁の指導・監督に依存する組織ガバナンスを、市民が市民をチェックする自律的な組織ガバナンスへと移行することにあった。あるいは、より大局的には、「公益」を「国益」や「官益」から切り分けるねらいがあった。これまでの制度改革の推移や詳細は、例えば岡本編著（2015）などを参照のこと。

バナンスを促す方法が考えられよう。そこで参考になるのは、例えば飯田市の「再生可能エネルギーの導入による持続可能な地域づくりに関する条例」や「地域公共再生可能エネルギー活用事業」の取り組みである。同市では、再エネ事業に対して支援を行うにあたって、「事業の公益性」や「担い手の公共性」の確保をその条件の1つとしている。このような仕組みを整備することは、地域分散型・地域主導型エネルギーシステムへの移行に資するものと思われる。

9.4 残された課題：まとめにかえて

　地域分散型・地域主導型エネルギーシステムの担い手やその特質を、社会的企業論の観点から明らかに検討する、というのが本章の主たるねらいであった。しかし同時に、検討すべき課題が数多く残されているのも事実である。最後にそのうちのいくつかに言及し、本章の結語にかえたい。

（1）FIT制度を前提とした再エネ発電事業者について

　地域分散型・地域主導型エネルギーシステムの担い手のうち、FIT制度を前提とした再エネ発電事業者については、社会的企業論の枠組みを適用する際にいくつか留意すべき点がある。これは主として、社会的企業論がこれまで想定してきた事業分野（社会的排除）と、本章が分析対象とした事業分野（エネルギー・環境問題）との違いに原因が求められる。具体的には、例えば次の2点である。

　第1に、直面する市場環境の違いである。再エネ発電事業者は、作った電気が原則的には無条件で買い取られる、言いかえれば発電量がそのまま事業収益に直結するという意味で、市場競争にともなう経済的リスクが存在しない（水上、2013）。もちろん再エネ発電事業者といえども、諸々の事業リスクや経営リスクと無縁ではない。しかし、生産した財・サービスは必ず販売でき、それがそのまま収益として返ってくるという市場環境は、一般的な社会的企業が直面するそれとは全く異質だと言わなくてはならない。したがって、再エネ発電事業者に社会的企業論の分析枠組みを適用するには、この点をふまえた独自の検討が併せて必要になるが、それは今後の課題である。

　第2に、費用構造の違いである。一般的な社会的企業は、基本的には労働集約的な事業形態が主流となるのに対して、再エネ発電事業者は資本集約的となるケ

ースが多いと考えられる。つまり、再エネ発電事業では、どちらかというと、人件費よりも資本費にファイナンスの要諦が存在する。再エネ関連研究において（地域）金融機関の役割がしばしば強調されているのに対して、社会的企業論でそうした議論があまり登場しないのは、それが原因の1つだと思われる。こうした特有の事情についても、今後考察を深める必要があろう。

（2）「社会的企業セクター」は存在するか？

　社会的企業論の中には、社会的企業をあたかも1つの実体をもった「社会的企業セクター」と見なし、それを政府・企業・NPOに次ぐ「第4のセクター」と位置付けようとする論者もいる（e.g. Sabeti, 2011）。本章はそうした立場に与してこなかったのだが、それは以下述べる理由に基づいている。

　例えばマルチ・ステークホルダー・ガバナンスは、例えばCSR論やコーポレート・ガバナンス論の文献を紐解くまでもなく、一般的な営利企業の世界でも問われているテーマなのであって、何も社会的企業の専売特許ではない。A. バーリ＝G. ミーンズの『近代株式会社と私有財産（*The Modern Corporation and Private Property*）』（1932）による問題提起以降、ますます進行した「所有と経営の分離」や「経営者支配」に対して、株主による統制を重んじるシェアホルダー型ガバナンス論が支配的な見解として打ち出されてきたのは、周知の通りである。しかしそれと並行して、もう1つの有力な理論的潮流であるステークホルダー型ガバナンス論が、経営戦略論の分野を中心に展開されてきたこともまた、周知の事実であろう。それに、社会的責任の国際規格であるISO26000が、ステークホルダー・エンゲージメント（stakeholder engagement）の重要性を強調していることも、よく知られている。もしこれらだけに着目するならば、「一般的な営利企業」と「社会的企業」の区別は、実はそれほど自明なものではないとの結論に至るであろう。

　そして、そのような区別の曖昧さは、実は「NPO」と「社会的企業」の場合も同様なのである。これまでNPO論は、多種多様な組織からなるNPOに共通する特徴を、主に「営利のためではない（not for profit）」という点に見出してきた。だからこそ"NPO"なる名称が誕生・定着したわけだが、その一方で「では何のためか（then, for what?）」という問いについては、意外なことに決定的な答えを欠くという状態が続いていた。しかしその後は定式化が徐々に試みら

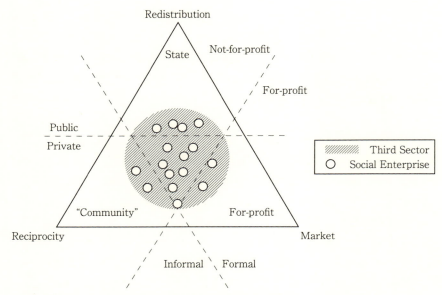

(出典) Figure 2.1 in Defourny and Nyssens (2014), based on Pestoff (2005, 2008)

図9-2 Social Enterprise as a combination of various actors, logics of action and resources

れており、例えば Salamon (2015) は① The Service Function, ② The Advocacy Function, ③ The Expressive Function, ④ The Community-Building and Democratization Function, ⑤ The Value Guardian Function を挙げている。これらの諸項目にもまた、NPO と社会的企業の強い連続性を読み取ることができる。

つまり、社会的企業が通常の企業や NPO と明確に区別される独自のセクターを構成すると考えるのは疑いの余地があるということ、そしてそれは、社会的企業が諸組織の特質を併せ持ったハイブリッド的存在だという点と表裏一体の関係にあるということ、の2点が重要である。

では、本章が社会的企業に焦点を当てたのは、改めてどのような意義を持つのだろうか。それを示すには、**図9-2**を参照するのが有用である。

社会的企業というのは、特定のセクターに属するもの、もしくはセクターそのものなのではなく、セクター間の新しいダイナミズムや展開可能性を具現化した存在なのだ、というのが図9-2の主要なメッセージである。確かに、企業やNPO に比べ、社会的企業という主体は、一見すると"特殊"で"珍奇"な存在

に映るかもしれない。だが図9-2が示唆しているのは、社会的企業というレンズを通じて、各々の主体で今起きつつあること、あるいは今後求められていくことがより一層見えてくる可能性がある、ということである。

しかし「セクター間の新しいダイナミズムや展開可能性」の具体的な解明は、今後の課題として残されたままである。とりわけエネルギー・環境問題という事業分野は、例えばエネルギー技術の進展、エネルギー政策・制度のあり方、国際的なエネルギー動向など、「セクター間の新しいダイナミズムや展開可能性」に対して殊のほか大きな影響を与える要因がいくつも存在し、しかも複雑に絡み合っている。その分析については別稿を期したい。

（3）エネルギー・環境分野における社会的企業の事業領域

ところで、地域分散型・地域主導型エネルギーシステムの担い手としての社会的企業は、具体的にどのような事業領域で活動するのか（しつつあるのか）。その問題を、本章はほとんど扱ってこなかった。しかしそれが具体化されなければ、本章の議論の多くは画餅に帰する恐れがある。

たちまち想起されるのは、やはり再エネ発電事業や各種コンサルティング事業といったところであろう。あるいはTarhan（2015）やvan der Horst（2008）など、事業の類型化を試みた先行研究も若干存在する。しかし事業の中身は、技術・市場・社会・制度の動向に応じて、今後劇的に変化していくものと予想される。したがって、現時点で事業を1つ1つ具体的に列挙していくことは困難を極めるが、さしあたり次の点だけは強調しておきたい。

ドイツで推進されているエネルギーヴェンデ（energiewende）は、①省エネ政策、②エネルギー高効率化対策、③再エネ熱供給、④再エネ発電、という政策上の優先順位を持っている（村上、2014）。日本ではFIT制度の導入以降、再エネ発電事業が主に脚光を浴びる傾向にあるが、それは最も優先順位が低い政策オプションなのである。今後の事業領域のあり方を考える場合は、この点についても考慮が必要である。

参考文献

Anastasiadis, M. ed（2013）*ECO-WISE -Social Enterprises as Sustainable Actors. Concepts, Performances, Impacts*, Europäischer Hochschulverlag.

Beggio, G. and Kusch, S. (2015) Renewable Energy Cooperatives: Main Features and Success Factors in Collectively Implementing Energy Transition, *The 3rd Virtual Multidisciplinary Conference, December, 7. - 11. 2015*（http://www.sigrid-kusch.de/mediapool/55/553823/data/Renewable_energy_cooperat.pdf）

Bacchiega, A. and Borzaga, C. (2001) Social Enterprises as Incentive Structures: An economic analysis, in Borzaga, C. and Defourny, J., eds, *The Emergence of Social Enterprise*, Routledge, pp.273-295.（内山哲朗・石塚秀雄・柳澤敏勝訳（2004）『社会的企業：雇用・福祉のEUサードセクター』日本経済評論社）

Campi, S., Defourny, J. and Grégorie, O. (2006) Work Integration Social Enterprises: Are They Multiple-goal and Multiple Stakeholder Organizations?, in Nyssens, M., ed, *Social Enterprise: At the Crossroads of Market, Public Policies and Civil Society*, Routledge, pp.29-49.

Cooney, K. (2012) Mission Control: Examining the Institutionalization of New Legal Forms of Social Enterprise in Different Strategic Action Fields, in Gidron, B. and Hasenfeld, Y. eds, *Social Enterprises: An Organizational Perspective*, Palagrave Macmillann, pp.198-221.

Defourny, J. and Nyssens, M. (2014) The EMES Approach of Social Enterprise in a Comparative Perspective, in Defourny, J., Hulgård, L. and Pestoff, V. eds, *Social Enterprise and the Third Sector: Changing European Landscapes in a Comparative Perspective*, Routledge, pp.42-65.

Defourny, J. and Nyssens, M. (2009) Social Enterprise: the Shaping of a New Concept in a Comparative Regional Perspective, in Defourny, J., Develtere, P., Fonteneau, B. and Nyssens, M. eds, *The Worldwide Making of the Social Economy: Innovations and Changes*, pp.265-291.

Defourny, J. and Nyssens, M. (2006) Defining Social Enterprise, in Nyssens, M., ed, op. cit., pp.3-26.

Evers, A. (2001) The Significance of Social Capital in the Multiple Goal and Resource Structure of Social Enterprise, in Borzaga, C. and Defourny, J., eds, op. cit., pp. 296-311.

Hulgård, L. and Spear, R. (2006) Social Entrepreneurship and the Mobilization of Social Capital in European Social Enterprises, in Nyssens, M., ed, op. cit., pp.85-108.

Huybrechts, B. (2013) Social Enterprise, Social Innovation and Alternative Economies: Insights from Fair Trade and Renewable Energy, in Zademach, H. and Hillebrand, S.

eds, *Alternative Economies and Spaces: New Perspectives for a Sustainable Economy*, pp.113-130.

Huybrechts, B. and Mertens, S. (2014) The Relevance of the Cooperative Model in the Field of Renewable Energy, *Annals of Public and Cooperative Economics*, 85(2), pp. 193-212.

Kerlin, J.A. ed. (2009) *Social Enterprise: A Global Comparison*, Tufts University Press.

Kyrö, P. ed. (2015) *Handbook of Entrepreneurship and Sustainable Development Research*, Edward Elgar.

Laratta, R., Nakagawa, S. and Sakurai, M. (2011) Japanese Social Enterprises: Major Contemporary Issues and Key Challenges, *Social Enterprise Journal*, 7(1), pp.50-68.

Maruyama, Y., Nishikido, M. and Iida, T. (2007) The Rise of Community Wind Power in Japan, *Energy Policy*, 35(5), pp.2761-2769.

Pestoff, V. (2008) Citizens and Co-production of Welfare Services: Childcare in Eight European Countries, in Pestoff, V. and Brandsen, T., eds, *Co-production: The Third Sector and the Delivery of Public Services*, Routledge.

Pestoff, V. (2005) *Beyond the Market and State: Social Enterprises and Civil Democracy in a Welfare Society*, Ashgate.

Rogers, J., Simmons, E., Convery, I. and Weatherall, A. (2012) Social Impacts of Community Renewable Energy Projects: Findings from a Woodfuel Case Study, *Energy Policy*, 42, pp. 239-247.

Sabeti, H. (2011) The For-Benefit Enterprise, *Harvard Business Review*, 89, pp.98-104.

Sakurai, M. and Hashimoto, S. (2009) Exploring the Distinctive Feature of Social Enterprise in Japan, *EMES Selected Conference Paper*. (http://www.euricse.eu/sites/default/files/db_uploads/documents/1254841022_n192.pdf)

Salamon, J. M. (2015) *The Resilient Sector Revisited: The new challenge to nonprofit America*, second edition, Brookings.

Schreuer, A. and Weismeier-Sammer, D. (2010) Energy Cooperatives and Local Ownership in the Field of Renewable Energy Technologies: A literature Review, *RICC Working Paper*. (http://epub.wu.ac.at/2897/1/Literature_Overview_energy_cooperatives_final_(2).pdf)

Seyfang, G., Park, J. J. and Smith, A. (2013) A Thousand Flowers Blooming? An Examination of Community Energy in the UK, *Energy Policy*, 61, pp.977-989.

Spear, R., Cornforth, C. and Aiken, M. (2014) Major perspectives on governance of social enterprise, in Defourny, J., Hulgård, L. and Pestoff, V. eds, op. cit., pp.133-156.

Tarhan, M. D. (2015) Renewable Energy Cooperatives: A Review of Demonstrated Impacts and Limitations, *Journal of Entrepreneurial and Organizational Diversity*, 4(1), pp.104-120.

van der Horst, D. (2008) Social Enterprise and Renewable Energy: Emerging Initiatives and Communities of Practice, *Social Enterprise Journal*, 4(3), pp.171-185.

Vickers, I. (2010) Social Enterprise and the Environment: A Review of the Literature, *TSRC Working Paper*. (http://www.birmingham.ac.uk/generic/tsrc/documents/tsrc/working-papers/working-paper-22.pdf)

Walker, G. (2008) What are the Barriers and Incentives for Community-owned Means of Energy Production and Use?, *Energy Policy*, 36, pp.4401-4405.

Walker, G. and Devine-Wright, P. (2008) Community renewable energy: what should it mean?, *Energy Policy*, 36(2), pp.497-500.

Walker, G., Hunter, S., Devine-Wright, P., Evans, B. and Fay, H. (2007) Harnessing community energies, *Global Environmental Politics*, 7(2), pp.64-82.

Weismeier-Sammer, D. and Reiner, E. (2011) Cooperative Solutions for Renewable Energy Production, *RICC Working Paper*. (http://epub.wu.ac.at/3154/1/Case_Study_v-energie_050711.pdf)

Wüstenhagen, R., Wuebker, R. eds (2011) *Handbook of Research on Energy Entrepreneurship*, Edward Elgar.

石倉研・山下英俊 (2015)「都道府県単位で見た再生可能エネルギー利用の特徴と課題」『一橋経済学』8(1)、63-98頁。

石田信隆 (2013)「再生可能エネルギー導入における協同組合の役割」『一橋経済学』7(1)、65-81頁。

石田信隆・寺林暁良 (2013)「再生可能エネルギーと農山漁村の持続可能な発展：ドイツ調査を踏まえて」『農林金融』66(4)、266-281頁。

植田和弘 (2015)「再生可能エネルギーと持続可能な地域づくり」『農林金融』68(5)、310-313頁。

岡本仁宏編書 (2015)『市民社会セクターの可能性：110年ぶりの大改革の成果と課題』関西学院大学出版会。

大室悦賀 (2012)「ビジネスを利用した社会的課題の解決におけるステイクホルダーの参加動機と行動変容:NPO法人北海道グリーンファンドを事例として」『京都産業

大学論集 社会科学系列』29、215-240頁.

大室悦賀（2009）「ソーシャル・イノベーション：NPO法人北海道グリーンファンドの市民風車を事例として」『京都マネジメント・レビュー』16、63-100頁.

小磯明［2015］『ドイツのエネルギー協同組合』同時代社。

谷本寛治編著（2006）『ソーシャル・エンタープライズ：社会的企業の台頭』中央経済社。

塚本一郎（2011）「社会的企業：非営利セクターの新モデル」『計画行政』34(3)、25-30頁.

塚本一郎・柳澤敏勝・山岸秀雄編著（2007）『イギリス非営利セクターの挑戦：NPO・政府の戦略的パートナーシップ』ミネルヴァ書房。

塚本一郎・山岸秀雄編著（2008）『ソーシャル・エンタープライズ：社会貢献をビジネスにする』丸善。

寺西俊一・石田信隆・山下英俊編著（2013）『ドイツに学ぶ地域からのエネルギー転換』家の光協会。

寺林暁良（2014）「地域主導の再生可能エネルギー事業を担う組織づくり：事業組織の形態に着目した事業スキームの検討」『農林金融』67(10)、635-647頁.

寺林暁良（2013）「地域主導の再生可能エネルギー事業と地域金融機関：取組みの特徴と今後の課題」『農林金融』66(10)、684-697頁。

中島智人（2011）「社会的企業研究に関する一考察：ビジネス・モデルの視点から」『産業能率大学紀要』31(2)、17-35頁。

西城戸誠（2015）「長野県飯田市における市民出資型再生可能エネルギー事業の地域的展開」『人間環境論集』15(2)、15-46頁。

西城戸誠（2014）「コミュニティパワーとしての市民出資型再生可能エネルギー事業の成果と課題」『人間環境論集』15(1)、1-67頁。

西城戸誠（2008）『抗いの条件：社会運動の文化的アプローチ』人文書院

原田勝広・塚本一郎編著（2006）『ボーダレス化するCSR：企業とNPOの境界を超えて』同文舘出版。

原田晃樹・藤井敦史・松井真理子（2010）『NPO再構築への道：パートナーシップを支える仕組み』勁草書房。

藤井敦史・原田晃樹・大高研道編著（2013）『闘う社会的企業：コミュニティ・エンパワーメントの担い手』勁草書房

藤井康平・山下英俊（2015）「地域における再生可能エネルギー利用の実態と課題」『一橋経済学』8(1)、27-61頁。

丸山康司（2014）『再生可能エネルギーの社会化：社会的受容性から問いなおす』有斐閣。

丸山康司・西城戸誠・本巣芽美編著（2015）『再生可能エネルギーのリスクとガバナンス：社会を持続していくための実践』ミネルヴァ書房。

宮永健太郎（2017）「地域分散型・地域主導型エネルギーシステムとその担い手：社会的企業（social enterprise）論からの考察」『経済論叢』第190巻第4号、89-107頁.

水上貴央（2013）「地域主導型再生可能エネルギー事業の重要性とそれを巡る法的論点」『青山法務研究論集』6、1-34頁。

村上敦（2014）『キロワットアワー・イズ・マネー：エネルギー価値の想像で人口減少を生き抜く』いしずえ。

諸富徹（2013a）「「エネルギー自治」による地方自治の涵養：長野県飯田市の事例を踏まえて」『地方自治』786、2-29頁。

諸富徹（2013b）「再生可能エネルギーで地域を再生する：「分散型電力システム」に移行するドイツから何を学べるか」『世界』848、152-162頁。

諸富徹（2013c）「地域再生とエネルギー政策：長野県飯田市の再生可能エネルギー政策が切り開く未来」室田武・小林久・山下輝和・三浦秀一・倉阪秀史・島谷幸宏・藤本穰彦・諸富徹『コミュニティ・エネルギー：小水力発電、森林バイオマスを中心に』農文協、263-286頁。

八木信一（2014）「自然エネルギーの普及へ向けた自治システムの構築：長野県飯田市を事例として」『経済学研究』81(4)、351-367頁。

山下英俊（2014）「再生可能エネルギーによる地域の自立をめざして」『環境と公害』43(4)、2-7頁。

参考資料

経済産業省（2015）『海外における社会的企業についての制度等に関する調査報告書』（http://www.meti.go.jp/meti_lib/report/2015fy/000135.pdf）

内閣府（2015）『我が国における社会的企業の活動規模に関する調査』（https://www.npo-homepage.go.jp/uploads/kigyou-chousa-houkoku.pdf）

内閣府（2011）『社会的企業についての法人制度及び支援のあり方に関する海外現地調査』（http://www5.cao.go.jp/npc/pdf/syakaiteki-kaigai.pdf）

諸富徹（2014）『持続可能な地域発展と住民自治組織』平成25年度全国知事会自主調査研究委託事業調査報告書（http://www.nga.gr.jp/ikkrwebBrowse/material/files/group/2/h25%20morotomi.pdf）

索　引

欧　字

BID（Business Improvement District）　130, 140
Energy Trust of Oregon（エナジートラスト）　135-137
FIT 電源　67, 72
Forest Stewardship Council　139
FSC　139
JA　206
LEED　122, 136-140
NPO　254, 257-258, 267-268
PDC　127, 129, 137, 140
PGE（Portland General Electric）　132-133, 136, 138
RPS（再生可能エネルギー割当基準）　132
──制度　39
TIF（Tax Increment Financing）　129
ZEH（ゼロ・エネルギー・ハウス）　123

あ　行

アカウンタビリティ（説明責任）　264
飯田市再生可能エネルギーの導入による持続可能な地域づくりに関する条例（飯田市再エネ条例）　147, 161
伊那電気鉄道（伊那電）　230-231, 233
エコディストリクツ（EcoDistricts）　140
エナジートラスト　135-137
エネルギー
　──効率化　121-124, 134-136, 139-143
　──自治　2, 8, 152, 171, 226, 247
　──転換　121, 124, 126
　──に基づいた経済発展論（Energy-Based Economic Development, EBED）　179
　──マスタープラン　104
　──まちづくり　5, 124, 126, 132, 141-143
オーナーシップ　27, 37, 51, 91
おひさま進歩エネルギー株式会社　150, 154, 170
おひさま０円システム　151
オレゴン州　126-127, 129, 132-133, 135-137, 141
温泉地　52

か　行

かみむら小水力株式会社（かみむら小水力）　165
上村プロジェクト　164
借入　27
関係性　162
観光地のライフサイクル　182
観光のダイナミズム　176
間接金融　207
疑似私募債（金銭消費貸借契約）　206
規制緩和　247
寄付　206
岐阜県旧上之保村　236
キャピタルリサイクリングモデル　61
協同組合　254, 257-259, 261-262
近隣組合（neighborhood associations）　128, 140, 142
組合債　206
組合出資（LLP、企業組合）　206

275

クリーンテック（Clean Tech）　130, 134, 137
グリーン建築　122, 130, 135-141
グリーン電力購入　136
グリッドパリティ　93, 105
グロスモデル　15
経済（波及）効果　22, 26
建築物省エネ法　123
合意形成　53, 55
公営水力　73
公営電気　227, 245
公益事業　245
公益性　149
効果の非対称性の議論　212
公共施設の屋根貸し　151
公共性　149
公民館　153
コーポレートファイナンス　42, 208
固定資産税　29
コミュニケーション・ツール　8, 64

さ　行

再エネ協同組合　254, 261
再エネ導入支援審査会（再エネ審査会）　150
　──メンバー　170
再生可能エネルギー　251
　──固定価格買取制度（FIT）制度　2, 148, 152, 252, 266
　──事業　13, 22
産業連関分析　6
事業運営段階　29
事業主体と金融　206
自己資金　27
自然資本センター（Natural Capital Center）　139-140
持続可能な村　192
自治会積立費　206

自治振興センター　157, 163
自治体　14, 16
　──営電気事業　242
　──エネルギー政策　1
　──新電力　66
指定寄付　232-233, 246-247
　──金　234
地主小作制度　232, 246
私募債　206
市民共同出資　151, 226-227
市民ファンド　206
地元出資率　61
社会関係資本　153, 259-260, 264-265
社会資本　246
社会的企業（social enterprise）　11, 253, 257-260, 267-268
　──論　256
住民自治　152
受益者負担金　244
需給管理　73-78
シュタットベルケ（Stadtwerke）　1, 8, 78-79
出資　235, 237, 247
　──（投資信託、匿名組合出資）　206
常時バックアップ契約　83
消滅可能性　175
人的資本　153
新電力　3
信用金庫　206
信用組合　206
スタートアップ　129, 131, 137
ステークホルダー　258, 260-261, 264
　──・エンゲージメント　267
スノーリゾート地域　9, 181
生計戦略　185
政策シミュレーション　7
総括原価方式　225
送配電分離　10
ソーシャル・キャピタル　127

ソーラー屋根台帳　81
卒 FIT 電源　35
村営電気　227-231
村有林　231

た　行

第 3 セクター　10
ダイナミックな関係性　169
太陽電池　133
地域エネルギー政策　1
地域環境権　148, 164
地域金融　4
　──機関　4, 207
地域経済　17
　──（内）経済循環　3, 66, 79
地域合意形成　8
地域自治組織　156
地域電化　228-229, 241-242
地域付加価値創造分析　14, 18, 26
地産地消　66, 72, 76
地熱発電　52
地方銀行　206
地方分権　247
町営電気　227-228
直接金融　207
電化組合　242
電気
　──供給限界地域　244
　──組合　228, 243, 246
　──事業税　29
　──の地産地消　226
　──利用組合　228, 235
電力
　──小売事業　33
　──システム改革　2
　──自由化　247
　──の地産地消　34
　──利用農業協同組合　243

投資段階　27
篤志寄付（金）　233-234, 247

な　行

長野県
　──飯田市　4, 226-227
　──旧上郷村　229
　──旧龍丘村　235
　──旧中沢村　231
　──旧三穂村　233
　──白馬村　9
日本版シュタットベルケ　8
認可地縁団体　165
ネガワット　136
ネットモデル　15
農業協同組合　239, 242
農山漁村電気導入促進法　228, 239, 241
農村電化　244
農林漁業金融公庫　239, 242, 244-245

は　行

配当（金）　235, 237
橋渡し組織　158
発送電分離　10
バランシンググループ　73
バリュー・チェーン　16
ファシリテーター　127, 142
風力発電　133
部落有林　233
プロジェクトファイナンス　42, 208
ポートランド市　5, 126-128, 130, 134, 136-137, 139
　──開発局（Portland Development Commission: PDC）　127, 129, 137, 140
北海道紋別郡雄武町　228

ま 行

増田レポート　175
まちづくり委員会　155
まちづくりの『飯田モデル』　154
マルチ・ステークホルダー・ガバナンス
　　258, 260, 264-265, 267
未点灯地域　228, 242
無配電地域　239
メガソーラー事業　252, 261

や 行

屋根借り　81
預貸率　210

ら 行

リーダーシップ　162
労金　206

執筆者一覧（執筆順）

諸富 徹（もろとみ・とおる）　京都大学大学院経済学研究科兼地球環境学堂教授
　編者。はしがき、序章執筆
中山琢夫（なかやま・たくお）　京都大学大学院経済研究科特定講師
　第1章1.1執筆
小川祐貴（おがわ・ゆうき）　株式会社イー・コンザル研究員
　第1章1.2、第2章2.1-2.3、2.6、第3章執筆
山東晃大（さんどう・あきひろ）　京都大学経済研究所先端政策分析研究センター（CAPS）
　研究員
　第2章2.4執筆
稲垣憲治（いながき・けんじ）　京都大学プロジェクト研究員
　第2章2.5執筆
ラウパッハ＝スミヤ ヨーク（RAUPACH-SUMIYA Jörg）　立命館大学経営学部教授
　第2章2.6、第3章執筆
佐無田光（さむた・ひかる）　金沢大学人間社会研究域経済学経営学系教授
　第4章執筆
八木信一（やつき・しんいち）　九州大学大学院経済学研究院教授
　第5章執筆
荻野亮吾（おぎの・りょうご）　東京大学先端科学技術研究センター特任助教
　第5章執筆
太田隆之（おおた・たかゆき）　静岡大学地域創造学環・人文社会科学部准教授
　第6章執筆
井上博成（いのうえ・ひろなり）　京都大学大学院経済学研究科博士課程
　第7章執筆
西野寿章（にしの・としあき）　高崎経済大学地域政策学部観光政策学科教授
　第8章執筆
宮永健太郎（みやなが・けんたろう）　京都産業大学経営学部准教授
　第9章執筆

● 編著者紹介

諸富　徹（もろとみ・とおる）

1968年生まれ。京都大学大学院経済学研究科博士課程修了。京都大学博士（経済学）。現在、京都大学大学院経済学研究科兼地球環境学堂教授。専攻は財政学、環境経済学、地方財政論。著書に『環境税の理論と実際』（有斐閣、2000年、NIRA大来政策研究賞受賞、日本地方財政学会佐藤賞、国際公共経済学会賞を受賞）、『思考のフロンティア　環境』（岩波書店、2003年）、『私たちはなぜ税金を納めるのか』（新潮社、2013年）、『財政と現代の経済社会』（放送大学教育振興会、2015年）、『人口減少時代の都市』（中公新書、2018年）、共著に『環境経済学講義』（有斐閣、2008年）、『低炭素経済への道』（岩波新書、2010年）など、共編著に『脱炭素社会と排出量取引』（日本評論社、2007年）、『脱炭素社会とポリシーミックス』（日本評論社、2010年）、『電力システム改革と再生可能エネルギー』（日本評論社、2015年）、『再生可能エネルギーと地域再生』（日本評論社、2015年）などがある。

入門　地域付加価値創造分析
（にゅうもん　ちいきふかかちそうぞうぶんせき）
再生可能エネルギーが促す地域経済循環
（さいせいかのう　　　　　　　　うながちいきけいざいじゅんかん）

2019年4月20日　第1版第1刷発行

編著者──諸富　徹
発行所──株式会社日本評論社
　　　　〒170-8474　東京都豊島区南大塚3-12-4　電話　03-3987-8621（販売）、8595（編集）
　　　　振替　00100-3-16
印　刷──精文堂印刷株式会社
製　本──牧製本印刷株式会社
装　幀──林　健造
検印省略　©Toru Morotomi, 2019
Printed in Japan
ISBN978-4-535-55920-2

JCOPY〈（社）出版者著作権管理機構　委託出版物〉
本書の無断複写は著作権法上での例外を除き禁じられています。複写される場合は、そのつど事前に、（社）出版者著作権管理機構（電話 03-5244-5088、FAX 03-5244-5089、e-mail: info@jcopy.or.jp）の許諾を得てください。また、本書を代行業者等の第三者に依頼してスキャニング等の行為によりデジタル化することは、個人の家庭内の利用であっても、一切認められておりません。